苏轼人生哲学

吕明 徐畅 著

九州出版社
JIUZHOUPRESS

图书在版编目（CIP）数据

苏轼人生哲学 / 吕明，徐畅著 . -- 北京 ：九州出版社，2019. 12

ISBN 978-7-5108-8859-5

Ⅰ . ①苏… Ⅱ . ①吕… ②徐… Ⅲ . ①苏轼（1036-1101）－人生哲学 Ⅳ . ① K825. 6 ② B821

中国版本图书馆 CIP 数据核字（2020）第 012800 号

苏轼人生哲学

作　　者：吕明　徐畅　著

出版发行：九州出版社

地　　址：北京市西城区阜外大街甲35号（100037）

发行电话：(010)68992190/3/5/6

网　　址：www.jiuzhoupress.com

电子邮箱：jiuzhou@jiuzhoupress.com

印　　刷：三河市国新印刷有限公司

开　　本：880毫米×1230毫米　　32开

印　　张：11

字　　数：218千

版　　次：2020年12月第1版

印　　次：2020年12月第1次印刷

书　　号：ISBN 978-7-5108-8859-5

定　　价：58.00元

　　苏轼（公元 1037 至 1101 年），字子瞻，又字和仲，号东坡居士，世称苏东坡、坡公、坡仙。北宋眉州眉山人，今四川眉山市人。苏轼与其父苏洵、其弟苏辙，合称"三苏"，均位于唐宋八大家之列。苏氏一门，荣耀之至。

　　唐宋多传奇，苏轼传奇尤其多：天纵英豪，多才多能复多艺，皎然卓立世无双。但凡其所涉猎领域，其所到之处，其所为之事，其所题咏之所，无不皆成大观：或成经典，或目名胜，或称楷模，或为趣谈。在中国文化史上，苏轼是一个百科全书式的通才全才，一个独一无二的文化大家：长于诗词、歌赋、文章，精于书画、美食、养生，擅于水利、建筑、理政，乐于医疗、慈善、民生，融于儒家、禅理、道学，等等方面，多所建树，皆为一流。世无其匹，高山仰止。有宋以降，历世称颂；人群各异，尽皆喜爱。一言蔽之，生民以来，独一无二；自是而往，空前绝后。

　　苏轼一生，挫折坎坷，直道而行，随遇而安。不恃才傲物，不随波逐流。澹定随和，低调诙谐。清雅拔俗，超迈入神。虽多磨难，而不消极厌世、不悲观逃世、更不绝望弃世；历经砥砺，总是胸襟阔达、时刻坚守底线、始终积极有为。官场失意，却政绩卓著、造福多方；丧偶失子，能靖节坚韧、老且弥坚。饱尝忧患拂逆，人性中和温厚。超越个体得失成败，着眼民生人生积福。失意境遇不失志，利国利民总有为。人走茶不凉，身后万世名。东坡书《潮州韩文公庙碑》曰："不依形而立，不恃力而行，不待生而存，不随死而亡者矣。故在天为星辰，在地为河岳，幽则为鬼神，而明则复为人。此理之常，无足怪者。"此正乃坡公之所自道也。

苏轼一生，处于儒，游于佛，归于道。米芾《画史》曰："子瞻作枯木，枝干虬屈无端。石皴硬，亦怪怪奇奇无端，如其胸中盘郁也。"枯石怪木，正是胸中丘壑；风霜道劲，怒放人格真我。生命历程，归根到底，是心灵历练塑造过程。逆境坚毅，愈彰其节；胸臆宏放，益显其贵。始终立足当下，究进而适世、沉静而超迈；安顿心灵，神游而参禅、哲思而悟道。儒家用世精神、独立人格，佛家诸法皆空、万物圆融智慧，道家清静自然、超然物表理念，在东坡，自然兼收而并蓄，自觉践行而融通。三教皆可备我而可通，万物皆可观而可乐。阴晴风霜，四时游赏于心；酸甜苦辣，五味滋养于身。寄沧海于须臾，无妨静观清风与皓月；处凡尘于终生，无碍标格遗世而独立。

苏轼一生，融通儒释道，无论为政、为文、为人，充满温婉灿烂的人性光辉，并蕴涵着深厚的人生哲学思想。这对今天我们构建和谐心理与和谐社会仍然具有很好的学习借鉴意义，也对振兴中华、实现民族伟大复兴中国梦具有一定的启迪作用。诸般锻淬，万境叠加。胸无城府，心无挂碍。淡定从容，怡然自安。神清气爽，哲思绵绵。无锋自利，化育无伤。仕而有为，仕而必为；生而乐活，生而多趣。无适而不可，清虚而有待。有望而知止，无望不绝望；失落亦安然，得意不忘形。著斯文，传久远，绵延伟大生命形态；铸高格，立懿范，成就诗意人生趣味。诗人苏轼，吟诵日月而与日月同辉；哲人东坡，思索天地而共天地久长。

本书从为政、思亲、归乡、饮酒、问月、尚无、追梦、参禅、悟道等九个方面，进行梳理，从而比较集中地呈现出苏轼的人生哲学思想。这只是一次尝试，而且也并非面面俱到，难免挂一漏万，或者思虑不周。不当之处，还望批评指正。

哲人其萎，英名长存。苏轼之风，懿范千古。是为序。

作　者

2019 年 10 月 30 日

目
录

为政

使君元是此中人

尊崇王佐才

苏轼走的是一条作为儒家中人所共通的现实人生之路：读书科举通仕途，致君尧舜为目标。这是一种传统社会中士人最为纯正的理想之途。现实纷乱，致君尧舜虽不能至，然总是心向往之。所以对于此种人，苏轼是极力点赞："汉末大乱，豪杰并起。荀文若，圣人之徒也，以为非曹操莫与定海内，故起而佐之。所以与操谋者，皆王者之事也，文若岂教操反者哉？以仁义救天下，天下既平，神器自至，将不得已而受之，不至不取也，此文王之道，文若之心也。及操谋九锡，则文若死之，故吾尝以文若为圣人之徒者，以其才似张子房而道似伯夷也。"（《苏轼全集卷一百五·论古·武王非圣人》，《苏轼全集》上海古籍出版社，2000年5月1版）退而求其次，可谓致君周文王，不做周武王。等而下之，遵循名教而已矣。

即以荀彧而论，据《三国志·魏书·荀彧传》："荀彧字文若，颍川颍阴人也……彧年少时，南阳何颙异之，曰：'王佐才也。'"而观其一生，荀彧不仅足称王佐之才，更当得起"其才似张子房而道似伯夷"之论。"初平二年，或去绍从太祖。太祖大悦曰：'吾之子房也。'以为司马，时年二十九。"曹操也可谓能够识才用才，言听计从。荀彧忠心为国，知人荐举，所谋必中，所策必胜，所算必成，故而常居中而为曹操谋主，以至于曹操为之上表褒美请功："臣自始举义兵，周游征伐，与彧勠力同心，左右王略，发言授策，无施不效。彧之功业，臣由以济，用披浮云，显光日月。陛下幸许，彧左右机近，忠恪祗顺，如履薄冰，研精极锐，以抚庶事。天下之定，彧之功也。"然而，正是这个皆如所策的荀彧，却是一个恪守传统——德行周备，非正道不用心——因而不识时务者，绝不赞成曹操行汤武之事。因此，"董昭等谓太祖宜进爵国公，九锡备物，以彰殊勋，密以咨彧。彧以为太祖本兴义兵以匡朝宁国，秉忠贞之诚，守退让之实；君子爱人以德，不宜如此。太祖由是心不能平。会征孙权，表请彧劳军于谯，因辄留彧，以侍中光禄大夫持节，参丞相军事。太祖军至濡须，彧疾留寿春，以忧薨，时年五十。谥曰敬侯。明年，太祖遂为魏公矣。"这里说得委婉："以忧薨"。而东晋史学家孙盛撰《魏氏春秋》则道出荀彧之死的实情："太祖馈彧食，发之乃空器也，于是饮药而卒。"看来，面对志在加九锡、进而为子孙致君位奠定坚实基础的曹操，荀彧唯有一死之途方能既自心安，亦使曹操心安意遂。因为，荀彧的政治理念是："昔舜分命禹、稷、契、皋陶以揆庶绩，教化征伐，并时而用。及高祖之初，金革方殷，犹举民能善教训者，叔孙通习礼仪于戎旅之间，世祖有投戈讲艺、息马论道之事，君子无终食之间违仁。

今公外定武功，内兴文学，使干戈戢睦，大道流行，国难方弭，六礼俱治，此姬旦宰周之所以速平也。既立德立功，而又兼立言，诚仲尼述作之意；显制度于当时，扬名于后世，岂不盛哉！若须武事毕而后制作，以稽治化，于事未敏。宜天下大才通儒，考论六经，刊定传记，存古今之学，除其烦重，以一圣真，并隆礼学，渐敦教化，则王道两济。"正如苏轼所说："所以与操谋者，皆王者之事也，文若岂教操反者哉？"荀彧苦口婆心志在辅佐曹操于王室之王事，而非助曹操自己及其子孙称王。这就与曹操的政治理念严重相悖。当此之时，荀彧向死，曹操安生。

荀彧虽不得其死，却保持了伯夷之节操。苏轼评其为圣人之徒，荀彧足以当之而无愧。从中，也足见苏轼之不苟且趋附：认准之事，不避利害；当言则言，贬谪无怨。

建言直道行

　　苏轼《与千之侄》中说："独立不惧者，惟司马君实与叔兄弟耳。万事委命，直道而行，纵以此窜逐，所获多矣。"苏轼之直，不避忌讳，发于天性，秉持终生。虽然往往因此而使自身陷于暗流涌动、波涛汹涌、危机四伏的官场政争之中并致使其仕途人生跌宕起伏、波折不断，亦虽困而不悔，虽死而不改。可谓直道而行，得其所哉。面对常人如此，面对皇帝亦莫不如此。虽自认为妄论，却是不留情面。在《御试制科策（并问）》中，先是不同意乃至否定皇上观点：汉孝文帝的成功是因为尊崇老子的治国理念，汉武帝因为任用儒术而致使海内虚耗，而认为：孝文帝的成功是一定程度上运用了儒家治国理论，但是，不足之处，在于不能完全运用儒家治国理论；而文帝的失误之处，正是在于运用了老子的治国理念。对于皇上自谦自身知识浅陋，事理不明，而且治国安邦，任重道远，虽然于国事国政勤勤恳恳，而治国理政绩效未彰，成就不显，所谓"志勤道远，治不加进"，苏轼不以为然。皇上即位三十年来——时间不可谓不长久——应当国事熟稔，能够分别是非，明辨真伪，但治国理政的能力、水平和成效却没有显著提升，社会也没有进步发展。因此，这其中原因绝非是因为皇上以为的志勤道远。根本原因在于："大臣不过遵用故事，小臣不过谨守簿书，上下相安，以苟岁月。此臣所以妄论陛下之不勤也。"其结论是：志有不勤而道无远。道无所谓远近，是皇帝志有不勤。因为，"陛下苟知勤矣，则天下之事，粲然无不毕举，又安以访臣为哉？今也犹以道远为叹，则是陛下未知勤也。"况且，陛下幽居深宫，是否忧勤不息，我不得而知；是否宴安无为，我也不得而知。这既是对皇帝勤于国政的怀疑不信、直接指斥和根本否定，也从而道出社会治理成效不彰和社会没有进步的根源之所在。苏轼何以这么怀疑、武断和否定皇上的勤恳治国？依据是：皇帝说的操心勤劳国事方面，我看不见，不知道，而所能见到的是"欲轻赋税则财不足，欲威四夷则兵不强，欲兴利除害则无其人，欲敦世厉俗则无其具，大臣不过遵用故事，小臣不过谨守簿书，上下相安，以苟岁月。此臣所以妄论陛下之不勤也……今陛下区区以向之数十条为己忧者，则是陛下未得御臣之术也。"完全没有为尊者讳、为贵者隐，全属妄议和贬抑。在苏轼心目中，皇帝有兴利除害之心而不能得人，想敦世厉俗而乏举措，大臣因循守旧，小官谨守簿书，上下一体，表面相安无事，但绝非国家之福，实则有不测之忧。说到底，皇帝不懂御臣之术，不懂对官僚系统的驾驭，不懂国家管理，因而是整个官僚系统乃至国家社会苟且苟安的根源。

至此，苏轼仍不留情面，不知忌讳，不就此打住，继续不依不饶，直指皇帝用人之过失："夫上之所向者，下之所趋也，而况从而赏之乎？上之所背者，下之所去也，而况从而罚之乎？夫天下者，非君有也，天下使君主之耳。陛下念祖宗之重，思百姓之可畏，欲进一人，当同天下之所欲进；欲退一人，当同天下之所欲退。今者每进一人，则人相与诽曰：是出于某也，是某之所欲也。每退一人，则又相与诽曰：是出于某也，是某之所恶也。臣非敢以此为举信也。然而致此言者，则必有由矣。"须知，上之所恶，下未必真的会去之。如果因而被罚，则往往会导致谨小慎微、无所措手足，乃至虚应圣旨、阳奉阴违。但，千古不易之理则是：上有所好，下必甚焉。下既甚焉，更从而赏之，则甚者更甚。苏轼如此直言无忌且无惧，而未被置之于法，这在家天下的极权专制时代，实为异数。就是放眼后世，亦足为巍峨高耸之楷模，为多少诌媚无耻而喋喋不休又自谓高明更颂圣不绝之徒所难望项背、难仍其踵！

而在《拟进士对御试策（并引状问）》中，苏轼则更是不依不饶，并基于儒家治国之理，条分缕析，孜孜不倦，其欲致君尧舜之心展露无遗。拳拳述说，谆谆告诫，而全然不顾自身安危、得失、去就。在苏轼的视域中，起初，皇帝革除旧制，出台新政，以实际问题解决及其能力为导向而非以熟读诗书而无实际才能为标准选拔人才，以期能听到实话、得到实情、从而获得社会治理的切实之论，由此而中外欢心喜悦。但是，参加科考的举人都不能很好地理解新政策的新的精神实质，又都顾虑自身的

得失成败，不敢指摘政治缺失、政策不足。而科考的结果，逢
迎谄媚阿谀顺旨者，又获得了甲等的考试等第。须知，"科场之
文，风俗所系，所收者天下莫不以为法，所弃者天下莫不以为
戒。""利之所在，人无不化。今始以策取士，而士之在甲科者，
多以谄谀得之。天下观望，谁敢不然？臣恐自今以往，相师成
风，虽直言之科，亦无敢以直言进者。风俗一变，不可复返，
正人衰微，则国随之，非复诗赋策论迭兴迭废之比也。是以不
胜愤懑"。

纵观天下，凡事总在一个理字："成事在理不在势，服人以
诚不以言。"现在，为政不循理，只是挟天子之势，借助赏罚手
段，就期望国治政理。这就像斧子可以砍树劈柴，但如果违背
常理，则很可能斧子砍出缺口，而树砍不断、柴劈不开。特别
是现在，国家新政，让农民因为高额的利息而背上沉重的负担，
同时又与商人争利，这绝对不符合常理。这也就难怪，为什么
国家推行的很多事情不能成功了。

要想获得忠言至计，只需虚一而静。就怕皇帝先入为主，
将意图先行表露。这样，"邪正之党，已贰其听，功利之说，已
动其欲，则虽有皋陶、益稷为之谋，亦无自入矣，而况于疏远愚
陋者乎！……尽言以招祸，触讳以忘躯，则非臣之所恤也。"苏
轼已经豁出去了：忠心为国，舍身忘危。竟然说皇帝不知"百
官得其职，万事得其序"的圣王治国之道，从而导致秩序颠倒，
社会失序。这种治国之道，说起来极为简单，道理极为浅显，
那就是：官员队伍，"因能以任职，因职以任事"，而且应当是

权责明晰，各有责守，事不重叠，权不交叉，位不擅越。而事实却是百官失职、越位纠缠、扯皮纷扰、矛盾重重，以至于作为百官之首、谋划国家大政方针政策的宰相都沦落为"但使奉行条例司文书而已"，更甚至于朝廷"政事堂忿争相诟，流传都邑，以为口实"。真是坏了规矩，有碍观瞻，有失体统，影响恶劣。"吏受贿枉法，人必谓之赃；非其有而取之，人必谓之盗。苟有其实，不敢辞其名。今青苗有二分之息，而不谓之放债取利，可乎？凡人为善，不自誉而人誉之；为恶，不自毁而人毁之。如使为善者必须自言而后信，则尧、舜、周、孔亦劳矣。今天下以为利，陛下以为义；天下以为害，陛下以为仁；天下以为贪，陛下以为廉。不胜其纷纭也，则使二三臣者极其巧辩，以解答千万人之口。附会经典，造为文书，以晓告四方之人。四方之人，岂如婴儿鸟兽，而可以美言小数眩惑之哉！"凡事慎重其事则必成，轻举妄动则必败。是啊，自古诚心为民，虽有讪谤人必不信。相反，如果诚心谋利，虽有解释而人不服。此真乃金石之论！事不可隐，人不可欺。世人从来难欺，小民从来不愚。愚民者自愚，昧心者自昧。

利民乃强国之本，这是一条基本道理。自古治国理政，道理千千万万，但能切实按道理而行者，特别是始终按道理而行者，可谓凤毛麟角，难以找寻——即便有其善始，却终稀有其善终。正如魏征《谏太宗十思疏》所言："善始者实繁，克终者盖寡。"翻阅历史，多少道理成为言不由衷的口头禅，现实少有不任性而妄为。因而，教训也就不断产生，终至改朝换代不断

发生——而在此之前，则始终忧思劳虑乃至恐惧惊心于权势之
得丧、利益之得失、自身之去就。所谓"殷鉴不远，在夏后之
世"，亦不知被重复了多少年、多少遍！然而，多少人明知"殷
鉴不远，在夏后之世"，却依然在所谓的忧患意识中坚定地踏着
前朝的覆辙而前行，岂非咄咄怪事？利令智昏，的非虚言；物极
必反，终为谠论！

即如清代方浚师《蕉轩随录》所云："富国之道，须先利民，
乃有根本。欺民者，诈也，自愚而以之愚人，智者不为也。剥
民者，自剥其身也，割肉充饥，腹未饱而身已残，仁者不为也。
去冗官，裁额兵，是节饷之大政，富国强兵之远谋。"理就是这
么个理，行却多欺民、剥民。何以欺民剥民？冗官也，额兵也。
如此，看似稳妥可靠，实则蠹害深重、欺剥更甚。东坡谓牧马
者'马瘠则添一人以牧之，添一人而马愈瘠'，此可悟用人行政
之法。"这是一条恶性循环之路。不可收拾，是其必然结果。

如果说"欺民者，诈也，自愚而以之愚人，智者不为也。
剥民者，自剥其身也，割肉充饥，腹未饱而身已残，仁者不为
也。"，那么，明知如此、任性而为者，又当何以称之？不仁
不智之至也！就像鲁哀公问于有若曰："年饥，用不足，如之
何？"有若对曰："盍彻乎？"曰："二，吾犹不足，如之何其彻
也？"对曰："百姓足，君孰与不足？百姓不足，君孰与足？"而
鲁哀公之父定公与颜渊的对话，则更是道出了为政之基理。颜
渊说："昔舜巧于使民，而造父巧于使马。舜不穷其民，造父不
穷其马，是以舜无失民，造父无失马也。"否则，马力尽矣，然

犹求马不已，必定会车毁马亡。"鸟穷则啄，兽穷则攫，人穷则诈。自古及今，未有穷其下而能无危者也。"颜渊如是说。(《论语·颜渊篇》)

《管子·牧民·四顺》则曰："政之所兴，在顺民心。政之所废，在逆民心。民恶忧劳，我佚乐之。民恶贫贱，我富贵之，民恶危坠，我存安之。民恶灭绝，我生育之。能佚乐之，则民为之忧劳。能富贵之，则民为之贫贱。能存安之，则民为之危坠。能生育之，则民为之灭绝。故刑罚不足以畏其意，杀戮不足以服其心。故刑罚繁而意不恐，则令不行矣。杀戮众而心不服，则上位危矣。故从其四欲，则远者自亲；行其四恶，则近者叛之，故知'予之为取者，政之宝也'。""独王之国，劳而多祸；独国之君，卑而不威。"而赵武灵王则曰："制国有常，利民为本；从政有经，令行为上。明德先论于贱，而从政先信于贵。"此皆可谓至理名言，孰能听之？孰能行之？金石之论，行之为贵。

量民力而行，顺民心而为，不欺民意而言，不竭民利而动。况且，商贾在朝，则货财上流。财货上流，必耗用无节，取民无度，贪腐不止，廉耻尽失。上贪腐而求下廉洁，上无耻而求下道德，奸吏伤官法而求治，奸民伤俗教而求安，自生民以来，未之有也。乱而诉诸刑罚以治乱，不思正本清源，则人皆不服，此徒乃增乱之道、败国之教也。《礼记·礼运》云：刑肃而俗敝，则民弗归也，是谓疵国。言而无信，禁恶异声，欲望无穷，贪得无厌，自我高明，上下相疾，严刑峻法，刻剥寡恩，仁义荡然无存，理智丧失殆尽，此乃维持之国：国虽大必危，虽强必弱，虽盛必衰，虽存必亡。反之，虽弱必强，虽小必大。所谓利民必得民心。民心所向，其国必强；民之所往，长胜之道。

不仅如此，在《凫绎先生诗集叙》中，苏轼还深忧于"文章其日工，道将散矣"的社会现实："世之君子长者，日以远矣，后生不复见其流风遗俗，是以日趋于智巧便佞而莫之止……昔吾先君适京师，与卿士大夫游，归以语轼曰：'自今以往，文章其日工，而道将散矣。士慕远而忽近，贵华而贱实，吾已见其兆矣。'以鲁人凫绎先生之诗文十余篇示轼曰：'小子识之。后数十年，天下无复为斯文者也。'"于是，"悲于孔子之言，而怀先君之遗训，益求先生之文，而得之于其子复，乃录而藏之"。苏轼如此看中珍视凫绎先生之文，既在叹世风之日下，亦感凫绎先生对于儒家之道之坚守，更意在自况自守自我劝慰。凫绎先生，姓颜名太初，字醇之，是颜渊四十七世孙。作为颜渊后裔，颜醇之可谓不辱先人也。

当然，苏轼所忧所感者，正是此类守道固执之人之稀缺式微。守道固执之人式微，社会必病。社会之病，在士之不为。实则这一切都源于各级官吏既不知上级意图精神，又各有自身私心盘算："好大者欲王，好权者欲霸，而偷者欲休息。文吏之所至，则治刑狱，而聚敛之臣，则以货财为急。民不知其所适从也。及其发一政，则曰姑试行之而已，其济与否，固未可知也。前之政未见其利害，而后之政复发矣。凡今之所谓新政者，听其始之议论，岂不甚美而可乐哉。然而布出于天下，而卒不知其所终……用舍系于好恶，而废兴决于众寡。故万全之利，以小不便而废者有之矣；百世之患，以小利而不顾者有之矣。所用之人无常责，而所发之政无成效。此犹适千里不裹粮而假丐于涂人；治病不知其所当用之药，而百药皆试，以侥幸于一物之中。"因此，"皆好议论以务非其上，使眩于是非，而不知其所从。从之，则事举无可为者；不从，则其所行者常多故而易败。夫所以多故而易败者，人各持其私意以贼之，议论胜于下，而幸其无功者众也……欲事之易成，则先治其所以信服天下者。"（《苏轼全集卷四十四·思治论》）

何为则可以信服天下？在《关陇游民私铸钱与江淮漕卒为盗之由》中，苏轼给出了信服天下之路径。概而言之，国之大政，在于顺从民意众心而已。欲知民意众心不难。子曰：己所不欲，勿施于人。至少，治理天下有则，行之于义，节之以利，夏商周三代所以为治也；纵之以欲，放之于利，后世所以致乱也。立足道义，农力耕而食，工作器而用，商贾融通天下。不食不义，不用不义，不发不义之财。要发财，必定合乎道义。而"后之世，赋取无度，货币无法，义穷而诈胜。夫三代之民，非诚好义也，使天下之利，皆出于义，而民莫不好也。后之所以使民要利者，非诈无由也。是故法令日滋，而弊益烦，刑禁甚严，而奸不可止"。

虽然，任何朝代，"人主莫不欲安存而恶危亡，然而其国常至于不可救者，何也？"在《私试策问八首》中，苏轼说："历观前世，天下初定，民始休息，下既厌乱而思静，上亦虚心而无作，是以公私富溢，刑罚清省。及其久安无变，则夸者喜名，智者贪功，生事以为乐，无病而自灸，则天下骚然，财屈力殚，而民始病矣。自汉以来，鲜不由此。汉初，置郡不过六十，而文、景之化，几致刑措。及唐中叶，列三百州，为千四百县，而政益荒。是时宿兵八十馀万，民去为商贾，度为佛老，杂入科，率常十五。天下常以劳苦之人三，奉坐待衣食之人七。流弊之极。至元和中，……凡省冗官八百员，吏千四百员。民以少纾，而上下相安，无刻核之怨。今朝廷无事，百有馀年，虽六圣相授，求治如不及，而吏隋民劳，盖不胜弊。今者骄兵冗官之费，宗室贵戚之奉，边鄙将吏之给，盖十倍于往日矣。安视而恤欤？则有民穷无告之忧。以义而裁之欤？则有拂逆人情之患。"这里，苏轼道出了中国历史上为政治国的一条基本规律：朝代初建，清净安民，政清事简，风气淳朴；岁月迁移，官冗政荒，事弊烦杂，民不堪命。自以习惯成自然，一切为当然。自我高尚，实录为功。积以成习，积重难返。虽欲改作，难以自新。改之革之，十足无谓劳民；倡之导之，丝毫无益为治。况且，一旦至此，则必定口号漫天、忠言盈耳、赞歌不绝、颂德绵绵。危机四伏而不觉，自我矜伐而不疲。异见真知而难容，邪恶当道而难除。社会衰败于是乎成为不可逆之大势：大势已去，一切不过维持而已，直至至于终结败亡。靖康耻，北宋灭，非灭于苏轼逝世二十五年之后，而灭于苏轼二十五年前所深忧之事。

就苏轼来说，既然作为体制中人，作为自小经儒家思想培育

浸润因而有所作为的儒家思想深深根植于心的士大夫，在其位必
要谋其政，食其禄必要尽其言、尽其忠，虽然明知不能真正改
作、革故鼎新，明知不可为亦要尽力而为之——不仅在于尽忠
尽责，也是希望借助文字，传之久远，垂名万世：正如他在《答
孙志康书》中所说："惟文字庶几不与草木同腐，故决意为之。"
其中，熙宁四年《上皇帝书》和《再上皇帝书》，洋洋洒洒，婉
转反复，析理透辟，清楚明白，至今读来，依旧闪烁着真知灼见
的智慧光辉。

政治重担当

道之所在，言之不休；理之所在，行之不倦。但凡为民之事，苏轼总是不惮其烦，不怨其劳，不辍其力，不伐其功。再三再四，只为事完功成；九九归一，只在造福民生。这一点，不论是在其凤翔初为官之际，还是久历官场之后；不论是在朝为官，还是执政一方；不论是顺遂得志，还是贬谪江湖，苏轼都是一以贯之、始终如一、百折不挠、倾智有为。故而才为后世留下诸多佳话。也正因此，苏轼才受到后世之人的普遍喜爱。

最为可贵之处在于，苏轼从来不是口头式爱国爱民，不是官样文章式爱国爱民。在为国为民上，该做能做，马上就做；该办能办，马上就办。而且，不是雷声大、雨点小，甚至光打雷、不下雨，更无丝毫施舍恩赐思想、作秀糊弄成分、面子豆渣工程，而是诚诚恳恳、扎扎实实、百计千方、千思万虑乃至不厌其烦、不计得失、敢冒风险。所有这一切，都只在于他心中装的只有责任以及对责任的担当——为民造福的责任与担当。苏轼的爱民，出于天性，发于至诚，不能做主时，即刻请示，竭力为民争取；能够做主时，即时做去，不遗余力，为而有效，执行力强，成效性高。即如宋神宗熙宁四年二月，《上皇帝书》，就结人心、厚风俗、存纪纲三个方面，苏轼直言开陈治道，无私贡献治国方略。而在结尾部分，苏轼虽纠结再三、却推心置腹道："臣之所惧者，讥刺既众，怨仇实多，必将诋臣以深文，中臣以危法……死亡不辞，但恐天下以臣为戒，无复言者，是以思之经月，夜以继书，表成复毁，至于再三。感陛下听其一言，怀不能已，卒吐其说。惟陛下怜其愚忠而卒赦之，不胜俯伏待罪忧恐之至。"苏轼所顾虑的从来不是自己：为国为民，时间等不得，自己顾不得！须知，此时的苏轼虽然有一个堂而皇之的荣誉性头衔"殿中丞直史馆判官告院"，但其实职不过是"权开封府推官"——一个临时性地方小官，位低权轻，根本与国家大政方针无缘，却身在地方、心忧庙堂。不仅如此，对于已经推行的变法新政，尽管政策已经实施，既然深感其中的现实危害，于是，不避妄议之名，不顾忌讳之险，于熙宁四年三月《再上皇帝书》，直斥帝过，直中要害，近乎根本否定："陛下自去岁以来，所行新政，皆不与治同道。立条例司，遣青苗使，敛助役钱，行均输法，四海骚动，行路怨咨。"这里，所需要的，不是政治智慧，而是忧国无我、为国忘危的道德自觉和志虑忠纯、覃思为民的政治意识、政治勇气和政治担当。

如果说熙宁四年通判杭州的苏轼虽为副职、却正处于仕途上升通道从而前途未可限量之时，年轻气盛，努力有所作为，不揣冒昧《上皇帝书》，为国分忧和担当，那么，《与章子厚书》则

真可谓难能可贵之至矣！何以言之？章子厚，即章惇，担任右谏
议大夫、参知政事，时在元丰三年，即公元 1080 年。而此时，
正是逃过乌台诗案一劫之后刚刚贬谪黄州的苏轼人生极为失意灰
暗时期，所谓"罪废之余，人所鄙恶"。不说万念俱灰，也是落
魄困顿至于极点。这次打击如此之大，直至元丰五年写出"天
下第三行书"的《寒食帖》中，亦可见其沉郁凄怆心境至于何
地！请看：

　　其一曰："自我来黄州，已过三寒食。年年欲惜春，春去不
容惜。今年又苦雨，两月秋萧瑟。卧闻海棠花，泥污燕支雪。
暗中偷负去，夜半真有力。何殊少年子，病起须已白。"

　　其二曰："春江欲入户，雨势来不已。小屋如渔舟，蒙蒙水
云里。空庖煮寒菜，破灶烧湿苇。那知是寒食，但见乌衔纸。
君门深九重，坟墓在万里。也拟哭涂穷，死灰吹不起。"

　　相信不论何人，有见于此，必定感同身受，必生不忍之心。
　　在第一封《与章子厚书》中，苏轼说："自得罪以来，不敢
复与人事，虽骨肉至亲，未肯有一字往来……如轼正复洗濯瑕
垢，刻磨朽钝，亦当安所施用，但深自感悔，一日百省，庶几天
地之仁，不念旧恶，使保首领，以从先大夫于九原足矣……初
到，一见太守，自余杜门不出。闲居未免看书，惟佛经以遣日，
不复近笔砚矣。"自知戴罪之身，因而断绝交往，远离人事，低

调内敛，深自砥砺，时刻省思，悔过自新，看佛经而消闲，杜笔墨而清净。只愿他人不念旧恶，使我得保性命，足矣。而此时，境况堪忧：平时没有其他收入来源，而"俸入所得，随手辄尽。而子由有七女，债负山积，贱累皆在渠处，未知何日到此。见寓僧舍，布衣蔬食，随僧一餐，差为简便，以此畏其到也。穷达得丧，粗了其理，但禄廪相绝，恐年载间，遂有饥寒之忧，不能不少念。"此与之后的《寒食帖》相互映照。家庭团圆，乃人之常情。而这里，苏轼却处于深深的矛盾之中。一方面弟弟苏辙本身子女众多，负担很重，负债累累。苏轼妻儿暂居于弟弟苏辙家，无疑更加重了弟弟负担，于心不忍不安。于是，巴望着妻儿离开弟弟家，既减轻弟弟经济负担，又能家人团圆。另方面，自己现在暂住寺院中，跟着僧人随便对付着吃饭度日，倒也经济实惠简单方便。因此，怕妻儿真的到来，势必自己开伙，经济负担重，难以长久支撑，甚至年把之内就可能会饥寒交迫。此时苏轼，一家人的生活都成了问题。生活困境整日萦绕脑际，困扰思想，而又无解又无奈。然而，就是如此境况之下，苏轼在致章子厚这位执政大臣的信中，所关心、所期盼、所思考、所在意的依然是国事，依旧是原职所诺之践行！所言何事？原来，苏轼知徐州时，听说有盗贼何九郎密谋劫监狱，还有阚温、秦平一帮奸狡之人，相互勾结，往来各地。要缉拿，却苦于无人可派——即此，亦可见当时吏治败坏、社会治理失效至于何种境地。听说沂州葛墟村程桀，家富胆大。而其弟阚岳因为和坏人李逢往来被发配到桂州牢城。阚温笃于兄弟，常想帮弟弟去除冤屈耻辱而无门路。苏轼觉得此人可用，就让人把阚温叫来，告诉他：只要能帮忙捉住何九郎等盗贼坏人，就上奏释放你弟弟。不到一个月，苏轼就离开徐州，调往湖州。阚温前来送行，直至送出了徐州地界，说："您要是再多留两个月，就一定看到结果。现在您离开了，这个事怎么办？"自古，新官不理旧政，是社会常态现象。阚温担心，前官承诺之事，后官不兑现。于是，苏轼告诉他：你只管尽力，答应你的事不会因为我的离去而不兑现。如果能有所获，尽快告知，我不论在什么地方，一定按照我们的约定上奏免除你弟弟罪行。这年七月二十七日，阚温派人到湖州报告说，已捕捉到郭先生等盗贼。此事得到徐州政府文告证实。而案件审判表明，阚岳所犯，不过与李逢往来而已，并未参与谋划和犯罪。苏轼正要为其申奏洗冤昭雪，报告还没有上报，不料身陷乌台诗案，被逮捕下狱。事情就此耽搁下来。

无论按怎样的常道常理乃至怎样思维逻辑，苏轼不必说自身遭难无助更无权，就是离职他往，正常调动别处为官，也再无关涉原职所在地一切事务之义务乃至职权，完全可以听天由命随它去，然而，"今者，絮又遣人至黄州见报……但絮于轼，本非所部吏民，而能自效者，以轼为不食言也"。阚温缉拿盗贼并非其本职所在，而是基于对苏轼的信任。人以我有信不食言，我必定担当践其诺。这就是苏轼的处世逻辑。现在，继湖州之后，阚温又派人追随苏轼到黄州，试图解决事先苏轼代表官方的承诺：以其自效，释放其弟。身处事业低谷，人生处于下坡路的灰暗之中，似乎有职，实则无权，苏轼还能怎么办？又能说什么呢？特别是对于一介乡野小民，就是有天大的问题和冤屈，不帮其解决，他又能怎样？又敢怎样？又岂能奈我何？但是，在苏轼，却不能抛诸脑后听而不闻不管不问，不然，首先良知上就过不去："愚夫小人，以一言感发，犹能奋身不顾，以遂其言。而轼乃以罪废之故，不为一言以负其初心，独不愧乎？"这关乎个人倒在其次，更为关键之处在于：阙岳本人勇敢无畏豪健绝人，而徐州地区这种人又人数众多。如果政府不加以利用，让他们缉捕盗贼，发挥作用，他们就会自身做贼。其潜在的社会危害性巨大。因此，苏轼觉得应当奖励他们参与捕盗。这样既能使有为之事获利，又能对盗贼产生震慑，还能净化社会风气。可谓一举三得。因此，希望章惇过问此事，释放阙岳。还可以给阙温一个职位，让其参与捕盗，为国家效力。当然吗，这种微末小事，放眼天下，不知凡几，执政大臣也根本无须具体关注关心。而阙温本无公职，却能为国效力，就是因为信任苏轼不食言。对于此事，不好上报朝廷，只好私下对章惇说，以期解决问题。否则，苏轼内心这道坎永远都会过不去，永远都会羞愧难当，愧对于人。现在，事之可否，唯一希望，全靠章惇，亦权在章惇。而且，希望章惇能对此事保密。苏轼为人为国思虑，可谓尽心尽力之至。

这里看似不过小事，却干系重大："徐州南北襟要，自昔用武之地，而利国监去州七十里，土豪百余家，金帛山积，三十六冶器械所产，而兵卫微寡，不幸有猾贼十许人，一呼其间，吏兵皆弃而走耳，散其金帛，以啸召无赖乌合之众，可一日得也。轼在郡时，常令三十六冶，每户点集冶夫数十人，持却刃枪，每月两衙于知监之庭，以示有备而已。此地盖常为京东豪猾之所拟，公所宜知。因程奭优事，辄复及之。"而其结尾一句话："秋冷，伏冀为国自重。"，也可谓一语双关，引人深思。此事处理结果如何，不得而知。然而，苏轼为国尽忠，拳拳之心，担当谋事，亦可谓尽矣！

　　这就是苏轼！可以困辱之，可以贬谪之，唯名节至重，不能苟且，所在在意："轼始得罪，仓皇出狱，死生未分，六亲不相保。然私心所念，不暇及他。但顾平生所存，名义至重"。这就是《黄州上文潞公书》所透露出的心声。从中，其所念念不忘的依旧是知徐州时的未尽之事："轼在徐州时，见诸郡盗贼为患，而察其人多凶侠不逊，因之以饥馑，恐其忧不止于窃攘剽杀也。辄草具其事上之。会有旨移湖州而止。家所藏书，既多亡轶，而此书本以为故纸糊笼箧，独得不烧，笼破见之，不觉惘然如梦中事，辄录其本以献。轼废逐至此，岂敢复言天下事，但惜此事粗有益于世，既不复施行，犹欲公知之，此则宿昔之心扫除未尽者也。公一读讫，即烧之而已。"此事实属偶然，却在偶然之中道出了有宋一朝已处于社会失序、内乱不已、动荡不定、风雨飘摇之中，更展露出苏轼始终念兹在兹、只要丝毫利于国家即知无不言言无不尽操劳国事之心。虽然至此，穷而无依，求告无门，进退失据，不仅国事为念，不是一念放下，更依然以道学为己任，犹恐斯文沦丧，决心发扬道学。贬谪黄州，挂着虚衔虚职，闲暇时间多多。苏轼又是闲不住的人。无所事事之中，想起父亲的遗愿嘱托，继续潜心父亲未完成的《易》学研究。在父亲研究基础上，作《易传》九卷。同时，覃思精研《论语》，作《论语说》五卷。可谓为国无怨，倾尽所能；穷不忘道，弘扬未已；穷且益坚，不堕其志。

为国多忧患

　　苏轼为国为民，具有强烈而执着的责任感，其政治意识、勇气和担当，不是偶尔有之、偶一为之，而是一而再、再而三、再三再四，反复申述，知无不言，言无不尽。何以如此？个中无不体现出苏轼深深的忧患意识——基于衷心为国责任担当的深深的忧患意识。苏轼所处时代，既是有宋一朝繁荣鼎盛时期，也是整个社会隐含深刻危机而即将分崩离析之际。表面看来，总体而言，国家太平，没有大的战乱，已近乎百年之久。其实，苏轼已感知到国家的不测之忧：有治平之名而无治平之实，暂无可忧之形而可忧之势已成。国家看似没有水旱盗贼人民流亡之祸，却叹息怨恨不安其生；看似没有乱臣割据四分五裂之忧，却难休养生息年年有余；看似没有权臣专制擅作威福之弊，却上下不交君臣不亲；看似没有四夷交侵边鄙不宁之灾，却堂堂中国常有外忧。国家社会，缺乏凝聚力：无感无亲，怨气充斥，民心思变。面对此情此景，却无人在意，均缄默不言。苏轼却忧心如焚，就此接连上呈对策策略五首！在《策略一》中，他说：

"方今之势，苟不能涤荡振刷，而卓然有所立，未见其可也。臣尝观西汉之衰，其君皆非有暴鸷淫虐之行，特以怠惰弛废，溺于宴安，畏期月之劳，而忘千载之患，是以日趋于亡而不自知也。"正如白居易说汉皇重色思倾国一样，实指当朝，而且是：日趋于亡而不自知也！此种等于当面指斥亡国之论，纵观史册，又有多少君王能够包容接纳，更有多少官员敢于出之于口？《策略二》中，则进一步指出：天子宰相，终日皇皇，应接不暇；官僚系统，百官泛泛，莫任其职。忙非应忙，应忙不忙；为非当为，当为不为。官职不匹配，尸位而素餐。忠说之言，真乃直哉！《策略三》则说，当今之势，天下有二患：立法之弊和用人之失。法弊不知，归咎于人；用人有失，更严其法。腐儒新进，迷信故见，以立法更制为事，总在制度规范上下功夫。因此，法律变革，制度变更，无休无止。恶果严重，却不觉悟：国家法令，多次变更，国家却未能达到大治。两者相较，用人之失，大于立法之弊。说到底，想要大治，非根本矫正因循世俗、肃清怠惰苟安不可。

《策略四》继续申论：要想君臣相得，各尽所怀，直道而行，首当其冲，必须破庸人之论，大开功名之门，为各种人才脱颖而出创造条件：英雄豪杰有用武之地，努力上进，各尽其才；庸常之人自知奋发，淬励有为，不至怠废。反之，抑制刚健有为之士，奖用柔懦谨畏之人，其结果是：智能之士不能愤发，无以发挥才能，而才能平庸之辈只会更加弛废堕落。如此，不仅欲谋事而无人可用，想有为则无人可使。政风日坏，纲纪日废，而不自觉。天下之患，正在于此。而当下，似是而非的庸人之论有二：在上位者务为宽深不测之量，在下位者好言中庸之道。宽深不测之量，是临大事而不乱，而非不讲原则，不论是非，隔绝上下之情，养尊自安，无所用心，喜好学舌先贤之言，以掩饰自身无能。而中庸之道，则是极尽万物之理，不偏不倚，中正平和，坚守底线，不趋炎附势，不人云亦云，虽狂狷亦作为，而非同流合污，乡愿害德。

而《策略五》则着眼于深结天下之心，告诫皇帝人心之于国家的极端重要性和紧迫性。如果不得人心，仅仅以荣誉名位笼络人心，这种方式靠不住。和平时期，安居无事，可以相安无事。"一旦有急，是皆行道之人，掉臂而去，尚安得而用之？"况且，丧失政权，非一朝一夕之故，而是在熟视无睹习以为常的不知不觉中不断渐变的结果。承平日久，管控日密；制度日繁，规矩日多。上者益尊，下者益贱。百官俯首就位，敛足而退，战战兢兢，唯恐动辄得咎得罪，群臣相率为苟安之计。贤者无所施展才华，愚者在位不能去。不论贤愚，不过安身保位而已。按部就班等待上级指令而行事，最为稳妥。一旦有非常之事出，不测之变起，则无人可与共患难。秦二世、唐德宗因此颠沛而不觉悟，岂不悲哉！

这其中，要害之处在于：后世之君，变乱法规，"安于逸乐，而恶闻其过。是以养尊而自高，务为深严，使天下拱手以貌相承，而心不服……天下之心既已去，而伥伥焉抱其空器，不知英雄豪杰已议其后……创业之君，出于布衣，其大臣将相……

皆尝试挤掇，以知其才之短长，彼其视天下如一身，苟有疾痛，其手足不期而自救。当此之时，虽有近忧，而无远患。及其子孙，生于深宫之中，而狃于富贵之势，尊卑阔绝，而上下之情疏；礼节繁多，而君臣之义薄。是故不为近忧，而常为远患。及其一旦，固已不可救矣。圣人知其然，是以去苛礼而务至诚，黜虚名而求实效，不爱高位重禄以致山林之士，而欲闻切直不隐之言者，凡皆以通上下之情也。"（苏轼全集卷四十六策略五首）最后，还从将相之臣（中央高官）、太守刺史（地方主官）、左右扈从侍读侍讲之人（身边人）和吏民等方面，给出具体举措，以克服治平日久所带来的天下久安因循怠惰之气。这并非杞人忧天，更非危言耸听。因为，"古之失天下者，皆非一日之故，其君臣之欢，去已久矣，适会其变，是以一散而不可复收。"不防患未然，一味因循，心存侥幸，待到末路穷途，一切就为时已晚，悔不可及。时势至此，就是再怎么激愤"十四万人齐解甲，更无一个是男儿"，又能怎样？大势已去，无济于事，无可挽回，呜呼哀哉！一旦成历史，转瞬即尘埃。历代兴亡教训多，人心聚散非一日。庸常自信千载后，回首烟云已弥漫。

竭智为尽忠

　　无论以怎样的政治标准来衡量，苏轼无疑都必定属于忠臣纯臣之列。所不同的是，苏轼从来都不是盲从威权意志而思维、看着上级脸色而行事、为着自利而逢迎的主。他从来都是坚持自己思考，心有定性，怀有主见，思有规矩，行有理则：从来不会逐利盲从，不会投人所好，不会口是心非，不会阿谀谄媚，不会恩将仇报，不会落井下石，更不会不择手段往上攀爬。不为无益之事，不务虚浮之功，不颂无谓之德。只要是认准了的正确的事，尤其是有利于国计民生之事，他总会一往无前、勇往直前。

　　嘉祐六年，即公元 1061 年，苏轼签判凤翔。这是苏轼仕途的起点。两年后，顶头上司太守陈希亮在后圃筑台，名为"凌虚"，令苏轼作记。可以说，至少，作为下属，几千年来的常规思维，或者哪怕是依循官场潜规则，必定是倾其所有，恭维备至，赞不绝口，极尽美好词汇堆积之能事，从而给以充分肯定与赞颂——不仅称扬其高屋建瓴高瞻远瞩，充分阐述其巨大的现实意义，更会旁征博引揭示其不朽的文化价值和深远的历史意义。于是，在一片其乐融融的和谐氛围中，皆大欢喜，各得其所。须知，粘权紧，勘得透，看得开，放得下，懂规矩，明眼色，不逆鳞，留面子，善说话，会来事：暖风耳中吹，甜言舌尖出。这是自古官场潜规则，更是仕途顺风顺水的不二法门。千穿万穿，马屁不穿。至少，也应当看破而不说破。然而，苏轼却不！不走寻常路，这就是苏轼的性格，也是苏轼的人生和命运。

既是上级领导亲口吩咐、当面交办的重要任务，苏轼如何办？"轼复于公曰：'物之废兴成毁，不可得而知也。昔者荒草野田，霜露之所蒙翳，狐虺之所窜伏。方是时，岂知有凌虚台耶？废兴成毁，相寻于无穷，则台之复为荒草野田，皆不可知也。尝试与公登台而望，其东则秦穆之祈年、橐泉也，其南则汉武之长杨，五柞，而其北则隋之仁寿，唐之九成也。计其一时之盛，宏杰诡丽，坚固而不可动者，岂特百倍于台而已哉？然而数世之后，欲求其仿佛，而破瓦颓垣，无复存者，既已化为禾黍荆棘丘墟陇亩矣，而况于此台欤！夫台犹不足恃以长久，而况于人事之得丧，忽往而忽来者欤！而或者欲以夸世而自足，则过矣。盖世有足恃者，而不在乎台之存亡也。'既以言于公，退而为之记。"这就是《凌虚台记》。

不说其他，这得有多大的胆量啊！一边厢领导的台子刚建好，一边厢你就不是一般地拆台，而是根本上将一个刚刚新建的台子否定得就连悲惨二字都不配的一种无言结局。物之废兴成毁，不是真的不可得而知也，而是不想而可知：任何事物，有兴就有毁，有生即有死。古人云：人事有代谢，往来成古今。这是任何人都懂得的再简单不过的道理。不过，懂得道理是一回事，能否按道理办事则是另一回事。立于太守之台，映入眼帘的是，东南北三面都曾经有过看似"宏杰诡丽，坚固而不可动，岂特百倍于台而已哉？"的历朝宫殿——当然相较而言，陈太守这么一个地方官所建的这么一个寻常台子，又算得了什么呢？——，在并不长久的时空变幻中，早已荡然无存："欲求其仿佛，而破瓦颓垣，无复存者，既已化为禾黍荆棘丘墟陇亩矣！"不仅如此，苏轼还不忘进行当面打脸式教训："夫台犹不足恃以长久，而况于人事之得丧，忽往而忽来者欤！而或者欲以夸世而自足，则过矣。盖世有足恃者，而不在乎台之存亡也。"这真的是让陈太守情何以堪？苏轼不仅这么说，同时也就这么记。如今，凌虚台徒留其名，而不知所踪。但止是陈太守的一时之举，却让千百年后的人们有幸仍能欣赏到《凌虚台记》这个文化名篇带给后世的哲思启迪。

顺便说一句，这个陈太守也果然非同一般。对于苏轼不留情面的否定，他不仅没有"太守很生气，后果很严重"地发威，还居然一字不易地将《凌虚台记》勒石纪念。而陈太守的名垂青史，靠的不是他偶然兴之所至所建的一个台子，倒是苏轼的一篇完全否定其台子的一篇文字——苏轼的智慧之处，就在于他先于时间就将凌虚台毁灭得彻彻底底一干二净。当然，其中，有一点却往往为世人所忽视乃至遗忘，而事实上却是一件非常重要的事情，一种国人中往往稀缺的品质，有必要予以揭示：陈太守的雅量与包容！陈太守和苏轼的交集还远非止于此。一个虽终身未仕，却声名绝不亚于其父的儿子陈慥陈季常，因为因缘际会成为苏轼的好友，故而得以因了儿子的恳请，陈希亮（字公弼）有幸有了苏轼为之作传的无尚荣耀——"轼平生不为行状墓碑，而独为此文，后有君子得以考览焉。"——这就是《苏轼全集·卷三十九·陈公弼传》。从中，我们得见陈希亮一生事迹及其为人。而苏轼也在其中给以充分肯定：这是一个面目严冷、语言确切、好面折人，然而却清劲寡欲、见义勇发、不计祸福、必极其志而后已之人。由此，陈希亮获得了不朽！

就苏轼而言，其竭智尽忠是一贯的：不吐不快，一吐为快，屡吐不止。正如《苏轼全集·卷六十·奏议十三首·辨贾易弹奏待罪札子》中所说："臣愚蠢无状，常不自揆，窃怀忧国爱民之意。自为小官，即好僭议朝政，屡以此获罪。然受性于天，不能尽改。"就像《苏轼全集·卷四十七·策别十七首》，洋洋一万九千余言，涵盖了政治、经济、文化、社会，从课百官、安万民、厚货财、训兵旅四大类，细化为厉法禁、抑侥幸、决壅蔽、专任使、无责难、无沮善、敦教化、劝亲睦、均户口、较赋役、教战守、去奸民、省费用、定军制、畜材用、练军实和倡勇敢十七个方面，不厌其烦地竭智思虑广尽忠言。

《策别一》厉法禁

　　苏轼阐述了一个有效法治的一个基本立足点："夫天下之所谓权豪贵显而难令者，此乃圣人之所借以徇天下也。舜诛四凶而天下服，何也？此四族者，天下之大族也。夫惟圣人为能击天下之大族，以服小民之心，故其刑罚至于措而不用。周之衰也，商鞅、韩非峻刑酷法，以督责天下。然其所以为得者，用法始于贵戚大臣，而后及于疏贱，故能以其国霸……后之庸人，不深原其本末，而猥以舜之用刑之术，与商鞅、韩非同类而弃之。法禁之不行，奸宄之不止，由此其故也。"论及当下，尽管方今法令至繁，却直言：法令不彰，法治无效。地方小官小吏，贪赃枉法，受赇鬻狱，犯罪除名，严惩不贷，却没有产生任何震慑作用，仍然有人不知畏惧，知法犯法之风不止，以身试法不绝，且虽获罪而心不服。因为腐败链上端更大的腐败者岿然不动安居尊位："大吏之为不善，非特簿书米盐出入之间也，其位愈尊，则其所害愈大；其权愈重，则其下愈不敢言。幸而有不畏强御之士，出力而排之，又幸而不为上下之所抑，以遂成其罪，则其官之所减者，至于罚金，盖无几矣。夫过恶暴著于天下，而罚不伤其毫毛；卤莽于公卿之间，而纤悉于州县之小吏。"这里，苏轼揭示出一道千古治国难题。高官腐败，示范性强，危害性大，必定影响全局甚至国运。但是，防范、遏制和惩处高官腐败，难度大、几率低。同时，即便暴露，由于牵扯甚多，加之各种操作，往往处罚轻微。如此执法，等同纵容。天下人都看在眼里，不是拍手称快，而是内心不服，甚至说：刑不上大夫。长此以往，虽然严刑峻法，刀锯斧铖齐上，木索笞筌并用，亦难令人畏惧，亦无济于事。因为，法律规定，犯罪首免，针对的是并非累犯的盗贼之类一般犯罪行为，是为了给其改过自新重新做人的机会，而不是针对卿大夫之类的高官。高官犯罪而以罚代法，甚至免其罚，则何以号令天下？而今，大臣犯法，事实俱在，皇帝一道圣旨或者一个指示，就不予追究。这实在让人难以理解。"故曰：厉法禁自大臣始，则小臣不犯矣。"

《策别二》抑侥幸

在苏轼看来，天下最可怕的，关乎国家安危的，是：赋税不均，刑法不公，官不择人。就是说，社会要安定，必须赋税均，刑法公，官得人。特别是用人弊端：吏多而阙少，贪吏常多而不可禁。为此，必须加强综合考核，激励官员不敢懈怠，努力奋进。

《策别三》决壅蔽

朝廷清明，天下治平，不求不诉而无冤，但求有上访即接待、有起诉则彻查。江湖之远，知朝廷不高而可达；一介之民，觉官府不难而可进。各级各地，上上下下，方方面面，风清气正，运转通畅，问题有人解决，事情有地办理。而现实却是："有不幸而诉其冤，如诉之于天。有不得已而谒其所欲，如谒之于鬼神。公卿大臣不能究其详悉，而付之于胥吏，故凡贿赂先至者，朝请而夕得，徒手而来者，终年而不获。至于故常之事，人之所当得而无疑者，莫不务为留滞，以待请属。举天下一毫之事，非金钱无以行之。"由此，天下纷乱。正气不彰，货赂公行。贪求不得，则事拖不决，陈陈相因，至于王化壅遏、至道不行。为此，必须以上率下，励精图治，简化政事，任用得人。

《策别四》专任使

苏轼指出，官员任用，三年一个任期，时间太短。因此，普遍存在短期行为，一切都是草率为之，而不作长远谋划。此其一也。而最严重的，则是以下两个方面：

一是，具有示范和指标意义的经济中心京兆府，不知稼穑耕织之劳苦，不知恭俭廉退之风尚，不尚儒学，不沐教化，只以一二技能为终身之事，以吃上公家饭为乡党之荣。由此，"狱讼繁滋而奸不可止，为治者益以苟且。"四方慕化，风俗日薄。当此之时，京兆府尹，披星戴月，劳形案牍，面对摩肩而来、接踵而至、络绎不绝、层出不穷的等待工作指示指令批示者和请求诉讼者，疲于应付，应接不暇。而问题却不能真正解决，矛盾也不能彻底消弭："刑之不服，赦之不悛，狱讼之繁，未有已也。"二是，主管国家财货税赋的大司农，事务庞杂，其间收支出入频繁，簿书交错，纵横变化，足以为奸，而又难以推究。毕竟，一个人精力有限，只能总体把握，粗知大纲，大小事务只能授权下属具体办理。一人耳目所及，难敌下属几十上百人。于是，贿赂交其门，求者聚其家。

当然，弊端并非只有这两个方面。比如用人不精不久，就是大弊之一。本来贤人难得。就是有志之士，想干出一番作为，做长久打算谋划，但绩效难以短期内显现。如果有个把月不上报工作业绩成效，就认为他无能，就功未待其成而将其调离。如果有了初步成效而被一致称赞，则认为有功而将其提拔到朝廷任要职。就是到了朝廷机关，无论能力如何，都不能长久任职。而且，朝廷机关，工作繁忙，终年不得休息。既然朝廷不让长期任职，这些人也莫不迫切求去。主要官员走马灯似地频繁变动，短期行为，而掌管簿书案牍等具体管理事务的小吏，却不变动，积久勾连，熟知内幕关节，甚至子孙相续。如此，积弊丛生，奸邪难去，弊端难除。

《策别七》敦教化

教化根本，在于名实相副、言行一致，在于朝廷及其政策要有信用，在于取民利而有度，而不能舍礼义而专用法吏以督责其民，控制无节，贪求无厌。否则，则朝廷失信。信用一失，则无以率下，更无法有效治理天下。因为，百姓每天耳闻目睹，亲身感受，日熏月染，就会贪冒嗜利而无耻，就会不信不义。如此，而欲望其迁善远罪，难！要让百姓讲信用，国家不能口惠而实不至；要让百姓守道义，官员必须大力除弊肃贪。曾经，"河西用兵，而家人子弟皆籍以为军。其始也，官告以权时之宜，非久役者，事已当复尔业。少焉皆刺其额，无一人得免。自宝元以来，诸道以兵兴为辞而增赋者，至今皆不为除去。夫如是，将何以禁小民之诈欺哉！"此乃朝廷政策不信之祸也！

　　而且，《论每事降诏约束状》中，苏轼还指出了另一种极为常见却往往熟视无睹更无改变且总是乐此不疲的常态失信现象："若每行事立法之外，必以王言随而丁宁之，则是朝廷自轻其法，以为不丁宁则未必行也。言既屡出，虽复丁宁，人亦不信。"因此，苏轼告诫道：皇帝富有四海，不可与民争利。就是不得已而取利于民，也应节制有度，以示不贪。遗憾的是，"今鸡鸣而起，百工杂作，匹夫入市，操挟尺寸，吏且随而税之，扼吭拊背，以收丝毫之利。"设官为了富民，而非刻剥百姓。现实则是：税负本有常限，而以先行征收为才干；出纳有常数，而以财务盈余为能力。天地之间，有取则有禁。求利太广，用法太密，导致百姓日趋于贪。因此，难行之言，当有所必行；可取之利，当有所不取。如此，才能让百姓信服而知义。

　　然而，实际情况，正好与此相反："今天下之利，莫不尽取。山陵林麓，莫不有禁。关有征，市有租，盐铁有榷，酒有课，茶有算，则凡衰世苟且之法，莫不尽用矣……然天下之人，方且穷思竭虑，以广求利之门。"税费名目繁多，仍旧不停不歇，竭智挖掘财源。这就是《策别十三》中，苏轼所深忧之处。因而他才这么不避忌讳，以衰世比喻当代。这个苏轼，真是胆大包天！说更不用说，多少冗员花费，多少无谓虚耗！而《策别十一》中，为了讲教战守，苏轼还给我们描述了两极社会现象：上层社会，重养其身，居于重屋，出则乘舆，风则袭裘，雨则御盖，虑患之具，莫不备至。而下层农夫小民，终岁劳苦：盛夏力作，穷冬暴露。如此，则小民何以能够爱国？更何以能够为国尽忠？"一旦出身而蹈死地，则其为患必有所不测。""今不为之计，其后将有所不可救者。""此臣所谓大患也。"由此可见，苏轼早就意识到表象繁荣的社会已经是危机四伏、山雨欲来风满楼。不过，千言万语也未能警醒梦中人。不幸言中。靖康之乱，堂堂大宋，不堪一击，土崩瓦解，灰飞烟灭。

情怀总为民

　　苏轼超越时代，为各历史时代、各阶层社会所喜爱，其文学乃至文化贡献固然是重要原因，但其根基却在于他作为官员，无论在朝廷、在地方，也无论得意、失意，总是奋发有为，情为民系，利为民谋，乃至为民请命，不计得失，不遗余力。不仅如此，要办好事、办成事，更多的时候，所需要的，还有政治耐力，以及认准目标，锲而不舍直至功成的责任感、使命感。其可贵之处还在于：没有任何作秀成分，从不弄虚作假，从不虚与委蛇，从不虎头蛇尾，从不畏首畏尾，也从不看人脸色行事，而是为民谋利方面，不畏艰难，敢于冒险犯难。如此之官，谁人不爱戴；如此之人，谁人不敬佩？

　　就让我们跟随苏轼的足迹，一探其无处不在的为民情怀吧。

　　先看《宋史·苏轼传》的记载。苏轼初为官，除大理评事、签书凤翔府判官。"关中自元昊叛，民贫役重，岐下岁输南山木筏，自渭入河，经砥柱之险，衙吏踵破家。轼访其利害，为修衙规，使自择水工以时进止，自是害减半。"须知，民贫役重，积习既久，相仍旧贯，势理皆然。况且，此时苏轼，初入仕途，公门未稔，人微言轻，不是主官，不过一副职而已：原本无需多事，因循自然无事。未曾想，苏轼却较了真，亲自深入民众，调查研究，了解利害，修订制度规定，赋予百姓自主权。效果也是立竿见影——自是害减半。

面对王安石变法中的轻率举措，苏轼忧虑其"发民力以治官室，敛民财以食游士"，更担心由此而增官添员，不过胡乱折腾，徒为纷乱，患苦天下，无益于时，更无益于治。不仅如此，苏轼更由此而指出这些不当决策背后的深层次原因，就在于当今皇上宋神宗：求治太急，听言太广，进人太锐。苏轼开出的对策是：愿镇以安静，待物之来，然后应之。就是说，不要为了改革而改革，更不能打着改革旗号，借着改革之名，而行祸国殃民之事。对此直言切谏，神宗悚然曰："卿三言，朕当熟思之。凡在馆阁，皆当为朕深思治乱，无有所隐。"

不仅如此，苏轼还将其反对胡乱改革、因而改革需慎重的观点宣扬于众："轼退，言于同列。"由此而引起王安石的不悦不满，也就在情理之中。而王安石对苏轼的处置方式也颇为耐人寻味："命权开封府推官，将困之以事。"寥寥数字，机心深矣！开封府非等闲之地，可是京畿重地，天下首府。苏轼能到此为官，无论名实，都是重用。而这重用之中，却是一个"权"字，即：临时委派、临时担任。这就是玄机所在。既是临时，稍有差池，随时可以罢免丢官。况且，推官职责，掌理刑名，审判案件，自是权力辐辏，利害交织，事多繁杂，公道难为，公正不易，祸在不测。而这也正是王安石的本意所在：欲以此而困住苏轼。不料，"轼决断精敏，声闻益远"。天纵之才，遇机而发。秉权处高，功当名彰。

当然，如果苏轼紧紧遵循儒家一般思想传统："君子素其位而行，不愿乎其外。"(《中庸》)、"不在其位，不谋其政。""君子思不出其位。"(《论语·宪问》)、"位卑而言高，罪也。"(《孟子·万章下》)，甚至顺旨援上，何愁官运不亨通、事业不发达？相反，苏轼依照孟子"立乎人之本朝而道不行，耻也"；或者如后人所言："今朝廷大臣，上不能匡主，下亡以益民，皆尸位素餐。"(《汉书·朱云传》)，苏轼为耻；抑或如"子曰：巧言、令色、足恭，左丘明耻之，丘亦耻之。"，苏轼亦耻之：既食其禄，必忠其事。既忠其事，不分职责内外。尤其是民利所系，所在必争："会上元敕府市浙灯，且令损价。轼疏言：'陛下岂以灯为悦？此不过以奉二宫之欢耳。然百姓不可户晓，皆谓以耳目不急之玩，夺其口体必用之资。此事至小，体则甚大，愿追还前命。'即诏罢之。"

王安石刚刚创行新法，苏轼就上书论其不便："愿陛下结人心，厚风俗，存纪纲。人主之所恃者人心而已，如木之有根，灯之有膏，鱼之有水，农夫之有田，商贾之有财。失之则亡，此理之必然也。自古及今，未有和易同众而不安，刚果自用而不危者。"于是，从结人心、厚风俗、存纪纲三个方面，条分缕析其弊。更加难能可贵之处，在于其胆识超卓："时新政日下，轼于其间，每因法以便民，民赖以安。徙知密州。司农行手实法，不时施行者以违制论。轼谓提举官曰：'违制之坐，若自朝廷，谁敢不从？今出于司农，是擅造律也。'提举官惊曰：'公姑徐之。'未几，朝廷知法害民，罢之。"

苏轼为民，一以贯之。刚知徐州，黄河决口，泛滥成灾，徐州城也被洪水围困，危在旦夕。富民争相出城避水。苏轼忧心如焚：富民一出，民心动摇，无人守城。我在城在，决不能让洪水冲垮徐州城！于是，"驱使复入。轼诣武卫营，呼卒长曰：'河将害城，事急矣，虽禁军且为我尽力。'卒长曰：'太守犹不避涂潦，吾侪小人，当效命。'率其徒持畚锸以出，筑东南长堤，首起戏马台，尾属于城。雨日夜不止，城不沉者三版。轼庐于其上，过家不入，使官吏分堵以守，卒全其城。复请调来岁夫增筑故城，为木岸，以虞水之再至。朝廷从之。"

这场突如其来的特大洪水，爆发于熙宁十年，即公元1077年，是黄河决口，殃及彭城（徐州）。关于这次洪水，苏辙《黄楼赋并叙》之"叙"——顺便说一句，非但苏辙，苏轼亦然：但凡书"序"，皆代之以"叙"或"引"或其他。何以如此？皆因其祖父苏序名序之故。由此，亦可见古代避讳文化之一端。——中，描述得更为详尽生动："熙宁十年秋七月乙丑，河决于澶渊，东流入钜野，北溢于济，南溢于泗。八月戊戌，水及彭城下，余兄子瞻适为彭城守。水未至，使民具畚锸，畜土石，积刍茭，完室隙穴，以为水备。故水至而民不恐。自戊戌至九月戊申，水及城下者二丈八尺，塞东西北门，水皆自城际山，雨昼夜不止。子瞻衣制履屦，庐于城上，调急夫，发禁卒以从事，令民无得窃出避水。以身帅之，与城存亡，故水大至而民不溃。方水之淫也，汗漫千余里，漂庐舍，败冢墓，老弱蔽川而下，壮者狂走，无所得食，槁死于丘陵林木之上。子瞻使习水者浮舟楫，载糗饵以济之，得脱者无数。水既涸，朝廷方塞澶渊，未暇及徐。子瞻曰：'澶渊诚塞，徐则无害，塞不塞，天也，不可使徐人重被其患。'乃请增筑徐城，相水之冲，以木堤捍之，水虽复至，不能以病徐也。故水既去，而民益亲。于是即城之东门为大楼焉，垩以黄土，曰：'土实胜水。'徐人相劝成之。辙方从事于宋，将登黄楼，览观山川，吊水之遗迹，乃作黄楼之赋。"

苏轼知徐州，在 1077 年 4 月。这场洪水，就在七月，可谓紧随苏轼而来：下车伊始，洪水即至。此时，对于徐州的自然状况、土地民情，苏轼了解，毕竟有限。既然主政一方，必定干系重大。面对大灾大难，苏轼始终身处一线，临危镇定，胆识超人，指挥从容，决断有序，谋略得当，处置得法：凝聚共识，集合众力，众志成城，终于使徐州免于城毁人亡之大浩劫。也正是在这种积极有为的灾难共担中，苏轼和徐州人民之间开始结下心心相印的情谊。而这一切，才刚开始。

俗语云：大水过后，必有大旱。今年洪水刚过，来年旱灾降临。可谓一灾未已，一难又至。关于此次旱情，其景象后果，可见于苏轼《徐州祈雨青词》。至今读来，仍感惨不忍睹，不忍卒读："田庐漂荡，父子流离饥寒顿仆与沟坑。盗贼充盈于犴狱，人穷计迫，理极词危。望二麦之一登，救饥民于垂死。而天未悔祸，岁仍大荒。水未落而旱已成，冬无雪而春不雨，烟尘蓬勃，草木焦枯。今者麦已过期，获不偿种；禾未入土，忧及明年……使岁得中熟，则民犹小康。"祈雨，只是从于民俗民情民心的一种形式。苏轼并不迷信于不可知之天。他深知，真正能够使徐州百姓根本免于旱灾之法，在于兴修水利。于是，苏轼探水源，征民夫，修水库，筑池塘，劝农桑，促生产。人智用，实效显：年景丰收，幸免饥馁。安心忙农事，一派和谐景。对此，苏轼徐州所作《浣溪沙·徐门石潭谢雨道上作五首》中就作了生动记述：

○ 其一

照日深红暖见鱼，连溪绿暗晚藏乌。黄童白叟聚睢盱。

麋鹿逢人虽未惯，猿猱闻鼓不须呼。归家说与采桑姑。

○ 其二

旋抹红妆看使君，三三五五棘篱门。相挨踏破蒨罗裙。

老幼扶携收麦社，乌鸢翔舞赛神村。道逢醉叟卧黄昏。

○ 其三

麻叶层层苘叶光，谁家煮茧一村香。隔篱娇语络丝娘。

垂白杖藜抬醉眼，捋青捣麨软饥肠。问言豆叶几时黄？

○ 其四

籁籁衣巾落枣花，村南村北响缫车。牛衣古柳卖黄瓜。

酒困路长惟欲睡，日高人渴漫思茶，敲门试问野人家。

○ 其五

软草平莎过雨新，轻沙走马路无尘。何时收拾耦耕身。

日暖桑麻光似泼，风来蒿艾气如薰。使君元是此中人。

使君元是此中人！作为大宋朝文坛超聚人气和人望的超级大腕，更兼政坛秉持以民为本，亲民为民利民，其声名早已远播华夏。因而，苏轼在其所出现的村庄自然引起围观："旋抹红妆看使君，三三五五棘篱门。相挨踏破茜罗裙。"好一个"相挨踏破茜罗裙"！苏轼之受追捧，由此可见一斑。

面对丰收景象，同一时期苏轼还创作了另一首《浣溪沙》：

○ 惭愧今年二麦丰，千畦细浪舞晴空。化工余力染天红。

归去山公应倒载，阑街拍手笑儿童。甚时名作锦薰笼。

同样，这里，没有半点表功自诩，更无丝毫标榜夸耀，而是情动于中，喜不自胜，真情自然流露，笔端直抒胸臆，道出无尽民喜己悦之情。正是在这份自然勃发的喜悦之中，映照着、折射出苏轼民为己任却淡薄超然的博大胸襟和无私情怀。而其中的"惭愧"二字，其藏善内敛、谦逊无我之境界，更且令多少后世之人应当扪心惭愧啊！

主政徐州，不过短短两年时间。苏轼不仅政绩卓著，与徐州社会各阶层结下深厚情谊，更在政务之余寄情于山水风物，在不经意间，为徐州文化增添了恒久的苏轼印记，并使之成为优秀传统文化中的重要组成部分。不说黄楼，单单一篇《放鹤亭记》，不过"郡守苏轼，时从宾佐僚吏往见山人，饮酒于斯亭而乐之"，就使得一座原本再普通不过的云龙山和一座无名小亭名延千古！历经风雨烟尘，屡次亭毁亭建：往日的放鹤亭，早就荡然无存。新建的放鹤亭，依然引得无数游人驻足登临凭吊！这就是苏轼的魅力！就是元丰元年九月十七日，一个再普通不过的寻常日子，因为苏轼偶然醉倒乱石岗，而作一篇《登云龙山》诗：

○ 　醉中走上黄茅岗，满岗乱石如群羊。
　　岗头醉倒石作床，仰看白云天茫茫。

于是，"东坡石床"，这么一块乱石岗中再普通不过的石头，居然也沾染苏轼的灵光，成为历代观赏咏唱的著名景观。这正是：爱苏及石，轼功粲然；燕子楼空，东坡永驻。

当然，除了积极解决民生问题，诸如因为煤炭的发现，而解决了徐州城居民生活迫切所需燃料问题——此事发生在元丰元年十二月，见于苏轼《石炭并引》：

君不见，前年雨雪行人断，城中居民风裂骭。湿薪半束抱衾裯，日暮敲门无处换。岂料山中有遗宝，磊落如磐万车炭。流膏迸液无人知，阵阵腥风自吹散。根苗一发浩无际，万人鼓舞千人看。投泥泼水愈光明，烁玉流金见精悍。南山粟林渐可息，北山顽矿何劳锻。为君铸作百炼刀，要斩长鲸为万段。

最终，这只能是一种想象，一种倾诉于笔墨的心境写照而已。在解决民生问题的同时，却仍不忘煤炭所蕴涵的可能利于国家大计的价值所在。这就是他在《石炭并引》之《引》中所说"以冶铁作兵，犀利胜常云。"故而，他又在想象中要发挥煤炭的国防战略作用："为君铸作百炼刀，要斩长鲸为万段。"

曾经，洪水中的徐州是不幸的。不幸之中的万幸是：来了苏轼——尽管这种缘分只有短短两年时间。匆匆两年，因缘而来，缘尽而去！人生自古伤离别，更何况苏轼这么一个多情之人离别徐州这么一个自己亲自领导的抗大洪救大灾、留下深深印记之地！元丰二年（公元1079年）三月，苏轼由徐州调知湖州途中，一种不忍离别之情油然而生。诉之于笔端，娓娓道来，成就出婉约缠绵的《江城子·别徐州》：

天涯流落思无穷。既相逢，却匆匆。携手佳人，和泪折残红。为问东风余几许，春纵在，与谁同？

隋堤三月水溶溶。背归鸿，去吴中。回首彭城，清泗与淮通。寄我相思千点泪，流不到，楚江东！

这真是：往日来时多艰困，今我去时情依依。回首彭城泪难收，无可奈何奈若何。然而，苏轼之于徐州，功利当代，泽及后世。斯人已去，功名长存。历史长河，两年不过一瞬。朝代频仍换，彭城官无数。悠悠千载，印迹无灭者，又有几人？！深惟其中味，为政当思之。

同是《宋史·苏轼传》，还记载了苏轼知密州（今山东诸城市）时的一件便民事迹："时新政日下，轼于其间，每因法以便民，民赖以安。徙知密州。司农行手实法，不时施行者以违制论。轼谓提举官曰：'违制之坐，若自朝廷，谁敢不从？今出于司农，是擅造律也。'提举官惊曰：'公姑徐之。'未几，朝廷知法害民，罢之。"这里，所反映出的是苏轼对国家政策理解把握精准和难能可贵的责任担当。而其基本为政理念，却是一以贯之：为民利民而已矣！诚如《孟子·公司丑上》引曾子所说："自反而不缩，虽褐宽博，吾不惴焉；自反而缩，虽千万人，吾往矣！"

然而，此时的苏轼，身处贫僻之地，更难有用武之机。面对内忧外患，忧国之情难抑。于是，苦闷压抑之中，蕴藉出为国效力的万丈豪情。这就是《江城子·密州出猎》：

老夫聊发少年狂，左牵黄，右擎苍，锦帽貂裘，千骑卷平冈。为报倾城随太守，亲射虎，看孙郎。

酒酣胸胆尚开张，鬓微霜，又何妨？持节云中，何日遣冯唐？会挽雕弓如满月，西北望，射天狼。

这里我们看到的似乎只是一种田猎娱乐劳民伤财乃至破坏自然生态的游乐活动，然而，其心可鉴，其情可哀。须知，此时苏轼，不过四十岁而已。自称老夫，渴望为国出使征战而不得，苦闷可知。这里，分明是一种呐喊，一种无声的呐喊：苏轼未老，苏轼可用！庸碌非我愿，人生真易老。意气不衰，无处着力。有心作为，路在何方？出猎显志，待时而动。除此而外，又能何为？！

然而，谁能想到，惯于为民心执着，诗讽不测入囹圄。《宋史·苏轼传》："徙知湖州，上表以谢。又以事不便民者不敢言，以诗托讽，庶有补于国。御史李定、舒亶、何正臣摭其表语，并媒孽所为诗以为讪谤，逮赴台狱，欲置之死，锻炼久之不决。"寥寥数语，其间隐略了苏轼多少绝望而无助。正如他在狱中所写两首绝命诗前序语所说："予以事系御史台狱。狱吏稍见侵，自度不能堪，死狱中，不得一别子由，故和二诗授狱卒梁成，以遗子由。"

其一曰

圣主如天万物春，小臣愚暗自亡身。
百年未满先偿债，十口无归更累人。
是处青山可埋骨，他年夜雨独伤神。
与君世世为兄弟，更结来生未了因。

○   其二曰

柏台霜气夜凄凄，风动琅珰月向低。

梦绕云山心似鹿，魂飞汤火命如鸡。

眼中犀角真吾子，身后牛衣愧老妻。

百岁神游定何处，桐乡知葬浙江西。

"梦绕云山心似鹿，魂飞汤火命如鸡"！苏轼当时处境心境，可想而知。而这一切，并非为了一己之私，依然为了人民；也并非说明苏轼真的将生死置之度外而犯颜直谏，不过是"以事不便民者不敢言，以诗托讽，庶有补于国"之拳拳之心使然。而其《湖州谢上表》中，通篇所展现的是苏轼对于自身的贬谪自谦、对于先帝及当今皇上的感恩之情以及当奉公守法、勤于职守的决心。其中的"知其愚不适时，难以追陪新进；察其老不生事，或能收养小民"，难免带有牢骚嫌疑。不过在刻板的官样文章、例行公事之外，稍加情绪化地顺带着抒发了一点心语真话而已。不料，苏轼所不屑的"新进"改革派，政治嗅觉灵敏，终于找到了报复机会：有心搜集苏轼诗作言论，并将其诗语言论泛政治化并进而别有用心地解读为其对于变法新政这一朝廷改革政策的不满、妄议、攻击与否定，以此媒孽其短，指斥为"包藏祸心，怨望其上，讪渎漫骂，而无复人臣之节者，未有如轼也……其他触物即事，应口所言，无一不以讥谤为主。"可谓：苏轼罪大恶极，罪不容诛！这就是乌台诗案，一起典型的因言获罪的文字狱。

新进改革者，还泛政治化地解读苏轼的《王复秀才所居双桧二首之二》：

凛然相对敢相欺，直干凌空未要奇。

根到九泉无曲处，世间唯有蛰龙知。

诗中以王复秀才家两棵桧树所呈现出的自然景致形象风貌，寓意作为乡野知识分子的王复：虽隐世而居，不为人知晓，却固本坚守、顶天立地、挺拔劲直、凝然无畏、刚正不阿、莫可摧折的风骨气度。可谓诵读双桧诗，想见其为人。然而，却被附会成苏轼有不臣之意，试图将其置于死地。据宋叶梦得《石林诗话·卷上》："元丰间，苏子瞻系大理狱。神宗本无意深罪子瞻，时相进呈，忽言苏轼于陛下有不臣意。神宗改容曰：'轼固有罪，然于朕不应至是，卿何以知之？'时相因举轼《桧诗》'根到九泉无曲处，世间惟有蛰龙知'之句，对曰：'陛下飞龙在天，轼以为不知己，而求之地下之蛰龙，非不臣而何？'神宗曰：'诗人之词，安可如此论，彼自咏桧，何预朕事！'时相语塞。章子厚亦从旁解之，遂薄其罪。子厚尝以语余，且以丑言诋时相，曰：'人之害物，无所忌惮，有如是也！'时相，（王）珪也。"

这只不过是舒亶、李定等人陷害苏轼的众多黑材料中之一例而已。他们把苏轼写的诗文深文周纳、无限上纲，目的是欲陷之于罪，置彼之死地。当然，苏轼也深知"自来疏于口舌笔墨，着恼朝廷甚多，今日必是赐死。"苏轼身陷囹圄，命在旦夕。苏辙《东坡先生墓志铭》曰："徙知湖州，以表谢上。言事者摘其语以为谤，遣官逮赴御史狱。初，公既补外，见事有不便于民者，不敢言，亦不敢默视也，缘诗人之义，托事以讽，庶几有补于国。言者从而媒孽之，上初薄其过，而浸润不止，至是不得已从其请。既付狱吏，必欲置之死，锻炼久之，不决。上终怜之，促具狱，以黄州团练副使安置。"

苏轼命悬一线，终免一死，可谓虚惊一场。在这背后，既得力于宋太祖赵匡胤"不得杀士大夫及上书言事人"的祖训庇佑，更是得力于包括曹太后、宰相吴充、故相王安石、章惇在内的一班重量级人物的出面搭救，同时也必定为苏轼写给弟弟苏辙的两首诀别诗所感动。总之，神宗本人在经过一番权衡考量之下，并未深究而置苏轼于死地，更大的可能在于杀杀苏轼的性气。宋周必大《二老堂诗话·记东坡乌台诗案》中，关于此事的记载如下："元丰己未，东坡坐作诗谤讪，追赴御史狱。当时所供诗案，今已印行，所谓《乌台诗案》是也。靖康丁未岁，台吏随驾挈真案至维扬。张全真参政时为中丞，南渡取而藏之。后张丞相德远为全真作墓志，诸子以其半遗德远充润笔，其半犹存全真家。余尝借观，皆坡亲笔，凡有涂改，即押字于下，而用台印。苏子容丞相元丰戊午岁尹开封，治陈世儒狱，言者诬以宽纵请求。是秋亦自濠州摄赴台狱，尝赋诗十四篇，今在集中，序云：'子瞻先已被系，予昼居三院东阁，而子瞻在知杂南庑，才隔一垣。'其诗云：'遥怜北户吴兴守，诟辱通宵不忍闻。'

注谓：'所劾歌诗有非所宜言，颇闻镌诘之语。'"

乌台诗案牵连达 39 人之多，更成为苏轼人生的大转折，其对苏轼的教训是深入心灵的，影响是深入骨髓的。也正因此，并在贬谪黄州期间的底层潦倒困顿生活以及徜徉于大自然的体悟之中，促成了苏轼的豁然觉悟。由此，苏轼从此成东坡。其生活自然成文，其文记自然生活——生活本身成为诗，成为词，成为文。从此，游心自然，淡泊旷达，豪放超逸，闲适自任，乃至归去情结不断，至有"小舟从此逝，江海寄余生"，乃至欲"纵一苇之所如，凌万顷之茫然。浩浩乎如冯虚御风，而不知其所止；飘飘乎如遗世独立，羽化而登仙。"究其缘由，此时苏轼，突然觉悟，思想不再凝滞于物：虽在尘世，心却超绝。人生何渺小，何必执着过？！因为，即便豪杰如曹孟德，"固一世之雄也，而今安在哉？！"

放眼世界，回顾自身，"寄蜉蝣于天地，渺沧海之一粟。哀吾生之须臾，羡长江之无穷。挟飞仙以遨游，抱明月而长终。知不可乎骤得，托遗响于悲风。"看似莫名悲凉，实则大彻大悟："客亦知夫水与月乎？逝者如斯，而未尝往也；盈虚者如彼，而卒莫消长也。盖将自其变者而观之，则天地曾不能以一瞬；自其不变者而观之，则物与我皆无尽也。而又何羡乎！且夫天地之间，物各有主，苟非吾之所有，虽一毫而莫取。惟江上之清风，与山间之明月，耳得之而为声，目遇之而成色，取之无禁，用之不竭，是造物者之无尽藏也，而吾与子之所共适。"这就是《前赤壁赋》所传递出的内在心声。至于《后赤壁赋》，则于现实与梦境的神游切换之间，透露出虚无出世意念。生死自然事，人生有真谛。元人方回《桐江续集》卷二十八《追和东坡先生亲笔陈季常见过三首》其二曰："前后赤壁赋，悲歌惨江风。江山元不改，在公神游中。"而苏辙之孙苏籀《栾城遗言》则说："子瞻诸文皆有奇气。至《赤壁赋》，仿佛屈原宋玉之作，汉唐诸公皆莫及也。"东坡至此，人生入低谷，事业登巅峰：脱胎换骨，境界大开，随意成文，世所莫及。

当然，这并非说苏轼从此以后就生活于自我之中，而置世事民生于度外。相反，但凡能够有益于世事民生之处，则无不一仍其旧倾心勠力而为之。这种意识，对于东坡，根深蒂固。即如《宋史·苏轼传》开篇所言："生十年，父洵游学四方，母程氏亲授以书，闻古今成败，辄能语其要。程氏读东汉《范滂传》，慨然太息，轼请曰：'轼若为滂，母许之否乎？'程氏曰：'汝能为滂，吾顾不能为滂母邪？'"可谓自年少而有大志，以国士而任平生。即在黄州，虽说是以黄州团练副使安置，实则属于有职无权之闲差闲官，是无法参与任何政府决策的。但是，东坡良知于心，正如苏辙《东坡先生墓志铭》所说："其于人，见善称之，如恐不及，见不善斥之，如恐不尽，见义勇于敢为，而不顾其害。用此数困于世，然终不以为恨。孔子谓伯夷、叔齐古之贤人，曰：'求仁而得仁，又何怨。'公实有焉。"因此，当他偶然间听闻黄州有溺婴之事，心酸不忍，吃不下饭。第二天就给鄂州太守朱寿昌写信，派专人送达，希望他能施以援手。这就是《与朱鄂州书》："岳鄂间田野小人，例只养二男一女，

过此辄杀之，尤讳养女，以故民间少女，多鳏夫。初生，辄以
冷水浸杀，其父母亦不忍，率常闭目背面，以手按之水盆中，咿
嘤良久乃死。有神山乡百姓石揆者，连杀两子，去岁夏中，其
妻一产四子，楚毒不可堪忍，母子皆毙，报应如此，而愚人不
知创艾。"虽然法律规定"故杀子孙，徒二年"，但似乎无人关
心此事，以至于杀婴成俗。因此，东坡希望朱太守，加强百姓
进行法治教育，奖励举报杀婴，并鼓励地主豪户周济贫困而无力
养育子女者。东坡不仅帮其出谋献策，还搬出佛法及前人案例
相激励，以积累阴德相劝勉。最后，东坡更是以身说法："轼向
在密州，遇饥年，民多弃子，因盘量劝诱米，得出剩数百石别储
之，专以收养弃儿，月给六斗。比期年，养者与儿，皆有父母
之爱，遂不失所，所活亦数十人。此等事，在公如反手耳恃深
契，故不自外。"在他人，习以为常，乃至无端多事生事；于东
坡，心不能安，以至反复申之诉之。人性光辉，卓然炳曜。其
拳拳恻隐之心，何人不心生感佩？！

　　本性难移为善事，多情多感仍多病！病者，困也，痛也，乐
也！正如其弟苏辙所言："用此数困于世，然终不以为恨。"因
为，其身虽困，其心为乐。正如宋神宗熙宁七年（公元 1074 年）
冬，东坡由杭州通判调知密州，途经润州（今江苏镇江），与孙
洙巨源、王存正仲集会于甘露寺多景楼。席间，一官妓名胡琴
者，姿色技艺尤佳。酒阑，孙巨源请于东坡："残霞晚照，非奇
词不尽。"东坡当即于席间填写了《采桑子·多情多感仍多病》：

○　　多情多感仍多病，多景楼中。尊酒相逢，乐事回头一笑空。
　　停杯且听琵琶语，细捻轻拢。醉脸春融，斜照江天一抹红。

　　其中，"乐事回头一笑空""醉脸春融，斜照江天一抹红"，
寥寥数语，语义双关，道尽人间多少事、多少情、多少境！词
话虽然洒脱空灵，不过刻意避谈人生失落无助、悲别离恨之苦
而已。其内心深处，却并非真能超凡出世。相反，正如苏门四
学士之一的黄庭坚《赣上食莲有感》中所道："莲心正自苦！"
因此，东坡是见人不道莲心苦，但得众生心欢乐。借用宋刘
弇《安平乐慢》来说，就是："莲心暗苦，月意难圆。神京去路
三千……断肠中，一叶晴川。"这一点，从他同期诗作《润州甘
露寺弹筝》中，则会看得更加分明：

○　　多景楼上弹神曲，欲断哀弦再三促。
　　江妃出听雾雨愁，白浪翻空动浮玉。（浮玉，金山名。）
　　唤取吾家双凤槽，遣作三峡孤猿号。
　　与君合奏芳春调，啄木飞来霜树杪。

　　此中猿号（嚎），绝非暗自伤神、孤身自怜，而是身处江湖
之远，心忧朝堂之上：欲有所作为，却无所作为。况且，当世官
场，人心不古：国家隐忧深深，东坡忧心殷殷。何以言之？原因
有二。关于此点，《宋史·苏轼传》虽着墨不多，却说得明白。

其一是人才阻滞

苏轼被贬黄州已三年，神宗多次想起复使用，为宰相王珪、蔡确所阻挠，遂下手札移苏轼到汝州。其中有言："苏轼黜居思咎，阅岁滋深，人材实难，不忍终弃。"苏轼未到汝州，上书自言饥寒，有田在常州，希望能到常州居住，得到批准。尽管东坡曾写道："某现在东坡种稻，劳苦之中亦自有乐事。有屋五间，果丈十数畦，桑百余本。身耕妻蚕，聊以卒岁也。"其实，身居黄州这种穷乡僻壤，名为官员，实则投散置闲，幸因自身名望而得关照，能于黄州东坡觅得一块荒地，身自耕种，以补家用。日子过得如何，可想而知。所谓"聊以卒岁也"，其无奈之境，令人酸鼻。正如其诗《初到黄州》所言："自笑平生为口忙，老来事业转荒唐。"其实，这种荒唐，并非仅仅为了生活而操心、而忙碌，而是己志难申，政治难成，因而荒唐而伤神、伤神而荒唐。

其二是外患内忧

对外用兵，内起冤案，着实令东坡深感不安——虽然身是戴罪之身，却忧他人之狱。于是，路过金陵，拜见王安石。基于"西方用兵，连年不解，东南数起大狱"，希望王安石进谏救弊。王安石说：这两件事都是吕惠卿挑起的。我已退休，身在朝廷之外，怎么敢说？苏轼说："在朝则言，在外则不言，事君之常礼耳。上所以待公者，非常礼，公所以待上者，岂可以常礼乎？安石厉声曰：'安石须说。'又曰：'出在安石口，入在子瞻耳。'又曰：'人须是知行一不义，杀一不辜，得天下弗为，乃可。'轼戏曰：'今之君子，争减半年磨勘，虽杀人亦为之。'"一句"今之君子，争减半年磨勘，虽杀人亦为之"，虽为东坡戏言，却道尽当世政治的真实而可怖镜像。如此治国，岂能安稳？国家如此，何能久长？！王安石又岂能不知？作为退休宰相，他又能如何？故而，安石笑而不言。一声叹息为多余，此时无声胜有声。

东坡政路偃蹇，终于时来运转。宋哲宗初立，元祐元年，迁中书舍人；二年，兼侍读；三年，权知礼部贡举。可谓三年三大步，终于迈上了政治生涯短暂而辉煌时期。东坡本性，依道而言，直道而行，无所忌讳，心知其害，却不能改。思前想后，只能谦退为上：远离朝廷，执政一方，实处用功，实事着力，冀能造福一方百姓。于是，元祐"四年，积以论事，为当轴者所恨。轼恐不见容，请外，拜龙图阁学士、知杭州"。这既是东坡的万不得已之处，更是东坡的高明智慧之处。因此急流勇退，东坡也就获得了巨大的政治尊重："轼出郊，用前执政恩例，遣内侍赐龙茶、银合，慰劳甚厚。"

美好转眼即逝，现实考验即至。东坡"既至杭，大旱，饥疫并作。轼请于朝，免本路上供米三之一，复得赐度僧牒，易米以救饥者。明年春，又减价粜常平米，多作饘粥药剂，遣使挟医分坊治病，活者甚众。轼曰：'杭，水陆之会，疫死比他处常多。'乃哀羡缗得二千，复发囊中黄金五十两，以作病坊，稍畜钱粮待之。"现实多费思量，一切才刚开始。此前东坡身为杭州倅，或者说通判杭州，不过副职而已。而今身知杭州，主政一方，责任重大，所有问题都只能自己扛起。须知，"复发囊中黄金五十两，以作病坊，稍畜钱粮待之"，乃东坡自掏腰包办医院，救饥荒，治疫患。此仅一时救急之法。如何彻底根治湖河之患，尽得水之利、地之宜？杭州靠近大海，地泉咸苦，居民稀少。唐刺史李泌始引西湖水作六井，人民用水充足。白居易又将西湖水引入漕河，再用漕河水灌溉千顷天地，人民因而殷富。到了宋朝，西湖葑积为田，漕河仰仗江潮供水，潮水泥沙淤积，三年就要淘挖，成为百姓大患。东坡因地制宜，提出了创造性的整治方略："茅山一河专受江潮，盐桥一河专受湖水，遂浚二河以通漕。复造堰闸，以为湖水畜泄之限，江潮不复入市。以余力复完六井，又取葑田积湖中，南北径三十里，为长堤以通行者。吴人种菱，春辄芟除，不遣寸草。且募人种菱湖中，葑不复生。收其利以备修湖，取救荒余钱万缗、粮万石，及请得百僧度牒以募役者。堤成，植芙蓉、杨柳其上，望之如画图，杭人名为'苏公堤'。"

这一切才刚刚开始。东坡尚有更加宏大的为民除患、除患为民的治水愿景有待作为：政治上绝对正确，理论上绝对科学，操作上绝对可行，民意上绝对拥护，然而，现实中却是障碍重重阻，直至梦想桩桩灭。《宋史·苏轼传》的两段记载即是明证：

○　　其一

轼议自浙江上流地名石门，并山而东，凿为漕河，引浙江及溪谷诸水二十余里以达于江。又并山为岸，不能十里以达龙山大慈浦，自浦北折抵小岭，凿岭六十五丈以达岭东古河，浚古河数里达于龙山漕河，以避浮山之险，人以为便。奏闻，有恶轼者，力沮之，功以故不成。

○　　其二

轼复言："三吴之水，潴为太湖，太湖之水，溢为松江以入海。海日两潮，潮浊而江清，潮水常欲淤塞江路，而江水清驶，随辄涤去，海口常通，则吴中少水患。昔苏州以东，公私船皆以篙行，无陆挽者。自庆历以来，松江大筑挽路，建长桥以阰塞江路，故今三吴多水，欲凿挽路、为十桥，以迅江势。"亦不果用，人皆以为恨。

其一是"人以为便。奏闻，有恶轼者，力沮之，功以故不成。"其二是"亦不果用，人皆以为恨"。可见，两者皆为治国利民之德政。德政未必可行，德政执行过程中的走形变调，直至难以为继，自古可谓比比皆是。故而，历史中，令人唏嘘之处所在多有。而这最能折射出其所在时代的社会政治风貌。虽然这两个有利于杭州乃至整个太湖流域的重大建设工程构想未能如愿实施，亦无损于杭州成为东坡人生第一福地：正是西湖疏浚，苏堤构筑，连同其他种种德政，在造福杭州乃至仅仅不过是自身心路历程的文字描绘的同时，自己也在不知不觉中成为西湖乃至杭州的一道亮丽风景，一部历史的重要章节，一座历久弥新的历史文化丰碑。

劳神苦思为哪般？一句话，情怀总为民：既是天性使之然，亦是其所服膺的儒家思想深入灵魂之后的自然外化所致。综观其一生，无论自身处境如何，儒家人本仁爱思想从未在他心中泯灭。相反，总是时时处处展露外显。就是命运被摧折，主张被否定，建议被否决，东坡见义勇为之心不改，向善为民之念不绝。至于成败利钝、个人得失，全然不在他的思虑之中。虽未有屈原之叹："苟余心之端直兮，虽僻远其何伤？""亦余心之所善兮，虽九死其犹未悔！"，默默践行又何妨？而且，一切尽在不言中。越是无言之行，就越能凸显出可贵和伟岸。因此，知颍州（今安徽省阜阳市），他谏阻开凿黄堆引水入淮河工程——因为这样做，会致使淮河水倒灌，引起更大水患。因为有实地考察数据的确凿支撑，得到朝廷支持。知定州（今河北省定州市），"定州军政坏驰，诸卫卒骄惰不教，军校蚕食其廪赐，前守不敢谁何。轼取贪污者配隶远恶，缮修营房，禁止饮博，军中衣食稍足，乃部勒战法，众皆畏伏。"同时严格制度执行，将士畏服用命，军政废弛现象得到有效治理，以至于定人言："自韩琦去后，不见此礼至今矣。"但是，为了利于边关地区持久稳定，"轼奏免保甲及两税折变科配，不报"。

东坡一生政治事业当中，最具戏剧性的佳话甚至是神话，则非知登州（今山东省蓬莱市）莫属。这里，"五日登州府"，这种极其短暂而偶然之中，居然连上《乞罢登州榷盐状》和《登州召还议水军状》这种攸关国计民生大事的两道奏折，促使朝廷做出决策，更加彰显出东坡为国利民情怀，至今依然为世人所津津乐道。政声人去后，非虚言也！

宋神宗元丰八年，即公元1085年，苏轼知登州。其职位全称是朝奉郎知登州军州事，即是登州军政一把手。本来按照宋朝规定，地方官员三年一磨勘。满打满算，一名官员在同一个地方任职，最多不过三年。三年之后，要么入朝为官，要么调往他处。登州属于沿海边防重镇，不过也是个地瘠民贫的边远贫困地区。对此，苏轼没有任何怨言，并已经做了长期打算，且一上任就进入角色：深入群众，访贫问苦，调查研究。其着眼点，不仅在于回应群众关切和期待——因为苏轼是名人，而其真心为民执政理念和过往作为以及诸多故事早已传遍全国。登州本来偏僻，忽有如此好官莅任，群众怎能不欢欣鼓舞热烈欢迎？——更在贯彻落实朝廷精神，惠及民生，富裕群众。这一点，他在《登州谢上表》中表述得十分明白：登州"地瘠民贫。入境问农，首见父老，戴白扶杖，争来马前。皆云枯朽之余，死亡无日，虽在田野，亦有识知。恭闻圣母至明而慈，嗣皇至仁而孝，每下号令，人皆涕流，愿忍垂死之年，以待惟新之政。言虽甚拙，意则可知。见朝廷擢臣于久废之中，谓臣愚必有以小塞其责，或能推广上意，惠康小民。而臣天资钝顽，学问寡浅，心已耗于多难，才不周其一身，将何以上答圣知，下慰民愿。"

　　这里，字里行间，不经意间，也充分显示出苏轼的政治智慧。本来，百姓父老争来马前欢迎新太守。虽然地处偏远，年迈老朽，穷乡僻壤之中，也知道有苏轼苏大人这么个好官。苏轼却并不自傲，更不敢以此张狂飘然，反而归功于太后、皇上及其好政策。自古，理论上，朝廷好政策多多，然而能够将朝廷好政策不折不扣、深入贯彻落到实处从而让百姓真正能够得实惠者却委实有限，而且是有限得很。现在，居然有了苏大人来此为官，登州百姓深感幸福有望，好日子终于有盼头了！一句"见朝廷擢臣于久废之中，谓臣愚必以小塞其责，或能推广上意，惠康小民"，这种极力低调其事、自谦自谨之态度，既是一种事实描述，更是历经乌台诗案所受牢狱之灾打击拖累从而沉寂多年之后所谓吃一堑、长一智从而沉稳官场必需的谨慎。这不仅是人性的软弱，更是集权专制制度下生存与发展的基本策略。在任何集权专制制度下，个体都是而且总是渺小的。很多事情的发生，都带有极大的偶然性与或然性。因为权力意志决定一切。对权力的敬畏与顺从是基本行为表征，更是基本的言语表征。使君原是此中人，焉能超然脱世俗？"但知奉法，不敢求名，臣无任。"——虽属心语心愿，却是意味无穷。

　　虽然如此，深植于灵魂深处割舍不下的民心、民意、民生、民本考量，使得苏轼处政必有为、临民必发声：听说近年来京东路实行食盐专卖，利益丰厚而无害，以为政策可行。这是相比河北淮浙地区因为食盐稀缺，所以人以为方便可行。不知京东路过去的小盐贩因无以为生，大半做了盗贼。虽然这并非我的职责所在，但是不敢不说。就我曾经所任职的登州地区来说，海岸线长达三百里，但地瘠民贫，商贾不至。本地所产食盐，只是居民食用。现在所产食盐都须卖给政府，实行食盐专卖，有三大危害。一是政府收购价便宜，不到产盐户直接卖给百姓的三分之一，导致产盐户破产失业，纷纷逃亡他乡。二是导致居民生在大海边，却顿顿吃贵盐，而穷乡僻壤地区只好尽量少吃盐。三是本地吃贵盐、少吃盐，而外面客商又不来进货，导致本地所产食盐有入无出，越积越多。盐仓装不下，只好露天堆积。如果实行配卖制，就和福建、江西之患无异；如果不配卖，过了一二年，就渐变如粪土。不能盈利保本，反而导致国有资产损失，官吏被追责，相关管理人员因此而破家失业。官无一毫之利而民已受三害。因此，强烈建议废除食盐专卖制。听说莱州地区也和登州地区一样。请求朝廷先废除登、莱两州食盐专卖，依旧让产盐户直接卖盐给百姓。官方可以适当收取盐税。其他地区，让职能部门详细了解情况，酌情实施相应政策。而且，苏轼还不自居功，不自显能：告诉皇帝，不要说是自己所上报告、所想对策，而是皇上亲自思虑圣断的结果。

就是这个前官熟视无睹，不理不闻、害民甚深的恶政导致登州民贫商不至，无告成盗贼。而且，须知，《乞罢登州榷盐状》是在苏轼离开登州之后、朝中为官之时所上。此时苏轼，完全可以眼睛向上，置登州于不顾，更无须因此而可能得罪于此前颟顸无为的历任登州官员：苦难由他苦难，好官我自为之。苏轼不仅甘心为之，更甘愿无名，归功皇上、实则高太后——宋神宗逝后，十岁小皇帝赵煦继位。宋神宗母亲高太后垂帘听政——默默惠民，别无他求；忠纯之德，灿然天地。

　　苏轼知登州，其任职前后不过短短五天时间而已！真可谓：刚视事，即离职；虽离职，却有为——为登州做出空前绝后的绝大惠政。《乞罢登州榷盐状》批准之后，弊政立除。生产食盐的灶户可以直接卖盐给百姓，官府只对灶户收税。这种破除食盐官家垄断专卖而生产与销售市场化政策，造福百姓，据说一直延续至于清朝末年。清代盐政碑中记载："有宋时，宋文忠公，莅任五日即上榷盐书，为民图休息，士人至今祀之，盖非以文章祀，实以治绩也。"

　　试想，多少官场大吏要员，不说五日之内，即便为官一生，又能有几人做出苏轼如许惠民之政？当日登州，地处穷愁僻壤之乡、势为边疆对敌之地。在此为官，绝非得意之境，更多失意之情。此乃人之常情。而苏轼，毫无怨天尤人情绪，在其位，谋其政；去其地，思其民——足显一代名臣的胸怀和风范。后人喜爱称赞，也就在情理之中："诗卷从来已折衷，古祠今又拜遗风。果然日与山海对，公爱此间我爱公。"

　　由此，不由想起苏轼的为政之忌：捕鸡之猫与吠主之犬。何以言之？宋代罗大经《鹤林玉露》卷五有云："东坡云：'养猫以捕鼠，不可以无鼠而养不捕之猫；畜犬以防奸，不可以无奸而蓄不吠之犬。'余谓不捕犹可也，不捕鼠而捕鸡则甚矣。不吠犹可也，不吠盗而吠主则甚矣。疾视正人，必欲尽击去之，非捕鸡乎？委心权要，使天子孤立，非吠主乎？"

东坡所谓不捕之猫、不吠之犬，乃冗猫冗犬也。常人而言，只要思维正常，无人会没头脑至于此地，除非本身是爱猫爱狗一族以之为宠物为乐趣。当然，无论出于何种目的或理由，没有功用，豢养无用之猫狗，纯属浪费，东坡不为也，也不屑也。这是一个深知民间疾苦的官员苏轼的理性态度，也是文人东坡的一种人性情怀。故而，无论被选派至于何地，足迹所到之处，目力所及之所，东坡总是力图体察民情、解民之困、为为民有益之事。就是仅仅莅任登州太守五日，也在体察民情民忧之中，了解到食盐政府专卖的种种弊端危害乃至公家亏损和百姓吃不起盐以及海防松弛空虚的深刻隐忧，上了《乞罢登州榷盐状》和《登州召还议水军状》两道奏折：一则为民，一则为国。据《蓬莱县志》："蓬邑不食官盐，自宋代苏长公已条陈得免其累，洵所谓仁人之言，其利溥哉！"清朝重修《登州府志》记载：东坡于登州任上"在郡未一月即内召，士民感化，深惜其去之速也，后立祠（三贤祠）祀之，并祀名宦祠"。可谓：五日登州府，千载忆苏公。五日执政而能造福一方，空前绝后，绝对是一个奇迹。多少人在位日久，却是祸害一方；在位越久，祸害越深。更多少人尸位素餐，民永远穷苦而不能被其利。自古莅治登州之官，何止车载斗量。然而，能够让登州百姓近千年地记忆，唯有东坡一人而已！

东坡，长期浸润于官场，宦海风波，险象环生，沉浮无定，飘萍动荡，其关于猫狗之表述，节之以礼，坦荡通达，不露针锋。至于罗大经，虽有经邦济世之志，亦有不忍百姓疾苦之情，却官场失意被罢免。于是，闭门博览，整理国故，慨然兴怀，多有著述。既然放归鹤林，不复规矩顾忌，眼见猫不捕鼠而捕鸡、犬不吠盗而吠主，猫鼠同窝，犬盗一家，奸邪据朝堂，正人遭排挤，而深以为忧，却无如之何，只能垂之空言以待来者。却不曾想，捕鸡之猫与吠主之犬何其多哉！

呜呼！历朝历代，立国之初，事简官少，休养生息，民生复苏；当国日久，事沉情繁，冗官渐增，民遭其殃。何以如此？江山变革多艰难，临渊履薄知善始。居高四望独尊重，任性从事为自然。意态潇洒厚奉养，财用难足饕餮心。欲念频生唯哀敛，苛政刑罚虚伪生。罔民争利无尽时，失信怨望咎自取。管子曰：“政之所兴，在顺民心。政之所废，在逆民心。故刑罚不足以畏其意，杀戮不足以服其心。故刑罚繁而意不恐，则令不行矣。杀戮众而心不服，则上位危矣。故知予之为取者，政之宝也。”老子曰：“民之饥，以其上食税之多，是以饥。民之难治，以其上之有为，是以难治。”冗猫冗犬多，必失为政之宝。捕鸡之猫与吠主之犬泛滥，国受其害，民遭其殃，国民皆失而难治。

在此，有必要提及的是，东坡知登州，还呈现出另外一种偶然性甚至带有某种神秘性之事：那就是他离别登州之际，居然有幸看到了海市蜃楼。这同时也就为这个传说中八仙过海的神话之地，更增添了新的神话。本来，海市出现就很偶然而难得。沈括在《梦溪笔谈》中就有记述：“登州海中，时有云气，如宫室、台观、城堞、人物、车马、冠盖，历历可见，谓之海市。或曰蛟蜃之气所为，疑不然也。欧阳文忠曾出使河朔，过高唐县，驿舍中夜有鬼神自空中过，车马人畜之声一一可辨，其说甚详，此不具纪。问本处父老，云：'二十年前尝昼过县，亦历历见人物。'土人亦谓之海市，与登州所见大略相类也。"对于登州而言，海市即便出现，也只在春夏之际。东坡知登州，是元丰八年十月十五日到任，二十日即接到进京任礼部员外郎的任命，十一月初便离登州晋京。其在登州总共不过半月时间，且节气属于冬季。常规而论，根本无法见到海市。然而，东坡既非常人，也就有出乎常人之外的举动："予闻登州海市旧矣。父老云：'常见于春夏，今岁晚不复出也。'予到官五日而去，以不见为恨，祷于海神广德王之庙，明日见焉。乃作此诗。"就是说，本以不见海市为恨，就以至诚之心祷告于海神广德王之庙，希望海神保佑能够一见海市为快。事情居然就这么巧合而神奇：祷告之后，第二天真就见到了海市！于是，就有了这首著名的《海市诗》：

东方云海空复空，群仙出没空明中。

荡摇浮世生万象，岂有贝阙藏珠宫！

心知所见皆幻影，敢以耳目烦神工。

岁寒水冷天地闭，为我起蛰鞭鱼龙。

重楼翠阜出霜晓，异事惊倒百岁翁。

人间所得容力取，世外无物谁为雄。

率然有请不我拒，信我人厄非天穷。

潮阳太守南迁归，喜见石廪堆祝融。

自言正直动山鬼，岂知造物哀龙钟。

信眉一笑岂易得，神之报汝亦已丰。

斜阳万里孤鸟没，但见碧海磨青铜。

新诗绮语亦安用？相与变灭随东风。

　　官场也好，人生也罢，人生在世，种种因缘际会，多少聚散悲欢，古今一体说不休。然而，最终，"新诗绮语亦安用？相与变灭随东风"。借用入世情深、想作为却难有为因而忧思亦深的辛弃疾《菩萨蛮·书江西造口壁》来表达，就是：

郁孤台下清江水，中间多少行人泪？

西北望长安，可怜无数山。

青山遮不住，毕竟东流去。

江晚正愁余，山深闻鹧鸪。

　　然而，登州之于东坡，亦如其他任何地方之于东坡一样，或者逆而言之亦然：无论何地，东坡始终是且仅仅不过是一个匆匆过客而已！来也匆匆，去也匆匆，来去总匆匆！因而，东坡一生，始终在路上。在路上，不仅是东坡一生的生存状态、生活状态，是他一生的生命形态，更是他的意志、心性、修养、境界不断修炼过程。正因此，也正因为对于自身状态及其与外在世界关系的深刻了悟和坦然顺遂，东坡才能做到逆来顺受。而且，即便环境、条件再怎么恶劣，直至贬英州（今广东省清远市），贬惠州（今广东省惠州市），贬儋耳（今海南省儋县），真可谓，一地不如一地，一地更比一地僻远，一地更比一地艰难。但是，苦恨总也不能阻其从容。他都能随遇而安：身在何处，心安何处——此心安处是吾乡。

即如东坡以衰朽残年被贬海南，本来就是衰暮之年，兄弟同贬而家人别离，更兼痔疮复发——东坡《和止酒》叙："丁丑岁，余谪海南，子由亦贬雷州。五月十一日相遇于藤，同行至雷。六月十一日相别，渡海。余时病痔呻吟，子由亦终夕不寐。因诵渊明诗，劝余止酒。乃和原韵，因以赠别，庶几真止矣。"而其诗则曰："时来与物逝，路穷非我止。与子各意行，同落百蛮里。萧然两别驾，各携一稚子。子室有孟光，我室惟法喜。"——其栖遑无定之状、局促无奈之情，后人读来，亦足以感同身受。在《到昌化军谢表》中，他说："奉被告命，责授臣琼州别驾，昌化军安置……并鬼门而东鹜，浮瘴海以南迁，生无还期，死有余责……宜三黜而未已，跨万里以独来。恩重命轻，咎深责浅……俾就穷途，以安余命。而臣孤老无托，瘴疠交攻，子孙恸哭於江边，已为死别，魑魅逢迎於海上，宁许生还？"而在《与王敏仲书》中则写道："某垂老投荒，无复生还之望，昨与长子迈诀，已处置后事矣。今到海南，首当作棺，次便作墓，乃留手疏与诸子。死则葬于海外……生不契棺，死不扶暝，此亦东坡之家风也。此外，晏然寂照而已。"

当年，李白一腔激情，仗剑出川，落拓长安，慷慨悲歌：

"大道如青天，我独不得出！"正所谓出而未出，伤痛在心。终至于绝望而无奈中梦想着："长风破浪会有时，直挂云帆济沧海！"而东坡呢，虽然偃蹇蹉跎、困顿穷乏，毕竟始终身处体制之中：无论何时何地，总有一方安身立命之所、几斗糊口养家之资。况且，即便悲歌，又有何用，又能如何？！因此，在无可如何之际，他也始终保持一颗清楚明白之心，一份洞悉世情之后的冷静。从不效仿李白，作无益之悲、徒劳之叹。在最为难耐之际，他引陶潜为知心同道，在不断和陶诗中，高标自我，排遣世闷，寻求解脱，安顿心灵。然而，他也深知，他不可能像陶潜那样决绝潇洒，断然挂印而去，不看上司脸色行事，不为五斗米折腰，宁愿躬耕南亩，种豆南山，草盛豆稀，收获无以养家，却能安贫守贱，"环堵萧然，不蔽风日；短褐穿结，箪瓢屡空，晏如也。"——只要勿我违，躬耕难饱也心甘："代耕本非望，所业在田桑。躬亲未曾替，寒馁常糟糠。岂期过满腹，但愿饱粳粮。御冬足大布，粗絺已应阳。正尔不能得，哀哉亦可伤！人皆尽获宜，拙生失其方。理也可奈何！且为陶一觞。"（陶渊明《杂诗其八》）；只要勿我违，竟至乞食又何妨："饥来驱我去，不知竟何之。行行至斯里，叩门拙言辞。"（陶渊明《乞食》）——因此，虽然他的精神和陶渊明相通，并一再以其靖节气概激励自身，找到自信，建构心理支撑，甚至是引以为精神寄托，更不断在和陶诗中消除心中块垒："流转海外，如逃深谷，既无与晤语者，又书籍举无有，惟陶渊明一集，柳子厚诗文数册，常置左右，目为二友。"（《答程全父推官六首之三》）"随行有《陶渊明集》。陶写伊郁,正赖此尔。"(《答程全父推官六首之二》)"余迁惠州一年,衣食渐窘,重九将近,樽俎萧然。乃和渊明《贫士》诗七首"(《和贫士七首叙》),然而,最终,他只能在体制中并在体制左右下,尽力开辟一片东坡之地,构建出属于自己的雪堂、临皋亭、松风亭、桄榔庵,活出自我,终其一生。而这,也正是东坡所不同于常人、更超越于常人之处。无论如何,东坡都能竭力超然,并在这份清醒的超然中,关照出别样风景、别样风情、别样风韵。谓予不信,请看东坡《望江南·超然台作》:

春未老,风细柳斜斜。试上超然台上看,半壕春水一城花。烟雨暗千家。

寒食后,酒醒却咨嗟。休对故人思故国,且将新火试新茶。诗酒趁年华。

试想,非东坡而谁能为此?而东坡又何以能够发众人之所未发、见众人之所未见?世间大才多有,东坡卓然超群:心态顺遂自然,"凡物皆有可观。苟有可观,皆有可乐,非必怪奇伟丽者也。哺糟啜醨,皆可以醉;果蔬草木,皆可以饱。推此类也,吾安往而不乐?"(《超然台记》)世人谁不多挫折?众生因循寻常路,满目青山花溅泪。东坡倾心大化中,命途多蹇又如何?妙笔生花黄泥坂:

出临皋而东鹜兮,并丛祠而北转。

走雪堂之陂陀兮，历黄泥之长坂。

大江汹以左缭兮，渺云涛之舒卷。

草木层累而右附兮，蔚柯丘之囪蒨。

余旦往而夕还兮，步徙倚而盘桓。

虽信美而不可居兮，苟娱余于一眄。

余幼好此奇服兮，袭前人之诡幻。

老更变而自哂兮，悟惊俗之来患。

释宝璐而被缯絮兮，杂市人而无辨。

路悠悠其莫往来兮，守一席而穷年。

时游步而远览兮，路穷尽而旋反。

朝嬉黄泥之白云兮，暮宿雪堂之青烟。

喜鱼鸟之莫余惊兮，幸樵苏之我嫚。

初被酒以行歌兮，忽放杖而醉偃。

草为茵而块为枕兮，穆华堂之清宴。

纷坠露之湿衣兮，升素月之团团。

感父老之呼觉兮，恐牛羊之予践。

于是蹶然而起，起而歌曰月明兮星稀，

迎余往兮饯余归。岁既宴兮草木腓，

归来归来兮，黄泥不可以久嬉。

　　东坡何能有如此超然之乐？"以见余之无所往而不乐者，盖游于物之外也。"（《超然台记》）东坡何以能够游于物外？正在于他参透了人生物态之本然。虽为历经波折而体悟，其实，凤翔初为官，登凌虚台之时，他就已然觉悟，且率直以道："物之废兴成毁，不可得而知也。昔者荒草野田，霜露之所蒙翳，狐虺之所窜伏。方是时，岂知有凌虚台耶？废兴成毁，相寻于无穷，则台之复为荒草野田，皆不可知也。尝试与公登台而望，其东则秦穆之祈年、橐泉也，其南则汉武之长杨、五柞，而其北则隋之仁寿、唐之九成也。计其一时之盛，宏杰诡丽，坚固而不可动者，岂特百倍于台而已哉！然而，数世之后，欲求其仿佛，而破瓦颓垣无复存者，既已化为禾黍荆棘丘墟陇亩矣，而况于此台欤！夫台犹不足恃以长久，而况于人事之得丧忽往而忽来者欤？而或者欲以夸世而自足，则过矣。盖世有足恃者，而不在乎台之存亡也。"凝滞于物，物不可恃：高台皆可废，碑刻多汗漫。就是一时煊赫尘世者，亦如后世孙髯翁所谓："伟烈丰功，费尽移山心力。尽珠帘画栋，卷不及暮雨朝云；便断碣残碑，都付与苍烟落照。只赢得几杵疏钟，半江渔火，两行秋雁，一枕清霜。"既然枉费心力，何不率性随心任自由？

当年，羊祜曾感："天下不如意，恒十居七八"，而思"既定边事，当角巾东路，归故里，为容棺之墟。以白士而居重位，何能不以盛满受责乎！疏广是吾师也"，更因登山悟变而叹："祜乐山水，每风景，必造岘山，置酒言咏，终日不倦。尝慨然叹息，顾谓从事中郎邹湛等曰：'自有宇宙，便有此山。由来贤达胜士，登此远望，如我与卿者多矣！皆湮灭无闻，使人悲伤。如百岁后有知，魂魄犹应登此也。'湛曰：'公德冠四海，道嗣前哲，令闻令望，必与此山俱传。至若湛辈，乃当如公言耳。'"

其蹈德履素，思心清远，谦冲自退，百代垂美，以至于"海内渴仁，群俊望风。涉其门者，贪夫反廉，懦夫立志，虽夷惠（注：伯夷、柳下惠）之操，无以尚也……笃终追远，人德归厚。"（《晋书·羊祜传》）因此，后世，孟浩然《与诸子登岘山》，触景生情，有感于怀，情不自禁："人事有代谢，往来成古今。江山留胜迹，我辈复登临。水落鱼梁浅，天寒梦泽深。羊公碑尚在，读罢泪沾襟。"羊公碑尚在，羊公安在哉？！羊公之所叹，孟浩然之所怀，同东坡之所直道，可谓异代同所见，道理归于一。

　　然而，相比之下，东坡更加高蹈超迈：不作无用之叹，不为无谓之悲，不怀消极之怨。既知"盖世有足恃者，而不在乎台之存亡也"，甚至不在乎台之有无！此台亦非台，有台亦无台。明乎此，则不执着，不凝滞于物，不滞碍于心。就东坡而言，如果说执着，其所执着就在于其不执着，因而始终能够与世俯仰、与时抑扬。人生如寄，不过沧海一粟；感知似幻，方悟物我无尽。清风明月任我游，造物无私随共适。既悟其道，不存固执。活在当下，为我所为。而这，并非说东坡心无寂寞，自在自得，自足充实。相反，即便他不断以陶渊明为楷模，不断试图仿效陶渊明自然潇洒，其内心深处却是寂寞的。东坡的高明之处就在于他深知这种寂寞而不被寂寞所支配，并且竭尽所能与寂寞为友：寂寞寄我，因我寂寞；超越寂寞，寂寞何有？认陶潜为同道，和陶诗报知音。其《和陶诗之和杂诗十一首其一》曰："从我来海南，幽绝无四邻。耿耿如缺月，独与长庚晨。此道固应尔，不当怨尤人。"《和陶诗之和杂诗十一首其二》："故山不可到，飞梦隔五岭。真游有黄庭，闭目寓两景。室空无可照，火灭膏自冷。披衣起视夜，海阔河汉永。西窗半明月，散乱梧楸影。良辰不可系，逝水无由骋。我苗期后枯，持此一念静。"和陶诗成为东坡排解忧闷、疗治寂寞的有效路径。由此，他乐此不疲，反复吟咏。由此，他尽管"此生太山重，忽作鸿毛遗"(《和陶咏三良》)，以至聚粪西垣，凿泉东垣，劳辱不休，苍颜摧颓，"齿根日浮动，自与粱肉乖"(《和陶下潠田舍获》)，又能其奈我何？"芋魁倘可饱，无肉亦奚伤。"(《和陶拟古九首》之四)对于东坡这个纵意生活的美食家来说，如同常人一样，当然希望享受美食的乐趣。然而，东坡始终是清醒的，理性的：苦难生活既是对欲望的抑制，同时更是一种人性的考验："黄菘养土羔，老楮生树鸡。未忍便烹煮，绕观日百回。"(《和陶下潠田舍获》)这种孩子般的举动，却在不经意间折射出东坡的可爱。其所难能可贵之处，正在于他，懂得变通，善于自处，安贫乐道，行不苟且："仕宦岂不荣，有时缠忧悲。所以靖节翁，服此黔娄衣。"(《和陶咏三良》)而东坡能够聊以自慰的，不过是幼子苏过相随而已。其他儿孙星散各地，也只能儿孙自有儿孙福：随他去吧，多思无益。所以，他自嘲道："我本早衰人，不谓老更劬……自笑四壁空，无妻老相如。"而这，又何所惧哉？一切行将过去！人生在世，有一支点足矣："万劫互起灭，百年一踟蹰。漂流四十年，今乃言卜居。且喜天壤间，一席亦吾庐……竹屋从低深，山窗自明疏。一饱便终日，高眠忘百须。"(《和刘柴桑》)简单生活，夫复何求？

　　况且，"大道久分裂，破碎日愈离"（《和陶诗之和杂诗十一首其十》），"世路皆羊肠"（《和陶诗之和杂诗十一首其三》），"所欣非自闶，不怨道里长。"（《和陶诗之和杂诗十一首其十一》）故而，"余龄难把玩，妙解寄笔端。常恐抱永叹，不及丘明迁。亲友复劝我，放心饯华颠。虚名非我有，至味知谁餐。思我无所思，安能观诸缘。已矣复何叹，旧说易两篇。"（《和陶诗之和杂诗十一首其九》）一切皆可放下，一切也应该放下。既已放下，但做本我，肆志舒怀，别无他求。虽不能像陶潜那样同体制彻底告别，彻底返璞归本，但得身清白、心无累，亦可以无憾矣，亦足以笑傲相如、比肩陶潜矣："相如偶一官，嘲鄙蜀父老。不记犊鼻时，涤器混佣保。著书曾几许，渴肺灰土燥。琴台有遗魄，笑我归不早。作书遗故人，皎皎我怀抱。余生幸无愧，可与君平道。"（《和陶诗之和杂诗十一首其三》）

　　其实，能够如此，也属委实难得了。试想，一部数千年义明史，灌注其间者，庸碌多高位，贪腐为常态；残虐且任性，众生何足道！沽名钓誉何其多，喋喋不休自高明。滚滚烟尘名利士，智谋算计代代传。无羞无止夸道德，舍我其谁终灭绝。而东坡，面对各种诱惑，他能够始终秉持自己的原则及对原则作毫不动摇的坚守：不阿新党王安石，不附旧党司马光——利国利民总坚持，祸国殃民则反对。谋国持重久远，为民竭智用心。虽贬谪而不悔，纵殃身而不改。名节最至大，清怀不能去。这在他的《丙辰岁八月中于下潠田舍获》中，就有基于生活的心语表露：

○   贫居依稼穑，戮力东林隈。

不言春作苦，常恐负所怀。

司田眷有秋，寄声与我谐。

饥者欢初饱，束带候鸣鸡。

扬楫越平湖，泛随清壑回。

郁郁荒山里，猿声闲且哀。

悲风爱静夜，林鸟喜晨开。

日余作此来，三四星火颓。

姿年逝已老，其事未云乖。

遥谢荷蓧翁，聊得从君栖。

勿违我心，存念自得。运命偃蹇，清世无存，报国无门。东坡陶潜，心意相通。他理解陶渊明的衣食无着："典衣作重九，徂岁惨将寒。无衣粟我肤，无酒罄我颜。贫居真可叹，二事长相关。"(《和陶贫士七首之五》)，他更理解陶渊明的绝世独立："不乐乃径归，视世羞独贤。"(《和陶贫士七首之二》)。绝世独立自孤独，隔代知音总相惜："长庚与残月，耿耿如相依。以我旦暮心，惜此须臾晖。青天无今古，谁知织鸟飞。我欲作九原，独与渊明归。俗子不自悼，顾忧斯人饥。堂堂谁有此，千驷良可悲。"(《和陶贫士七首之一》)然而，除了精神异代相伴，除了天涯海隅之悲感，东坡又能如何呢？更何况，东坡自己，至多终究不过自认为陶渊明的后身而已！

然而，日月可逝，高格不忘。个人何渺小，高士自期许。

这就是东坡高格越世的精神境界。因此，他不仅精神追随陶渊明，更仰慕并追随着人世间一切靖节之士。师旷之聪，离娄之明。道高春秋，德足示范。"二子不并世，高风两无俦。我后五百年，清梦未易求。"（《和陶贫士七首之四》）"我师吴季子，守节到晚周。一见春秋末，渺焉不可求。"（《和陶拟古九首之七》）从此，亦可见东坡自视甚高。也正是这种蹈迈千古的人生追求与格调不断地自觉提升，不仅实现着人生升华，更支撑着东坡度过阴郁难堪的暮年岁月。由此，哪怕是芸芸众生、无名之辈，只要独得自适，就足以得到东坡尊敬，而东坡也从中观照自我、获得一丝温暖："黎山有幽子，形槁神独完。负薪入城市，笑我儒衣冠。生不闻诗书，岂知有孔颜。翛然独往来，荣辱未易关。日暮鸟兽散，家在孤云端。问答了不通，叹息指屡弹。似言君贵人，草莽栖龙鸾。遗我古贝布，海风今岁寒。"（《和陶拟古九首之九》）

当年，李白慨叹："何处是归程？长亭更短亭。"至少，李白还有一个自由身，尚可见长亭短亭相连缀，尚可自择归期即归期。而东坡呢，有官似无。羁旅仕途，身不由己。戴罪之身，独处山隅，抑或促居海角，人生路梗，无处着力。在那人生最为灰暗年代，身处偏僻，穷迫沉郁，北归无望，无处归去来，更何谈希望！内心凄苦，可想而知。和陶诗，不断地和陶诗，正是东坡纾缓郁闷、宣泄心压、平衡自我、解脱苦痛的不得已而为之的破解无助无望、从而给自我存在以肯定而不至于彻底沉沦乃至否定自我的最为主要的心理慰藉路径和获得自信的精神支撑。

　　这就是东坡晚年的精神世界。当然，东坡毕竟不是自足无求的高士隐逸，毕竟还得生活在当下社会和现实世界。虽然屡遭贬谪，他毕竟早已释褐为官，毕竟不同于普通百姓：生活再难，作为官员，哪怕只是闲差，以至有虚职而无实权，也总是还有俸禄在。而且，即使是到了儋州，他也并非真的衣食无着、空空如也，因而非得将自己彻底变身回归于百姓而躬耕而谋生。黄州也好，惠州也罢，或者儋州，乃至此前在密州，或者其他任一贫困之地，生活艰苦，自有所处环境恶劣、经济不发达的因素所致。东坡的躬耕治生，不仅在于补贴家用，更多的考量则是劳身以忘忧，正如他饮酒以消愁——尽管实际上，东坡酒量实在有限。东坡之喜酒好酒，不过是：自饮解千愁，他饮得欢乐——喜看他人饮酒，享受其乐融融的欢愉氛围。正如其在黄州、惠州一样，在儋州，亦如其他东坡所到之处，尽管失意，却总有朋友乃至作为"苏粉"的当地官员们赠酒肉、送美食。酬酢交游之中，东坡心得安慰。而这，既是消愁之法，更是东坡作为体制中人的自我确证和存在方式。

　　东坡人生哲学中，没有怨天尤人，没有沮丧自弃。在其一生之中，曾经有过两次绝望：一次是因乌台诗案而获牢狱之灾，因误会而自认即将走上不归路时而赋诗二首以与弟弟诀别并托以后事；一次是到黄州后的第三个寒食节，目睹苦雨寒鸦，触景生悲，引发内在悲鸣。而这种悲鸣，就是今天，时光已过近千年，重温其二首五言诗（作于宋神宗元丰五年，即公元 1082 年），依然令人感同身受：

○　其一

自我来黄州，已过三寒食。年年欲惜春，春去不容惜。今年又苦雨，两月秋萧瑟。卧闻海棠花，泥污燕支雪。暗中偷负去，夜半真有力，何殊病少年，病起头已白。

○　其二

春江欲入户，雨势来不已。小屋如渔舟，蒙蒙水云里。空庖煮寒菜，破灶烧湿苇。那知是寒食，但见乌衔纸。君门深九重，坟墓在万里。也拟哭途穷，死灰吹不起。

　　起复之道深阻，故乡之路遥隔。身世飘落知何处？生活空乏无尽时！贫病头白早，死灰吹不起！然而，一时悲从中来，亦是人之常情。更何况，东坡绝非常人，有着无与伦比的人生张力。积极的人生天性，使得他无论处境怎样看似绝望无助，却很快就能走出阴暗视角，转而融入周遭人群、当下环境、常态生活，并因此而享受着人情人性温暖和平凡生活的乐趣。不仅如此，他的更加过人之处，还在于：总是视角与众不同，总是能够见众人之所未见，发众人之所未发，从而不仅不断发现生活的美，更是由此而感悟出人生的种种哲理。因为，东坡不仅是一个乐活者，更是一个哲学家：一个立足社会、热爱生活、思考人生的哲学家——既尽心尽力改变社会、增进民生福祉，又不断追问并诠释人生根本问题的哲学家。

　　东坡大名闻中华，故而东坡父子到达儋州昌化军贬所，昌化军使张中当即派人将官舍修葺一新，让东坡父子居住。这让落难而身心俱疲老而病衰的东坡内心深存感激。却不料此事为东坡曾经的好友、如今得势而必欲将其置于死地的章惇所知。张中被罢官问罪，东坡被迫搬出官舍，无屋可居。父子二人只得栖身桄榔林中，景况凄楚，欲哭无泪。多亏张中和百姓见义勇为，齐心助力，为东坡在桄榔林中盖起茅屋。东坡将其命名为"桄榔庵"。东坡是个多情人，其感动自不待言，特赋诗以记其事：

○　漂流四十年，今乃言卜居。

且喜天地间，一席亦吾庐。

我本早衰人，不谓老更劬。

邦君助畚锸，邻里通有无。

戴罪之身，非但不被歧视，乃至另册看待，却得如此高义。更且因为自身原因，导致张中被罢官问责，这让东坡心里很是过意不去。张中被问责，离岛之际，东坡无可如何，清诗三首，聊以赠别，以彰其义。

○　其一，与殷晋安别（和送昌化军使张中罢官赴阙）：

孤生知永弃，末路嗟长勤。

久安儋耳陋，日与雕题亲。

海国此奇士，官居我东邻。

卯酒无虚日，夜棋有达晨。

小瓮多自酿，一瓢时见分。

仍将对床梦，伴我五更春。

暂聚水上萍，忽散风中云。

恐无再见日，笑谈来生因。

空吟清诗送，不救归装贫。

其二，和王抚军座送客（再送张中）：
胸中有佳处，海瘴不能腓。

三年无所愧，十口今同归。

汝去莫相怜，我生本无依。

相从大块中，几合几分违。

莫作往来相，而生爱见悲。

悠悠含山日，炯炯留清晖。

愚知冬夜长，不恨晨光迟。

梦中无与别，作诗记忘遗。

其三，和答庞参军（三送张中）：
留灯坐达晓，要与影晤言。

下帷对古人，何暇复窥园。

使君本学武，少诵十三篇。

颇能口击贼，戈戟亦森然。

才智谁不如，功名叹无缘。

独来向我说，愤懑当奚宣。

一见胜百闻，往鏖皋兰山。

白衣挟三矢，趁此征辽年。

　　由此三首诗，可知张中亦可谓文武兼通，怀才不遇。处穷壤而无迹，亲东坡而受累。罢官赴阙关山远，从此音信两茫茫。好在，因为东坡感佩铭记，赋诗相送。于是，一介张中，永远留名。去一时之官，得恒久铭记——张中，值了！

　　至于东坡本人，每到一地，都做长远打算，都望以之为终老之地，都积极营建房舍，广交朋友，乐活生活，超然自得，不改其度：不但要活下去，还总是力求开辟一片新天地，活得超然卓群，活得滋味无穷。在《吾谪海南，子由雷州，被命即行，了不相知。至梧乃闻其尚在藤也，旦夕当追及。作此诗示之》中，他坦然自道："莫嫌琼雷隔云海，圣恩尚许遥相望。平生学道真实意，岂与穷达俱存亡。天其以我为箕子，要使此意留要荒。他年谁作舆地志，海南万古真吾乡。"既然所在皆吾乡，就不仅要营建房舍，就要深入民众，融入其中：不仅要谋更好的生路，更交游其间，文化育人。因此，他同周遭士人情意深厚。借用明英宗正统年间任儋州学正黄宁《载酒堂二首》来描述，就是：

　　　　其一

　　子瞻谪海南，寄傲古儋州。

　　儋人喜见之，载酒从之游。

酒味既冷冽，酒兴正绸缪。

醉来何处归，归去无何有。

○　其二

放逐夸三适，萧条愧六无。

人皆争附凤，谁复叹遗珠。

得酒开怀饮，忘情与世殊。

构堂崇祀事，千古属吾儒。

　　海南本谓蛮荒之野、化外之地，其人无知迷信之状，令东坡哀痛。在《书柳子厚牛赋后》中，他写道："岭外俗皆恬杀牛，而海南为甚……病不饮药，但杀牛以祷，富者至杀十数牛。死者不复云，幸而不死，即归德于巫。以巫为医，以牛为药，间有饮药者，巫辄云：'神怒，病不可复治。'亲戚皆为却药，禁医不得入门，人牛皆死而后已。地产沉水香，香必以牛易之黎。黎人得牛皆以祭鬼，无脱者。中国人以沈水香供佛燎帝求福，此皆烧牛肉也，何福之能得？哀哉！余莫能救，故书柳子厚《牛赋》以遗琼州僧道赟，使以晓喻其乡人之有知者，庶几其少衰乎？"贬谪于此，东坡没有消沉，且思教化之方。于是，东坡筚路蓝缕，以文化育，倾心施教，不断破除海南人的封闭迷障和僵硬愚昧思想。他主动结交本地士人，不久就因他的德性、学识、谦和、圆融而在儋州形成以他为核心的好友圈。苏辙《东坡先生墓志铭》中说：宋哲宗绍圣"四年，复以琼州别驾安置昌化。

昌化非人所居，食饮不具，药石无有，初僦官屋以庇风雨，有司犹谓不可。则买地筑室，昌化士人畚土运甓以助之，为屋三间。人不堪其忧，公食芋饮水，著书以为乐，时从其父老游，亦无间也。"东坡和本地人相处无间，更以自身才学造福其地其人。

东坡参透穷通，遇合自然，接士人以知交，化百姓而为乐。其《和癸卯岁始春怀古田舍》诗云：儋人黎子云兄弟，居城东南，躬农圃之劳。偶与军使张中同访之。居临大池，水木幽茂，坐客欲为醵钱作屋，余亦欣然许之。名其屋曰载酒堂，用渊明《始春怀古田舍》韵，作诗二首。

○　　其一

退居有成言，垂老竟未践。

何曾渊明归，屡作敬通免。

休闲等一味，妄想生愧赧。

聊将自知明，稍积在家善。

城东两黎子，室迩人自远。

呼我钓其池，人鱼两忘返。

使君亦命驾，恨子林塘浅。

○　　其二

茅茨破不补，嗟子乃尔贫。

菜肥人愈瘦，灶闲井常勤。

我欲致薄少，解衣劝坐人。

临池作虚堂，雨急瓦声新。

客来有美载，果熟多幽欣。

丹荔破玉肤，黄柑溢芳津。

借我三亩地，结茅为子邻。

躯舌傥可学，化为黎母民。

东坡同黎子云不仅成了邻居，更愿意成为黎族人其中一员。可见，东坡快速融入当地生活。

王国宪《重修儋县志·叙》，这么评述苏轼的文化贡献："儋耳为汉武帝元鼎流年置郡，阅汉魏六朝至唐及五代，文化未闻。北宋苏文忠公来琼居儋思念，以诗书礼乐之教，转移其风俗，变化其人心。听书声之琅琅，弦歌四起，不独'千山动鳞甲，万谷酣笙钟'，辟南荒之诗境也。"

《重修儋县志·重建儋州学记》："宋苏文忠公南迁时，琼士仅得姜公弼、黎子云、王公辅、符林数人。而黎、王、符皆儋产。公于子云载酒问奇，尤加敬焉。昔杨子云论弃朱崖为捐之力。否则，介鳞易我冠裳。公不然之。盖有感于此也，厥后王霞举、符确辈继出，儋遂为名州矣。"正因如此，《儋县志卷之十·艺文志·苏文忠公居儋录叙》曰："先生何不幸而乃迁此邦耶？邦抑何幸而得借先生之光耶？"——此说正与宋费衮《梁溪漫志·昌化盛事》所记相同："东坡眉人，贬昌化。任德翁亦眉人，后亦贬昌化。张才叔赠德翁诗云：儋耳百年经僻陋，眉山二老继驱除。德翁和云：身投魑魅家何在，泽逮昆虫罪未除。

苏任两公同乡里，同贬所，大节相望，顾儋耳独何幸也！"

《重修儋县志·东坡亭诗碑》诗曰："松林山上万松岗，岁晚香留载酒堂。千载风流苏别驾，乾坤双眼正茫茫。"而康熙十年，奉直大夫知儋州事都门滕元鼎撰文的重修载酒堂碑，字迹漫灭，多不可识。其实，再多的文字也是多余，正所谓：增一字，无添于东坡光辉；减一碑，无损于东坡美名。东坡道德文章、政绩教化、传说故事，早已深入人心，融于民族记忆，成为民族文化中灿烂篇章。

思亲

此外知心更谁是

东坡多情，世难有匹。正如东坡文章，汪洋恣睢、浩荡无涯，东坡情感，也是所在勃发、绵绵不绝。东坡之情，发于至诚，始终如一，贯穿生命历程，覆盖所到之处，温润所历之人。世内方外，故友新交，亲邻远谊，贫富尊卑，无不倾心接纳，无不真情款洽。其维度之繁，范围之广，机缘之丰，人物之多，事迹之盛，印记之深，影响之大，无以超越：既为空前，也属绝唱。对于东坡，你可以不喜爱，但你决不能无视。东坡的伟大，不仅在其天才，在其政绩，在其作品的伟大，在其情感的真挚，在其对人性的关照，更在其对底线原则的坚守和对真善美的无尽追求。

"只恐夜深花睡去，故烧高烛照红妆。"试想，不是东坡，谁人能够如此多情且深情？须知，此时正是刚刚经历一场生死劫后余生不久，身处贬谪之中，处境艰难之至——宋朋九万《东坡乌台诗案》："其苏轼系情重……奉圣旨：苏轼可责授检校水部员外郎充黄州团练副使，本州岛安置，不得签书公事。"其《答秦太虚书》："轼寓居粗遣，但舍弟初到筠州，即丧一女子，而轼亦丧一老乳母。悼念未衰，又得乡信：堂兄中舍九月中逝去。异乡衰病，触目凄感，念人命脆弱如此……初到黄，廪入既绝，人口不少，私甚忧之，但痛自节俭，日用不得过百五十。每月朔，便取四千五百钱，断为三十块，挂屋梁上，平旦，用画叉挑取一块，即藏去叉，仍以大竹筒别贮用不尽者，以待宾客。"此时苏轼，可谓待罪官小位卑财窘——"余至黄州二年，日以困匮。故人马正卿哀予乏食，为于郡中请故营地数十亩，使得躬耕其中。地既久荒为茨棘瓦砾之场，而岁又大旱，垦辟之劳，筋力殆尽。释耒而叹，乃作是诗，自愍其勤。庶几来岁之入，以忘其劳焉！"这是躬耕《东坡八首》诗前引：为解乏食之困，因有东坡之耕，故有东坡之称。更不用说，"空庖煮寒菜，破灶烧湿苇。那知是寒食，但见乌衔纸。君门深九重，坟墓在万里。也拟哭途穷，死灰吹不起"的《寒食帖》，令人心酸，不忍卒读！艰困之中，东坡却能有如此雅兴，夜烧高烛赏海棠；更有如此雅趣，款款深情聊赋诗。他不说花开之后是花落，明知月转廊中光阴逝。更无顾影自怜悲伤态，超然无言情丝意袅袅。东坡"长恨此身非我有"，自问"何时忘却营营"。然而，此时此刻，此身归我有，意念无营营。用情唯赏花，忘我趣多多。

多情之人忘情时，最是有情不胜情。东坡对海棠，特别是对黄州定慧院的海棠可谓情有独钟，故而不仅作《寓居定惠院之东，杂花满山，有海棠一株，土人不知贵也》："江城地瘴蕃草木，只有名花苦幽独。嫣然一笑竹篱间，桃李漫山总粗俗。也知造物有深意，故遣佳人在空谷。自然富贵出天姿，不待金盘荐华屋。朱唇得酒晕生脸，翠袖卷纱红映肉。林深雾暗晓光迟，日暖风轻春睡足。雨中有泪亦凄怆，月下无人更清淑。先生食饱无一事，散步逍遥自扪腹。不问人家与僧舍，拄杖敲门看修竹。忽逢绝艳照衰朽，叹息无言揩病目。陋邦何处得此花，无乃好事移西蜀。寸根千里不易致，衔子飞来定鸿鹄。天涯流落俱可念，为饮一樽歌此曲。明朝酒醒还独来，雪落纷纷那忍触。"，更写《记游定慧院》："黄州定惠院东小山上，有海棠一株，特繁茂。每岁盛开，必携客置酒，已五醉其下矣。今年复与参寥禅师及二三子访焉……醉卧小板阁上。稍醒，闻坐客崔成老弹雷氏琴，作悲风晓月，铮铮然，意非人间也。"可谓海棠繁茂，花开必赏，六春沉醉，情思屡屡，爱心暖暖。

花中况味，实乃自况。对花用情，美洗不平之气。伴酒而醉，欲浇心中块垒。气难平，垒难消。为有情，总须浇。或诉诸文字，或借助交游，或置身酒馔，或随心冥想。似乎欲成为闲人，了无挂碍的闲人，就像他月夜行游承天寺。在寺庙——静，在月夜——静，在贬谪——静。就在这样一个寂静夜晚的寂静所在，两个寂静之人：张怀民和东坡，两个贬谪之人，两个因处境相同而心灵相通之人，就在这竹柏月影所构织的庭水藻荇所呈现的虚幻景致中，倾泻出无尽的不平之气，消解了无边的坚硬块垒。虽未交一言，亦未出一语，却是此时无声声声漫，此地无语意无穷。这种情感，这种趣味，自古不缺。闲人其实也不缺，世上何曾少闲人？"但少闲人如吾两人者耳！"——从这个意义上讲，可谓千古一会，亦足以令后世有如此处境之人不再孤单寂寞。因为，你并非孤独的个体。瞧！东坡这个人，就在你面前，就在你身边，就在你心中。一切都会过去，转眼即是千古。何必凝制于外物，何必挂碍于自我，何不师法东坡自在自闲度光阴?

东坡值得师法，东坡有太多值得师法之处，就像他对于亲情的无限用心。人类所有情感之中，亲情无疑是第一位的。然而，就是这一最为内在而根本的情感，在今天这样自为文明、实则焦虑抑郁无处不在的时代，其外化、物化、淡化已然超越前世，且正无有尽时。东坡情感，并非时时诉说，总是念念于心，至今值得追随。

其中，家庭亲情是人最基本的情感，当然也是儒家及儒家之道的逻辑起点，而其对人的影响，也是最为基本、深刻而持久的。亲与情，不可分。家于人，影响深。那么，东坡之家，究竟如何? 据苏洵《族谱后录下篇》:

先子讳序，字仲先……娶史氏夫人，生子三人，长曰澹，次曰涣，季则洵也。先子少孤，喜为善而不好读书。晚乃为诗，能白道，敏捷立成……性简易，无威仪，薄于为己而厚于为人，与人交，无贵贱皆得其欢心……敝衣恶食处之不耻，务欲以身处众之所恶，盖不学《老子》而与之合。居家不治家事，以家事属诸子。族人有事，则尽心谋划，虽反复而不厌。凶年卖田济饥，却不愿人偿还回报。力为藏退之行，以求不闻于世，虽古之隐君子亦莫能及。

东坡祖父，既乐善好施，不图名，不求报，为人谋而尽心; 又谦退自在，知大义，处淡静，居家不自治生。逍遥于世，得人欢心。如此治家，氛围必定简易宽容、民主谐和。不仅如此，其见识却非同寻常。据东坡《苏廷评行状》：公讳序……三世不仕，皆有隐德。自皇考行义好施，始有闻于乡里，至公而益著，然皆自以为不及其父祖矣……公幼疏达不羁。读书，略知其大义，即弃去。谦而好施，急人患难，甚于为己。衣食稍有余，辄费用，或以予人立尽。以此穷困厄于饥寒者数矣，然终不悔……凶年鬻其田以济饥者。既丰，人将偿之，公曰："吾固自有以鬻之，非尔故也。"人不问知与不知，径与欢笑造极，输发府藏。小人或侮欺之，公卒不惩，人亦莫能测也……郡吏素暴苛，缘是大扰，公作诗并讥之……自五代崩乱，蜀之学者衰少，又皆怀慕亲戚乡党，不肯出仕。公始命其子涣就学，所以劝导成就者，无所不至。及涣以进士得官西归，父老纵观以为荣，教其子孙者皆法苏氏。自是眉之学者，日益至千余人。然轼之先人少时独不学，已壮，犹不知书。公未尝问。或以为言，公不答，久之，曰："吾儿当忧其不学耶？"无专断，任自然，重觉悟，自奋励。苏洵《上欧阳内翰第一书》说："洵少年不学，生二十七岁，始知读书，从士君子游。年既已晚，而又不遂刻意厉行，以古人自期……尽烧曩时所为文数百篇，取《论语》《孟子》、韩子及其他圣人、贤人之文，而兀然端坐，终日以读之者，七八年矣……时既久，胸中之言日益多，不能自制，试出而书之。"既觉悟，自愤发，终有为，显于世。

　　巧合而幸运的是，苏轼就出生在这个家庭，并且是苏洵才知发奋读书的第二年。就信仰来说，苏洵也如同其学业一样，兼收并蓄，兼容并包：既以儒道为根基，力图成就一番现世事业；亦由家庭变故而改行并恭敬于佛老。他在《极乐院造六菩萨记》中，就详细叙述了这种转变的心理历程：始予少年时，父母俱存，兄弟妻子备具，终日嬉游，不知有死生之悲。自长女之夭，不四五年而丁母夫人之忧，盖年二十有四矣。其后五年而丧兄希白，又一年而长子死，又四年而幼姊亡，又五年而次女卒。至于丁亥之岁，先君去世，又六年而失其幼女，服未既，而有长姊之丧。悲忧惨怛之气，郁积而未散，盖年四十有九而丧妻焉。嗟夫，三十年之间，而骨肉之亲零落无几。逝将南去，由荆、楚走大梁，然后访吴、越，适燕、赵，徜徉于四方以忘其老。将去，慨然顾坟墓，追念死者，恐其魂神精爽滞于幽阴冥漠之间，而不获旷然游乎逍遥之乡，于是造六菩萨并龛座二所……庶几死者有知，或生于天，或生于人，四方上下，所适如意，亦若余之游于四方而无系云尔。

尽管这种信仰的促成，主要在于亲情的连接与寄托。但是，菩萨，本身不就是觉有情嘛！如此，才有温度，才能自度，才能度人。而且，这里也是佛道混成并终归于道：佛令其心安无挂碍，道令其徜徉忘其老。而且，有意味的是，苏洵之供六菩萨，也并非纯粹的佛家做派：形式上是佛，或者说供佛是形式，道家才是其归结点——他是希望往生亲人能够藉由他的现世对菩萨的供奉，而能够"获旷然游乎逍遥之乡"！这是典型的道家语言说道家事。

不仅如此，苏洵还对那种排斥佛道的做法表示不满，并加以批驳。他在《彭州圆觉禅院记》中说："自唐以来，天下士大夫争以排释老为言，故其徒之欲求知于吾士大夫之间者，往往自叛其师以求其容于吾。而吾士大夫亦喜其来而接之以礼。灵师、文畅之徒，饮酒食肉以自绝于其教。呜呼！归尔父子，复尔室家，而后吾许尔以叛尔师。父子之不归，室家之不复，而师之叛，是不可以一日立于天下。"如此毅然决然，如此掷地有声，如此坚定不移！

而苏洵对道家的信奉，同样也有其现实人生目标的考量：比一般人更加重大的情感连接和寄托！传统文化中，"不孝有三，无后为大。"此前二女一子的夭折，毫无疑问，苏洵心理备受打击。何以解忧？苏洵《题张仙画像》说："至玉局观无碍子卦肆中见一画像，笔法清奇，乃云：张仙也，有感必应。因解玉环易之。洵尚无子嗣，每旦，必露香以告。逮数年，既得轼，又得辙，皆嗜书。乃知真人急于接物，而无碍子之言不妄矣。故识其本末，使异时祈嗣者于此加敬云。"看来，苏洵对张仙这个道教人物着实信奉，更且以切身的灵验经历帮着点赞宣传。关于这个张仙，《眉山县志》断定为唐眉山人张远霄。明王圻纂辑《续文献通考·卷二百四十二·仙释考·道家姓氏中》说：张远霄，眉山人，遇四目（目中各有两瞳子）老人，授以避疫病度世法。

明郎瑛《七修类稿·卷二十六·张仙》，则否定了其中的一种版本，并对张仙进行了辩证：张仙名远霄，五代时游青城山成道，老泉有赞。在北宋，张仙，又称送子张仙，是一个传说中能够赐给世人子嗣的道教仙人。苏洵供祀张仙，并《题张仙画像》，至少说明他对道家这个人物深信不疑，是其道教信仰的基本表征。但是，苏洵的信仰并非是单一的，而是复合的，是融合了儒佛道的复合型信仰。

苏轼母亲程夫人，司马光《武阳县君程氏墓志铭》："大理寺丞文应之女。生十八年归苏氏。程氏富而苏氏极贫。夫人入门，执妇职，孝恭勤俭。族人环视之，无丝毫鞅鞅骄居可讥诃状，由是共贤之。或谓夫人曰：'父母非乏于财，以父母之爱，若求之，宜无不应者，何为甘此蔬粝？独不可以一发言乎！'夫人曰：'然。以我求于父母，诚无不可。万一使人谓吾夫为求于人以活其妻子者，将若之何？'卒不求……府君，年二十七犹不学，一日慨然谓夫人曰：'吾自视，今犹可学。然家待我而生，学且废生，奈何？'夫人曰：'我欲言之久矣，恶使子为因我而学者！子苟有志，以生累我可也。'即罄出服玩鬻之以治生，不数年遂为富家。府君由是得专志于学，卒为大儒。夫人喜读书，皆识其大义。轼、辙之幼也，夫人亲教之。常戒曰：'汝读书，勿效曹耦，止欲以书生自名而已。'每称引古人名节以厉之。曰：'汝果能死直道，吾亦无戚焉。'……始夫人视其家财既有余，乃叹曰：'是岂所谓福哉！不已，且愚吾子孙。'因求族姻之孤穷者，悉为嫁娶振业之。乡人有急者，时亦周焉。比其没，家无一年之储……贫不以污其夫之名，富不以为其子之累，知力学可以显其门，而直道可以荣于世。勉夫教子，底于光大。寿不充德，福宜施于后嗣。"

而苏洵《祭亡妻文》则曰:"有子六人,今谁在堂?唯轼与辙,仅存不亡。呦呴抚摩,既冠既昏。教以学问,畏其无闻。昼夜孜孜,孰知子勤?"可见,苏母既能齐家,敦睦其族,又识虑高绝,旺夫教子,而且教子严勤,是典型的儒家伦理中的贤妻良母。如此贤能,既是苏门之福,更是苏轼兄弟之福。

而且,苏母好善乐施,至诚信佛,不义之财不取——《东坡志林·先夫人不许发藏》记载:"昔吾先君夫人僦宅于眉,为纱谷行。一日,二婢子熨帛,足陷于地。视之,深数尺,有大瓮覆以乌木板,先夫人急命以土塞之……人以为此有宿藏物……其后某官于岐下,所居大柳下,雪方尺不积;雪晴,地坟起数寸。轼疑是古人藏丹药处,欲发之。亡妻崇德君曰:'使吾先姑在,必不发也。'轼愧而止。"不义之事不为——苏轼《仇池笔记·不忮之诚信于异类》曰:"予少时书室前,竹柏杂花,众鸟巢于上。武阳君恶杀生,婢仆不得捕取。数年间,鸟有巢于低枝,其鷇可俯而窥也。此无它,不忮之诚,信于异类。"

没有证据显示苏轼母亲信奉道教或者拜过张仙,但家中供奉张仙画像,并且,苏洵"每旦,必露香以告。逮数年,既得轼,又得辙,皆嗜书"的事实,不可能不在她的信仰中留下道教的深深印迹。而且,她的信仰中,本来就兼容了儒佛。因此,就整个苏氏家庭来说,其信仰是三教贯通、多元共存而并重的。儒是内核、是主线,佛是修善、是度人,道是基础、是归宿。正因此,对事物的认知、为人处世,乃至人生价值观,在向善的道路上,一旦认准了,就特别较真,特别坚持与坚守。但同时,又是圆融的：因时而化，不走极端。这种家庭熏陶涵养，对苏轼和苏辙都产生了深远影响。——兄弟二人的信仰，也如同其父一样，都是融合了儒佛道的复合型信仰。

在苏轼的亲情谱系中，除了爷爷和父母，最为重要的，并非在于他和迈、迨、过三子之间的父子情，而是他和原配王弗、继室王闰之、侍妾王朝云之间的夫妻（妾）情以及同苏辙的兄弟情。至于东坡其他数妾，诸如碧桃、榴花之类，并未有翔实的资料记载。还有，自认为东坡儿子的孙觌和自认为东坡遗腹子的梁师成，则世多争论分歧，难以确证足信——如清赵翼《陔余丛考·卷四十一·孙觌为东坡子》云："吾郡宋时有尚书孙觌，相传为东坡遗体，冯具区祭酒所云阳羡孙老得坡公弃婢而生者也。觌所著有《鸿庆集》。今郡城外有降子桥。城中有观子巷，云是弃婢生觌，以觌见坡之遗迹。王阮亭则力辨之，谓坡往阳羡，见一童子颇聪慧，出对句云：'衡门稚子璠玙器。'童子对曰：'翰苑仙人绵绣肠。'即孙觌也。坡甚喜之。据此，则觌非坡子明矣。然是时已传播其事，至以之名桥巷，何耶？岂宋人好名，如童贯自托于韩魏公所出，梁师成自谓坡公所出耶……则觌本非端士。所云东坡子者，盖即出于觌之自言，欲以攀附名流，而不以中勾为耻也。"——只能存而不论。

首先是夫妻情。两妻一妾，各有特点，情感也各有侧重。原配王弗不仅是生活中的好帮手、贤内助，更因其深厚的文化内涵、知人之鉴和耳提面警，对刚入仕途、心无城府更无防人之心而又心直口快的苏轼，无疑是走好仕途人生第一步并伴其顺利成长的最重要的支持力量。清赵翼《瓯北诗话·卷五·苏东坡诗》曰:"东坡襟怀浩落,中无他肠,凡一言之合,一技之长,辄握手言欢,倾盖如故,而不察其人之心术,故邪正不分,而其后往往反为所累。"因此,她的不幸早逝,对苏轼而言,实在是一个无法弥补的不能承受之重。正如苏轼《亡妻王氏墓志铭》中所说:"余永无所依怙!"并两呼"呜呼哀哉!"可见,无法弥补,哀伤至极。苏轼将这种情感深埋于心,不会时时想起,却永远不能忘记。王弗,这是一个深埋于苏轼内心的永恒之痛,是压抑在其内心最深处、最柔弱、最怕触及的痛点。也许是压抑太久,也许是密州的极致孤寂所致,终于,许久未曾碰触的情感,于梦境之中倾泻而出:十年生死两茫茫,不思量,自难忘!千里孤坟,无处话凄凉!一别十年,阴阳相隔。而十年来,苏轼家庭及仕途多有变故。先是丧父丁忧居丧,接着因反对王安石变法而通判杭州。之后,告别繁华杭州,来到苦寒北方知密州。这是苏轼首次执政一个地方,一个萧疏贫困的落后地区。其治理难度可想而知。其心境之沉郁,在《蝶恋花·密州上元》中,吐露得淋漓尽致:

灯火钱塘三五夜。明月如霜,照见人如画。帐底吹笙香吐麝,此般风味应无价。

寂寞山城人老也。击鼓吹箫,乍入农桑社。火冷灯稀霜露下,昏昏雪意云垂野。

从杭州到密州,这种反差,实在太大,确有天壤之别。而苏轼之所以选择到密州，是希望至此能和弟弟离得更近，可以方便相会。然而，这种愿望，却难以实现。偏处一隅，多重压抑的纠结组合，其心理压抑，可想而知。为此，他处处设法、时时思虑，力图让自己超脱、超然，以摆脱内在的压抑感和孤独感。《雪夜书北台壁二首》《和孔郎中荆林马上见寄》《超然台记》《望江南·超然台作》《江城子·密州出猎》，都是苏轼释放压抑、摆脱孤独的方式方法。然而，造了超然台，心中难超然。上了超然台，感慨会更多，更加难超然。春虽未老，满眼春花，却是烟雨暗千家！何以如此，何以心眼如此错位？感时多咨嗟，哀心烟雨暗。身在密州城，心在望江南：心中的"江南"，那是美好的所在，却无缘达成，只化作幽怨自诉，千般滋味，总是郁结在心头。白昼理政，理性担当，只能坚强，示人超然，总是说超然。夜晚独处，情感勃发，回归本真，展我本色，性情自然露。终于，情感的张力至于极限，借助梦境一泻千里。然而，太多的不如意之下，年不过四十，却已是"尘满面，鬓如霜！"——心累，疲惫，憔悴，衰颓，却是无处话凄凉！情感之真，压抑之重，忧思之深，仅仅十年，一梦十年，十年一梦，已呈现出英年早衰景象。缘有尽，情无限。爱难再，归无计，莫奈何！唯有过往场景，凝成记忆中的永恒，在梦中一一重现："夜来幽梦忽还乡。小轩窗，正梳妆。"是梦，是在梦中、心明白：此生情分断，生者情难遏。深知人间多坎坷，一力承当谁与诉？"相顾无言，惟有泪千行。"归葬故土，从此永别，唯有明月映照，唯有青松相伴。逝者已矣，生者肠断。

继室王闰之，为王弗堂妹，生子苏迨、苏过，也是不幸中年早逝。所以，苏轼《祭亡妻同安郡君文》说："呜呼！昔通义君，没不待年。嗣为兄弟，莫如君贤。妇职既修，母仪甚敦。三子如一，爱出于天。从我南行，菽水欣然。汤沐两郡，喜不见颜。我曰归哉，行返丘园。曾不少须，弃我而先。孰迎我门，孰馈我田。已矣奈何，泪尽目干。旅殡国门，我实少恩。惟有同穴，尚蹈此言。呜呼哀哉！"由此祭文，可见苏轼对于王闰之同样具有深厚感情，乃至生不同死、死而同穴，才能以之为报。这种情感，是不同于其对王弗的另一种类型的情感。

如果说王弗与苏轼更多的是理性和心灵契合，是足以在事业和社会化中的苏轼的重要支持系统中最为重要的力量，那么，王闰之则更多的是苏轼在家庭伦理生活的重要支持系统中最为重要的力量。她对于王弗所生的苏迈，如同己出，连同自己所生的两个儿子，"三子如一，爱出于天。"这在自古后母难当的传统文化中，是难能可贵的。虽然她不能像王弗那样在事业上给苏轼以支持裨益，但作为家庭主妇，她既能和睦家庭——而作为王家幺女，却无丝毫娇气任性，更是持家的一把好手。因此，在祭第二位岳父的《祭王君锡丈人文》中，苏轼深情地说："惟公幼女，嗣执罍筐。恩厚义重，报宜有以。"罍，盥洗用器具。筐，竹器。二者用以指代家务活，甚至包括黄州时期东坡耕种的农活。可以说，是一个非常称职的家庭主妇。而且很能细心体贴苏轼心理。这从《后赤壁赋》中，就可以看出："客曰：'今者薄暮，举网得鱼，巨口细鳞，状如松江之鲈。顾安所得酒乎？'归而谋诸妇。妇曰：'我有斗酒，藏之久矣，以待子不时之须。'"由此，苏轼才能"携酒与鱼，复游于赤壁之下。江流有声，断岸千尺，山高月小，水落石出"。正因此，也才能有这一名篇流传后世，而王闰之亦可谓功不可没也。

当然，正因为她不过就是一名家庭主妇，也未见其有学识、有见识的任何记载，相反，倒是她见识很是一般，或者很可能没有文化，不知东坡文字文章的价值所在，以至于苏轼被逮而被抄家之后，出于恐惧与愤怒，而焚烧了苏轼的著述，造成了难以估量的损失。苏轼《黄州上文潞公书》："轼始就逮赴狱，有一子稍长，徒步相随。其余守舍，皆妇女幼稚。至宿州，御史符下，就家取文书。州郡望风，遣吏发卒，围船搜取，老幼几怖死。既去，妇女恚骂曰：'是好著书，书成何所得，而怖我如此！'悉取烧之。比事定，重复寻理，十亡其七八矣。"——王闰之的恐惧，并非孤立个案：在文字狱兴盛世代，焚毁可能犯忌的文字，是一种寻求生命安全的常态现象。而且，东坡在同一封信中，还不经意间透露出王闰之所做的另一件无知无识，乃至唯有文盲才能做做出的行为："轼在徐州时，见诸郡盗贼为患，而察其人多凶侠不逊，因之以饥馑，恐其忧不止于窃攘剽杀也。辄草具其事上之。会有旨移湖州而止。家所藏书，既多亡轶，而此书本以为故纸糊笼箧，独得不烧，笼破见之，不觉惘然如梦中事，辄录其本以献。"这种以上奏报告作为无用废纸糊笼箧（竹箱：大者称笼，小者称箧。）的行为，绝非有知识者所为。然而，颇具讽刺意味的是：这种无知行为却使得这份报告因没被王闰之烧掉而得以保存并得以上报——从此，也可见出东坡忠心为国、见义勇为的一贯作风。当时苏轼，逮捕入狱，命悬一线，无暇他顾，唯有反思悔过。最后，甚至为了表示真心悔过、彻底改过，而将包括弟弟苏辙在内的与己唱和之人之诗，如同竹筒倒豆子般，和盘托出。从此可见，其惧怕之深。由此，又怎能责备王闰之烧书行为呢？须知，她和苏轼的结合乃至生活，正是苏轼政治生活最为跌宕起伏、大起大落、动荡不定时期。其所受惊恐绝对非止一端、亦非同一般。如果要指责，那也只能指责造成这种境况的体制及其掌控者。呜呼！历代焚书毁书，归根到底，无不皆因恐惧而起。而这种一己之私的恐惧，却导致了中华文化乃至文明的无法弥补的损失。由此，恐惧之下，文化乃至文明不仅随时受到钳制与压抑，更随时都有毁灭之虞——至于个人，一切都是偶然，一切都难以预期。

至于王朝云，则是东坡后半生的情感心理寄托。《朝云墓志铭》："东坡先生侍妾曰朝云，字子霞，姓王氏，钱塘人。敏而好义，事先生二十有三年，忠敬若一。绍圣三年七月壬辰，卒于惠州，年三十四。八月庚申，葬之丰湖之上栖禅山寺之东南。生子遯，未期而夭。盖常从比丘尼义冲学佛法，亦粗识大意。且死，诵《金刚经》四句偈以绝。铭曰：浮屠是瞻，伽蓝是依。如汝宿心，惟佛之归。"这里，东坡笔触平淡，见不到一丝悲伤之情。这并非东坡无情。东坡有情且情深。更何况，正是她陪伴着并成为东坡人生最为阴暗和低落时期的情感支撑。也许是"玉骨那愁瘴雾"，也许是始终走不出独子苏遯夭折的巨大痛苦阴影，坚定陪伴东坡一路贬谪南行、被东坡称为天女维摩的王朝云，柔弱的身体再也支撑不住悲沉的灵魂而撒手人寰。她的过世，对于晚年的东坡，无疑是巨大打击。但是，历经劫难和磨难，对于无可如何之事，东坡早已习惯了逆来顺受，早已变得柔韧而坚强。否则，又能如何？信佛归佛，得其所哉！

在看似平静的话语之下，是东坡那深沉悲苦之心。《悼朝云并引》，就是又一次以平静话语来表述其沉重哀思：绍圣元年十一月，戏作《朝云》诗。三年七月五日，朝云病亡于惠州，葬之栖禅寺松林中东南，直大圣塔。予既铭其墓，且和前诗以自解。朝云始不识字，晚忽学书，粗有楷法。盖尝从泗上比丘尼义冲学佛，亦略闻大义。且死，诵《金刚经》四句偈而绝。

○　苗而不秀岂其天，不使童乌与我玄。

　　驻景恨无千岁药，赠行惟有小乘禅。

　　伤心一念偿前债，弹指三生断后缘。

　　归卧竹根无远近，夜灯勤礼塔中仙。

这里，多处用典。在苗而不秀的痛惜中，重新勾起幼子苏遁夭折的哀伤；在无千岁药的怅恨中，惟能小乘禅送别信佛的朝云。双重伤心，前世欠债已偿还；弹指缘断，此心殷勤总礼灵。伊人从此逝，夜晚伴孤灯。天女维摩梦，禅理一念中。除此而外，风烛残年，衰疲之躯，东坡又能如何？尘缘虽绝，情思不已。次次相思，文字累累。东坡心愿，唯愿王朝云"早生净土……俱证无上之菩提，永脱三界之火宅"，至少也能"不与梨花同梦"，也就是不要与梨花同灭凡尘。至于自身，则如《雨中花慢》所云，"又岂料，正好三春桃李，一夜风霜"，"但有寒灯孤枕，皓月空床"。坐卧行止，形单影只。一举手，一投足，所及之处，"丹青入画，无言无笑，看了漫结愁肠。襟袖上，犹存残黛，渐减余香。一自醉中忘了，奈何酒后思量。应算负你，枕前珠泪，万点千行。"

　　东坡何以对王朝云钟情如此？这不仅在于，东坡数妾在其倒霉的数年间纷纷散去，而唯有王朝云倾心相伴、不离不弃并随东坡贬谪一路至于惠州；而且，"敏而好义，事先生二十有三年，忠敬若一"；更唯有王朝云深懂东坡心。据费衮《梁溪漫志·卷四·侍儿对东坡语》："东坡一日退朝，食罢扪腹徐行，顾谓侍儿曰：'汝辈且道是中有何物？'一婢遽曰：'都是文章。'坡不以为然。又一人曰：'满腹都是识见。'坡亦未以为当。至朝云，乃曰：'学士一肚皮不入时宜。'坡捧腹大笑。"由此可见，王朝云一句话说到了东坡心坎上。唯有朝云懂得东坡心！因此，当朝云去世，东坡建六如亭以纪念，其挽联就是：不合时宜，惟有朝云能识我；独弹古调，每逢暮雨倍思卿。

　　可不是吗？东坡一生，不就是一肚子不合时宜！他既不苟合变法派，亦不同流保守派——凭着东坡的才智及其巨大的基于文化的社会声望，无论他站在哪一边，或者，只要不断与时俱进，迎合当政者，以当政者的意志为意志，乃至为其意志和意愿提供理论、文化支撑，做一个彻底无我的忠臣，他就可以始终立于不败之地，始终位列核心权力圈——而是坚持自己的原则，并且不断大声说出自己的主张。由此，他是两边不讨好，两边得罪人。正如宋马永卿《元城先生语录》所说："士大夫只看立朝大节如何。若大节一亏，则虽有细行，不足赎也。东坡立朝大节极可观，才意高广，惟己之是信。在元丰，则不容于元丰，人欲杀之；在元祐，则虽与老先生议论，亦有不合处，非随时上下人也。"（注：元城先生，刘安世，公元1048年~1125年，字器之，号元城。）

就东坡来说，总在忧国忧民，却是特立独行：哪怕是一个人在战斗，也要将战斗进行到底。因为，他的战斗不是为了自己，而是为国为民。正因为坚信政治正确，更是道义正确，所以他一直坚持，甚至全然不顾个人得失进退。不过，以乌台诗案及其直接后果——贬谪黄州为界线，在深刻的教训、反思之后，他清醒地认识到：既然个人是如此渺小，不能改变现实，对现实不仅无能为力，甚至险恶的现实随时可能导自身于险境乃至处于无助的绝境；尽管一时侥幸脱离险境，难保不会再被人抓住把柄，从而再次因言致祸、因言获罪，那就必须认清并适应自身的角色定位及其生活。而且，因自己而受牵连者，不仅有家人亲人，更有数十位好友及其家庭。这不能不令东坡背上道义债、良心账。由此，在秉承儒家积极入世、民本己任、用世担当严重挫折之后，在对佛道的研修之中，东坡逐步平静了心灵，更实现了思想的超越觉悟。当然，这并非一蹴而就、一劳永逸的转变，而是一个始终不断的过程：每当现实不顺或者心理波动之时，他就随时随地以佛道思想来加以平衡与平和。这一点，从他在惠州和儋州的不断的和陶诗中，就很清楚而充分地得到印证。由此，他的人生观乃至世界观发生了颠覆性变化：仕途被颠覆，人生被颠覆，人生观自然被颠覆。从此，他尽管仍然立足儒家这个根基，但不再局限于体制，而是充分发挥自身的影响来影响周遭，在人性和人道的更加宽广空间，思考人生，探寻人生真谛，开辟出一条普适性乐活且助人的人生道路。

身体不能限制灵魂，身份限制不住思想。身不能超然，心随时可以超然。因为，心是自由的。自由的心可以超然物外，引导东坡乐活于世。超然不是超然物外，而是能够超然于心：自我成为主人，不凝滞于外物，不纠结于自我。于是，突破自我，也就同时突破了外在的条条框框和真正不合时宜的规矩束缚。正如黄庭坚《东坡先生真赞三首》所说："嬉笑怒骂，皆成文章。解羁而归，紫微玉堂。"哪怕投置惠州、儋州，"子瞻之德，未变于初"。不忘初心，心系百姓，悲天悯人，融入民间，率性自然，究极天人之际，纵身平凡之境，可以为食而耕，可以为道而歌，可以为美而醉，可以为情而悲，可以为友而乐……寓伟大于平凡，溶烦郁于淡定。逆来顺应，不作无谓之叹；悲生欢消，倾心逍遥之游。宇宙无穷，人生有限。纵观雄才转头空，目睹盈虚瞬间无。纠结得失消长痛苦多，堪破人生如寄自超然。清风之中有天籁，明月之下影如画。是处可游观，邻里皆为友。寺观清修地，凡尘过生活。既是自我激励，亦是激励他人。坚韧非柔弱，粗食亦如饴。这是东坡的自信——充分的自信，真正脱离了自私自利和低级趣味的文化自信。

即如东坡贬谪儋州而与苏辙分别之时，苏辙吃不下粗菜饭，东坡却甘之如饴。正因此，任何打击都击不垮东坡的意志，反而淬炼得东坡更加坚强而纯粹，更加自然而率性。如此，则生命力就越发强大。东坡不是高高在上却喜好作秀亲民的大人物，不是贪腐成性而标榜清廉的假道学，不是恃才傲物又愤世嫉俗的伪君子，更不是唯名利是图而又自视清高的庸俗文人。除了喝酒、唱歌、下棋三不如人，东坡上得朝堂，下得厨房：天纵英才，如此多能，且在其所涉猎的所有领域，都能达到一流水准，更且都能在历史中留下深深的东坡印记，成为一处处亮丽的文化胜景。尤其在技术高张、文化缺乏之世，东坡本身就成为一种高山仰止而又无法复制的文化现象。然而，东坡又是如此平凡而简单。南宋施德操所撰《北窗炙輠录卷上》："东坡性简率，平生衣服饮食皆草草。至杭州时，尝喜至祥符寺琴僧惟贤房闲憩，至则脱巾褪衣，露两股榻上，令一虞候搔，及起，观其岸巾，止用一麻绳约发耳。又，筑新堤时，坡日往视之。一日饥，令具食，食未至，遂于堤上取筑堤人饭器，满贮其陈仓米一器尽之。大抵平生简率，类如此。"总之，每个人都能在东坡极其丰富而多样的作品和人品中找到自己的最爱。也正因此，东坡才得到了其后历代各色人等的真心喜爱。

古人云，民为邦本，本固邦宁。国本在民本，民本在民生。这一点，理论上绝对正确。无论是谁，无论是哪个帝王，无论是王安石的变法派，还是司马光的保守派，谁也不能否认。但是，一旦具体化、明晰化、明细化，则每个人心中或者口中的国本、邦本、民本，可以截然不同，甚至会有天壤之别。因为，作为理念和口号，可以随便念叨，张口就来，甚至可以不厌其烦地泛泛而谈地强调，但是，是否有足够的现实的实际的行为支撑以及如何予以支撑、在多大程度上予以支撑，或者言行不一，甚至于言行相悖，则是区分真假民为邦本、民生为本的试金石。自然，百姓，或者说民之切身感受是最为直接而真实的。虽然他们不能立法，不能变法，不能任免官员，不能书写历史，不能支配自身命运，而从来都只能是命运被支配、被改变；虽然，他们只有最为普通的口与心，但是，他们可以将记忆深刻的一切，铭记于心，表达于口，并口口相传。这也是他们唯一可以留住现实、影响历史的利器。另一方面，社会发展到宋代，造纸术和印刷术的进步及其对于信息传播的空前拓展，民间学术兴趣和私人记述历史的空前活跃，在官方正统体制之外，许多人，基于各自兴趣、理解、情感、不同的信息源和不同的社会生活视角，未必系统，却更加真实地从各个侧面记录下当世现实。这些卷帙浩繁的材料，对于后世了解宋代社会及其中的人和事，提供了第一手资料。而且，几乎所有这类记述中都能找到对于东坡的记载。正是这些记载，使后世在正史的严格筛查和严肃而绝对的理性之外，通过一个个生动案例和生活细节，可以看到一个更加丰富有趣、可亲可爱的东坡形象。

回到《悼朝云并引》，更有意味的是，同一首诗中却兼含了儒佛道三种理念、三种信仰。这种融通，体现了东坡的一贯思想和信仰。东坡于此三者之间，立德、立言、立功，处世、修身、养生，贯通一气，破却滞碍，欣然而生。人生极致，莫过于此。其中，情为根本内核。觉有情，不仅在佛道佛境，也是儒道两家之根本境界。而在东坡，一切皆可忘，唯情不可忘。即以东坡对王朝云而言，清张宗辑《词林纪事·卷五·苏轼·蝶恋花》引《林下词谈》记载："子瞻在惠州，与朝云闲坐。时青女（注：霜神）初至，落木萧萧，凄然有悲秋之意。命朝云把大白，唱'花褪残红'。朝云歌喉将啭，泪满衣襟。子瞻诘其故，答曰：'奴所不能歌，是枝上柳绵吹又少，天涯何处无芳草也。'子瞻翻然大笑曰：'是吾正悲秋，而汝又伤春矣。'遂罢。朝云不久抱疾而亡，子瞻终身不复听此词。"东坡情深，可见一斑。

除了妻妾情，东坡最重要的情感即是与弟弟苏辙之间的兄弟情：这种兄弟情，远远超越一般兄弟亲情——是血缘兄弟亲情，更是心灵相通的知音。苏辙《亡兄子瞻端明墓志铭》曰："我初从公，赖以有知。抚我则兄，诲我则师。皆迁于南，而不同归。天实为之，莫知我哀。"兄弟二人，自幼相知。共伴学习，一起赴试，同举进士，异地为官。其间，除了奔母丧和丁父忧，有过较长时间一起生活以及同朝为官时期常能见面之外，兄弟二人各奔东西，各自在仕途及人生道路上奔波劳碌，离多聚少。聚散皆依依，情重难割舍。于是，二人之间的文字唱和，就成为连接、表达和传递情感的主要方式。第一次分别，长时间的分别，弟弟送哥哥初为官，送了一程又一程，不忍离别。正所谓送君千里，终须一别。终于，在郑州西门外，弟弟苏辙返程，

苏轼继续前行去赴任。苏轼没有丝毫喜悦之情，更没有对未来
更上层楼乃至辉煌人生的憧憬。相反，情绪低落，黯然神伤，
乃至提示弟弟，也是警示自我：慎勿苦爱高官职。真的是：初
次为官，就已与众不同。思绪纷乱，情理交织，心意难平，诗
人气质，感而成诗。这就是《辛丑十一月十九日既与子由别于
郑州西门之外马上赋诗一篇寄之》：

不饮胡为醉兀兀，此心已逐归鞍发。
归人犹自念庭闱，今我何以慰寂寞。
登高回首坡垅隔，惟见乌帽出复没。
苦寒念尔衣裳薄，独骑瘦马踏残月。
路人行歌居人乐，僮仆怪我苦凄恻。
亦知人生要有别，但恐岁月去飘忽。
寒灯相对记畴昔，夜雨何时听萧瑟。
君知此意不可忘，慎勿苦爱高官职。

（尝有夜雨对床之言，故云尔。）

就是带着这种复杂心绪，苏轼走马上任，开始了其一生波折
不断却异常精彩的政治人生历程。从此，兄弟之间，分别成常
态，相聚为偶然。而兄弟之间，却是一往情深，彼此牵挂，相
互激励，老而弥深。风雨对床，这是一生一世的约定——苏
辙《逍遥堂会宿二首并引》说："辙幼从子瞻读书，未尝一日相
舍。既仕，将宦游四方，读韦苏州诗至'安知风雨夜，复此对

床眠'，恻然感之，乃相约早退，为闲居之乐。故子瞻始为凤翔幕府，留诗为别曰：'夜雨何时听萧瑟？'其后子瞻通守余杭，复移守胶西，而辙滞留于淮阳、济南，不见者七年。熙宁十年二月，始复会于澶濮之间，相从来徐留百余日。时宿于逍遥堂，追感前约，为二小诗记之。其一曰：'逍遥堂后千寻木，长送中宵风雨声。误喜对床寻旧约，不知漂泊在彭城。'其二曰：'秋来东阁凉如水，客去山公醉似泥。困卧北窗呼不起，风吹松竹雨凄凄。'"未曾想，穷尽一生一世，约定却难如愿。在不能如愿的未知期盼中，频繁的文字唱和成为唯一的沟通媒介。而这种文字唱和是如此的频繁，不仅为迄今为止的历史所绝无仅有，也为后世留下了大量弥足珍贵的文化遗产。

对于苏轼，这种兄弟分别，其直接的后果，是心理的萧疏与孤寂，是情感的悲凉与凄清。《九月二十日微雪怀子由弟二首》中说："岐阳九月天微雪，已作萧条岁暮心。短日送寒砧杵急，冷官无事屋庐深。愁肠别后能消酒，白发秋来已上簪。""江上同舟诗满箧，郑西分马涕垂膺。未成报国惭书剑，岂不怀归畏友朋。官舍度秋惊岁晚，寺楼见雪与谁登。遥知读《易》东窗下，车马敲门定不应。"而《病中闻子由得告不赴商州三首》则诉说道："远别不知官爵好，思归苦觉岁年长。著书多暇真良计，从宦无功谩去乡。""辞官不出意谁知，敢向清时怨位卑。万事悠悠付杯酒，流年冉冉入霜髭。策曾忤世人嫌汝，《易》可忘忧家有师。此外知心更谁是，梦魂相觅苦参差。"平时分隔多惦念，更那堪除夕不团圆！于是，《岁晚相与馈问为馈岁酒食相

邀呼为别岁至除夜达旦不眠为守岁蜀之风俗如是余官岐下岁暮思
归而不可得故为此三诗寄子由》这一长达五十三字超长题目的题
诗，就足以折射出苏轼岁暮思归不得归的失落与无奈——

○　《馈岁》："官居故人少，里巷佳节过。亦欲举乡风，独倡无
人和。"

○　《别岁》："故人适千里，临别尚迟迟。人行犹可复，岁行那
可追。问岁安所之，远在天一涯。已逐东流水，赴海归无时。
东邻酒初熟，西舍豘亦肥。且为一日欢，慰此穷年悲。勿嗟旧
岁别，行与新岁辞。去去勿回顾，还君老与衰。"

○　《守岁》："坐久灯烬落，起看北斗斜。明年岂无年，心事恐
蹉跎。努力尽今夕，少年犹可夸。"

　　东坡枯坐苦相思，全无节日欢欣意。而立年未到，有悲从
中来。谁解子瞻心？四海一子由。《和子由苦寒见寄》，则道出
了其中的深情与无奈："人生不满百，一别费三年。三年吾有几，
弃掷理无还。长恐别离中，摧我鬓与颜。念昔喜著书，别来不
成篇。细思平时乐，乃谓忧所缘。吾从天下士，莫如与子欢。"
吟诗唱和，聊慰寂寞，络绎不绝：《和子由渑池怀旧》《和子由踏
青》《和子由蚕市》《和子由论书》《和子由寒食》《和子由闻子
瞻将如终南太平宫溪堂读书》《将往终南和子由见寄》《和子由

记园中草木十一首》《自清平镇游楼观五郡大秦延生仙游往返四日得十一诗寄舍弟子由同作楼观》《和子由木山引水二首》《华阴寄子由》《和子由初到陈州见寄二首次韵》《次韵子由绿筠堂》《颍州初别子由二首》等等，就是早期苏轼别子由后的诗作。从中，可见其心路历程，更可见其兄弟情。思归伤时时时见，幽忧度年年年悲。"诗来使我感旧事，不悲去国悲流年。"（《和子由蚕市》）"官舍度秋惊岁晚，寺楼见雪与谁登？""此外知心更谁是？梦魂相觅苦参差。"

苏轼初为官，既伤兄弟离别，郁郁寡欢，更因现实百姓生活的苦难而忧思。因此，苏轼为官，非但无欢愉，反而多伤悲。《宋史·苏轼传》："除大理评事、签书凤翔府判官。关中自元昊叛，民贫役重，岐下岁输南山木筏，自渭入河，经砥柱之险，衙吏踵破家。轼访其利害，为修衙规，使自择水工以时进止，自是害减半。"这是正史中对苏轼初为官时政绩的记载。而在苏轼，不仅毫无自豪喜悦之感，其内心的抑郁却是如此沉重不堪。其《和子由闻子瞻将如终南太平宫溪堂读书》，就可见一斑："役名则已勤，徇身则已谕。我诚愚且拙，身名两无谋。始者学书判，近亦知问囚。但知今当为，敢问向所由。士方其未得，唯以不得忧。既得又忧失，此心浩难收。譬如倦行客，中路逢清流。尘埃虽未脱，暂憩得一漱。我欲走南涧，春禽始嘤呦。鞅掌久不决，尔来已徂秋。桥山日月迫，府县烦差抽。王事谁敢愬，民劳吏宜羞。中间罹旱暵，欲学唤雨鸠。千夫挽一木，十步八九休。渭水涸无泥，菑堰旋插修。对之食不饱，余事更遑求。近日秋雨足，公余试新籇。劬劳幸已过，朽钝不任锼。秋风迫吹帽，西阜可纵游。聊为一日乐，慰此百日愁。"此心更与何人说？唯有弟弟苏子由。而且，无由对面说，唯有文字传。《颍州初别子由二首》，正是这种心境的真实写照："征帆挂西风，别泪滴清颍。留连知无益，惜此须臾景。我生三度别，此别尤酸冷……作诗解子忧，持用日三省。""近别不改容，远别涕沾胸。咫尺不相见，实与千里同。人生无离别，谁知恩爱重。始我来宛丘，牵衣舞儿童。便知有此恨，留我过秋风。秋风亦已过，别恨终无穷。问我何年归，我言岁在东。离合既循环，忧喜迭相攻。悟此长太息，我生如飞蓬。多忧发早白，不见六一翁。"

"人生识字忧患始"。苏轼忧患为官始。一方面，苏轼澹视为官，时作慵懒遁世之想；另一方面，苏轼又难以根本放下，从而注定走不出官场：眼看时事力难胜，贪恋君恩退未能。于是，他就这么起始纠结，终生纠结。这在其早期诗作《将往终南和子由见寄》中，就已初露端倪："人生百年寄鬓须，富贵何啻苴中莩……岁云暮矣嗟几馀，欲往南溪侣禽鱼……终朝危坐学僧跌，闭门不出间履凫。下视官爵如泥淤，嗟我何为久踟蹰。岁月岂肯为汝居，仆夫起餐秣吾驹。"他总是不安现实，总是向往一种超越尘世的境界。然而，这种境界，只能存在于想象之中。现实多悲剧，想象才完美。再高尚的灵魂，也需立足卑污而残缺的现实。这就是人生的宿命。《和子由渑池怀旧》："人生到处知何似，应似飞鸿踏雪泥。泥上偶然留指爪，鸿飞那复计东西。

老僧已死成新塔，坏壁无由见旧题。往日崎岖还记否，路长人困蹇驴嘶。"雪泥鸿爪真无尘，出家修行亦有尽。大千世界总幻化，隔世痕迹古难寻。

宦游空抱怀，真情唯兄弟。"吾归于汝处，慎勿嗟岁晚。"（《和子由记园中草木十一首其一》）"物生感时节，此理等废兴。飘零不自由，盛亦非汝能。"（《和子由记园中草木十一首其二》）"行乐惜芳晨，秋风常苦早。谁知念离别，喜见秋瓜老。秋瓜感霜霰，茎叶飒已槁。宦游归无时，身若马系早。悲鸣念千里，耿耿志空抱。多忧竟何为，使汝玄发缟。"（《和子由记园中草木十一首其六》）何当风雨日，对床老兄弟。此世空企盼，当结来生缘。

至于苏辙，其对哥哥苏轼的情感与记挂同样情浓感深。虽然二人别离多于相聚，但彼此关心从未间断。尤其是苏辙，无论自身何处宦游，亦无论苏轼宦游何方，他的心总是伴随着苏轼脚步而行。一首《怀渑池寄子瞻兄》，触动了苏轼敏感的思绪。由此，对往事的回忆、对人生无定的怅惘和对人生高妙境界的哲学思考，为后世留下了《和子由渑池怀旧》这一千古名篇。雪泥鸿爪的人生意境，这种应然而纯粹的人生，至今仍在启迪并引导着世人前行的灵魂。从此，也就开启了兄弟二人相互唱和的诗化人生。可以说，几乎苏轼的每一种典型的人生状态及其过程，都有苏辙诗歌在在相伴——这种相伴，如影随形。苏轼的诗词文章笔墨所及，就构成了一幅完整的人生画卷。而循着苏辙及其与苏轼的唱和，不仅可以更加丰富生动完美这幅画卷，而正是这种彼此的文字交流对话，也成为苏辙生活乃至生命中一个不可分割的组成部分，从而成为兄弟二人一种独特的生活方式乃至生命形态。这种独特，不仅在于心甘情愿、毫无怨言的同荣共退、危机共担、彼此支撑，而彼此唱和其时间持续之长、唱和作品数量之多，尤其是苏辙对于哥哥的唱和作品竟然达到三百多首，可谓有史以来绝无仅有！

苏轼有《壬寅二月有诏令郡吏分往属县减决囚禁十三日受命出府至宝鸡虢郿盩厔四县既毕事因朝谒太平宫而宿于南溪溪堂遂并南山而西至楼观大秦寺延生观仙游潭十九日乃归作诗五百言以记凡所经历者寄子由》，苏辙就有《次韵子瞻减降诸县囚徒事毕登览》；苏轼有《太白山下早行至横渠镇书崇寿院壁》，苏辙就有《次韵子瞻太白山下早行题崇寿院》；苏轼有《留题延生观后山上小堂》，苏辙就有《次韵子瞻延生观后山上小堂》；苏轼有《留题仙游潭中兴寺寺东有玉女洞洞南有马融读书石室过潭而南山石益奇潭上有桥畏其险不敢渡》，苏辙就有《次韵子瞻题仙游潭中兴寺》；苏轼有《石鼻城》《磻溪石》《郿坞》《楼观》，苏辙就有《石鼻城》《磻溪石》《郿坞》《楼观》；苏轼有《九月二十日微雪怀子由弟二首》《病中闻子由得告不赴商州三首》，苏辙就有《次韵子瞻秋雪见寄二首》《次韵子瞻闻不赴商幕三首》；苏轼有《病中大雪数日未尝起观虢令赵荐以诗相属戏用其韵答之》，苏辙就有《次韵子瞻病中大雪》；苏轼有《岁晚相与馈问为馈岁酒食相邀呼为别岁至除夜达旦不眠为守岁蜀之风俗如是余官岐下岁暮思归而不可得故为此三诗寄子由·馈岁／别岁／守岁》，苏辙就有《次韵子瞻记岁莫乡俗三首·馈岁 / 别岁 / 守岁》与之相呼应。苏辙有《记岁首乡俗寄子瞻二首·踏青 / 蚕市》，苏轼就有《和子由踏青》《和子由蚕市》。可以说，这种兄弟之间的唱和，无所不及：对照阅读，二人的生活、行履、思想，就非常清晰生动地展现在面前。同时，一种无间的手足情深，不知不觉间释放弥漫：往事近千年，千年人感动。

相较而言，苏辙对于苏轼的主动唱和与次韵，数量上远远多于苏轼对其弟的唱和与次韵。这主要源自苏辙对于哥哥的衷心诚服与崇敬。他在《次韵子瞻感旧见寄》中如是说："少年耽世味，徘徊不能去。老来悟前非，尚愧昔游处。君才最高峙，鹤行鸡群中。我虽非君对，顾以兄弟同。"而《题东坡遗墨卷后》，则概而言之："少年喜为文，兄弟俱有名。世人不妄言，知我不如兄。篇章散人间，堕地皆琼英。凛然自一家，岂与余人争。""兄诗有味劇隽永，和者仅同如画影。"其实，就在当世，苏轼的影响与声名已经走出大宋，远播辽金。苏辙《神水馆寄子瞻兄四绝》其三曰："谁将家集过幽都，逢见胡人问大苏。莫把文章动蛮貊，恐妨谈笑卧江湖。"而金国对于苏轼的推崇，进而苏轼诗文书画在金国的传播乃至对于金国文化的影响，更是广泛而深刻。清人翁方纲《石洲诗话》卷五论说：有宋南渡以后，苏学行于北。

无论国内外对于苏轼如何对待与评价，苏辙始终敬服如一："我初从公，赖以有知。抚我则兄，诲我则师。皆迁于南，而不同归。天实为之，莫知我哀。"原因何在？答案就是："世人岂知我？兄弟得我情。""平生自相许，兄先弟亦次。""连床闻动息，一夜再三起。""归心天若许，定卜老泉室。凄凉百年后，事付何人笔。于今兄独知，言之泣生日。""弟兄六十老病余，万里同遭海隅送……莫惊忧患尔来同，久知出处平生共。"

而东坡呢？其《初别子由》说："我少知子由，天资和而清。好学老益坚，表里渐融明。岂独为吾弟，要是贤先生。"这是心灵的相知与相通。苏辙《次韵子瞻和渊明饮酒二十首》其一曰："我性本疏懒，父母强教之。逡巡就科选，逮此年少时。幽忧二十年，懒性只如兹。偶然践黄闼，俯仰空自疑。乞身未敢言，常愧外物持。"这与苏轼何等相似！虽然性格不同、文风各异——苏籀《栾城遗言》："公曰：'子瞻之文奇，予文但稳耳。'"——但兄弟二人有太多的交集：不仅政见和仕途总体一致，人生理念和信仰也基本一致，都是由儒家为发端，走向儒佛道融通一体并终而归于道。

不仅如此，兄弟之间，总在憧憬着、企盼着当初"风雨对床"的约定。苏辙《逍遥堂会宿二首并引》之"引"说：

辙幼从子瞻读书，未尝一日相舍。既仕，将宦游四方，读韦苏州诗至"安知风雨夜，复此对床眠"，恻然感之，乃相约早退，为闲居之乐。故子瞻始为凤翔幕府，留诗为别曰："夜雨何时听萧瑟？"其后子瞻通守余杭，复移守胶西，而辙滞留于淮阳、济南，不见者七年。熙宁十年二月，始复会于澶濮之间，相从来徐留百余日。时宿于逍遥堂，追感前约，为二小诗记之。

○ 其一

逍遥堂后千寻木，长送中宵风雨声。

误喜对床寻旧约，不知漂泊在彭城。

○ 其二

秋来东阁凉如水，客去山公醉似泥。

困卧北窗呼不起，风吹松竹雨凄凄。

此时，苏轼年四十。四十岁，这在宋代已是一个人生大坎。正如苏辙《次韵子瞻特来高安相别先寄迟适远却寄迈迨过逊》所云："人生逾四十，朝日已过午。一违少壮乐，日迫老病告。丹心变为灰，白发粲可数。"而苏辙《四十一岁莫日歌》则更是读之惨然而空虚："小儿不知老人意，贺我明年四十二。人生三十百事衰，四十已过良可知。少年读书不晓事，坐谈王霸了不疑。脂车秣马试长道，一日百里先自期。不知中途有陷阱，山高日莫多棘茨。长裾大袖足钩挽，却行欲返筋力疲。蝮蛇当前猛虎后，脱身且免充朝饥。归来掩卷泪如雨，平生读书空自误。山中故人一长笑，布衣脱粟何所苦。古人知非不嫌晚，朝来闻道行当返。四十一岁不可言，四十二岁聊自还。"何以如此？"世事不堪开眼看，劳生渐恐转头空。"

既然如此，何以足岁？苏辙在其《次韵子瞻过海》中，给出了回答："我迁海康郡，犹在寰海中。送君渡海南，风帆若张弓。笑揖彼岸人，回首平生空。平生定何有，此去未可穷。惜无好勇夫，从此乘桴翁。幽子疑龙虾，牙须竟谁雄。闭门亦勿见，一嗅同香风。晨朝饱粥饭，洗钵随僧钟。有问何时归，兹焉若将终。居家出家人，岂复怀儿童。老聃真吾师，出入初犹龙。笼樊顾其密，俯首姑尔容。众人指我笑，缧锁无此工。一瞬千佛土，相期兜率宫。"兄弟二人，不约而同：兴于儒，游于佛，归于道。

正因为苏辙唱和或者次韵如此众多且涉及苏轼生活的方方面面，以至于在很大程度上，只要阅读这些诗作，就能勾勒出苏轼的基本人生轨迹及其生活境遇和思想境况：《闻子瞻重游南山》《子瞻见许骊山澄泥砚》《寒食前一日寄子瞻》《闻子瞻习射》《次韵子瞻题长安王氏中隐堂五首》《和子瞻凤翔八观八首》《闻子瞻将如终南太平宫溪堂读书》《次韵子瞻麻田青峰寺下院翠麓亭》《次韵子瞻宿南山蟠龙寺》《和子瞻记梦二首》《次韵子瞻题岐山周公庙》《次韵子瞻题扶风道中天花寺小亭》《次韵子瞻南溪避世堂》《和子瞻三游南山九首》《和子瞻调水符》《次韵子瞻招隐亭》《次韵子瞻凌虚台》……《次韵子瞻颍州留别二首》《次韵子瞻初出颖口见淮山》《次韵子瞻寿州城东龙潭》《和子瞻涡口遇风》《和子瞻濠州七绝》《和子瞻泗州僧伽塔》《次韵子瞻发洪泽遇大风却还宿》《次韵子瞻记十月十六日所见》《次韵子瞻广陵会三同舍各以其字为韵》《和子瞻金山》《和子瞻焦山》《次韵子瞻游甘露寺》《次韵子瞻初到杭州见寄二首》……《次韵子瞻登望海楼五绝》《和子瞻件试举人》《和子瞻煎茶》《次韵子瞻对月见忆并简崔度》《和子瞻开阳村运盐河雨中督役》《次韵子瞻雨中督役宿水陆寺二首》……《和子瞻喜虎儿生》《中秋见月寄子瞻》《子瞻惠双刀》《和子瞻铁拄杖》《次韵子瞻与安节夜坐三首》《次韵子瞻上元见寄》《次韵子瞻连雨江涨二首》《奉同子瞻荔枝叹》《次韵子瞻梳头》《劝子瞻修无生法》《子瞻和陶公读山海经诗欲同作而未成梦中得数句觉而补之》《和子瞻新居欲成二首》《次韵子瞻和陶公止酒》《次韵子瞻过海》《子瞻闻瘦以诗见寄次韵》《次韵子瞻独觉》《次韵子瞻夜坐》《次韵子瞻寄贺生日》《次韵子瞻寄黄子木杖》《次韵子瞻谪居三首》《同子瞻次过远重字韵》《和子瞻过岭》《子瞻赠岭上老人次韵代老人答》《和子瞻归去来词并引》《和子瞻次韵陶渊明停云诗并引》《和子瞻次韵陶渊明劝农诗并引》等等，等等，不厌其细，耐得其烦，娓娓道来，正所谓：知我者，子由也。从此，亦可见苏轼在苏辙心目中至亲至知至高地位——苏辙《次韵子瞻和渊明饮酒二十首》其三曰："世人岂知我？兄弟得我情。"而《次韵子瞻道中见寄》中，则说："兄诗有味劇隽永，和者仅同如画影。"其后，东坡虽归道山，斯人已逝，其情长在："少年耽世味，徘徊不能去。老来悟前非，尚愧昔游处。君才最高峙，鹤行鸡群中。我虽非君对，顾以兄弟同。结发皆读书，明月如我牖。纵横万余卷，临纸但挥手。学成竟无用，掩卷空自疑。却寻故山友，重赴幽居期……浩歌归来曲，曲终有遗声。"

其中，《和子瞻过岭》和《子瞻赠岭上老人次韵代老人答》，在平静的语气之下，是苏辙对于兄长终于北返回归的巨大欣喜和欣慰。似乎，"风雨对床"约定终于可以实现了。为此，苏辙也一再书信相邀相催。然而，造化弄人。现实政治环境的考量，特别是苏轼突病谢世，使得这对老兄弟不仅无法朝夕相处，今生更且无缘再见。今世缘分尽，更结来生缘。逝者洒然逝——宋傅藻《东坡纪年录》："某岭海万里不死，而归宿田里，有不起之忧。非命也耶？"生者常悲思。这从苏辙《祭亡兄端明文》和《再祭亡兄端明文》中可见一斑。兹录如下：

　　《祭亡兄端明文》曰："呜呼！手足之爱，平生一人。幼学无师，受业先君。兄敏我愚，赖以有闻。寒暑相从，逮壮而分。涉世多艰，竟奚所为。如鸿风飞，流落四维。渡岭涉海，前后七期。瘴气所烝，飓风所吹。有来中原，人鲜克还。义气外强，道心内全。百折不摧，如有待然。真人龙翔，雷雨浃天。自儋而廉，自廉而永。道路数千，亦未出岭。终止毗陵，有田数顷。逝将归休，筑室凿井。呜呼！天之难忱，命不可期。秋暑涉江，宿瘴乘之。上燥下寒，气不能支。启手无言，时惟我思。念我伯仲，我处其季。零落尽矣，形影无继。嗟乎不淑，不见而逝！号呼不闻，泣血至地。兄之文章，今世第一。忠言嘉谟，古之遗直。名冠多士，义动蛮貊。流窜虽久，此声不没。遗文粲然，四海所传……陟冈望之，涕泗雨零。尚飨。"

　　《再祭亡兄端明文》曰："呜呼！惟我与兄，出处昔同。幼学无师，先君是从。游戏图书，寤寐其中。曰予二人，要如是终。后迫寒饥，出仕于时。乡举制策，并驱而驰。猖狂妄行，误为世羁。始以是得，终以失之……兄归晋陵，我还颍川。欲一见之，乃有不然。瘴暑相寻，医不能瘳。嗟兄与我，再起再颠。未尝不同，今乃独先。呜呼我兄，而止斯耶。昔始宦游，诵韦氏诗。夜雨对床，后勿有违。进不知退，践此祸机。欲复斯言，而天夺之。先垄在西，老泉之山。归骨其旁，自昔有言。势不克从，夫岂不怀……兄来自西，于是磐桓。卜告孟秋，归于其阡。颍川有苏，肇自兄先。呜呼！尚飨。"

东坡逝世，长子苏迈、次子苏迨家境贫寒。为此，苏辙在自己子女众多且并不宽裕的情况下，毅然卖房，倾力相助。据苏辙之孙苏迟子苏籀《栾城遗言》："东坡病殁于晋陵，伯达（苏迈字）、叔仲（苏迨字）归许昌，生事萧然。公笃爱天伦。曩岁，别业在浚都，鬻之九千数百缗，悉以助焉。嘱勿轻用。时公方降三官、谪籍夺俸。"无论今古，这绝非常人愿为之事，真正难能可贵也。千古一兄弟，万世两文豪。

而另一件令人感动之事，则是兄弟二人合作的一首诗。苏辙《补子瞻赠姜唐佐秀才并引》：

予兄子瞻谪居儋耳，琼州进士姜唐佐往从之游，气和而言道，有中州士人之风。子瞻爱之，赠之诗曰："沧海何曾断地脉，白袍端合破天荒。"且告之曰："子异日登科，当为子成此篇。"君游广州州学，有名学中。崇宁二年正月，随计过汝南，以此句相示。时子瞻之丧再逾岁矣。览之流涕，念君要能自立，而莫与终此诗者，乃为足之。

生长茅间有异芳，风流稷下古诸姜。

适从琼管鱼龙窟，秀出羊城翰墨场。

沧海何曾断地脉，白袍端合破天荒。

锦衣他日千人看，始信东坡眼目长。

　　兄弟合作一首诗，本身就是一段佳话。而其中蕴含的故事，则更成千古佳话。姜唐佐，虽然最终没能考中进士，却成为海南历史上首位举人，一位比海南历史上所有举人都要知名的举人。这要得力于东坡兄弟，尤其是东坡的授教与奖挹。有宋一朝，海南尚属蛮荒之地，故而东坡这种重犯才会几经贬谪，投放于一次更比一次远离中原、一地更比一地艰难之地。而海南，在当时，可谓化外之地。而唐宋时期，尤其是宋朝，岭南地区成为重要的流放地，而海南更是最为僻远的流放地——越是重要罪犯、越是罪大恶极者，流放也就越往更南方，直至海南。东坡以老病之躯，流放海南，包括他自己，几乎没人相信能够生还。所以，后来，当他回归路过大庾岭，《赠岭老人》诗云："问翁大庾岭头住，曾见南迁几个回？"这是后话。而当时，海南不仅经济落后，文化落后更不待言。东坡的偶然到来，也将新文化的种子带进海南。他以文化育，掀起向学之风。"儋耳为汉武帝元鼎六年置郡，阅汉魏六朝至唐及五代，文化未闻。北宋苏文忠公来琼居儋思念，以诗书礼乐之教，转移其风俗，变化其人心。听书声之琅琅，弦歌四起，不独'千山动鳞甲，万谷酹笙钟',辟南荒之诗境也。"（王国宪《重修儋县志·叙》）而姜唐佐，就是东坡化育海南的一个典型例证，从而就成为开海南一代文风之榜样，至今传为佳话。

归乡

此心安处是吾乡

人生难忘故乡情。对人而言，故乡是根，是本，是根本精神支撑。然而，很多人，一旦出发，一旦离开，就注定永远无法回归。也正因无法回归，尤其是飘荡人生逆旅中种种挫折、失意、窘迫、困境、苦痛困扰，就会激发出浓烈的思乡之情、归乡之愿。而且，现实中，越是不如意，则这种思乡归乡情结就会越加强烈。这是人的一种共通情感。当然，思乡、归乡之情，不过只是一种表象而已，其深层次根由与归结点在于达成精神的平复与心灵的宁静，是对精神家园和心灵宁静状态的渴望与回归。正如老子《道德经·第十六章》所说："至虚极，守静笃。万物并作，吾以观复。夫物芸芸，各复归其根。归根曰静，静曰复命。复命曰常，知常曰明。"虽然，这里，老子立足虚无，谈的是虚静本性，一种没有心机成见、消除了利欲诱惑和外界纷扰的纯粹的空明静寂状态，但对东坡这种郁结于心、极力舒放却"树欲静而风不止"的仕人而言，却具有直接的现实意义。

故乡，是心灵最佳休憩地，是具有终极意义的心灵归宿地。传统社会，安土重迁，落叶归根，天经地义，而客死他乡成为一种至深的心理恐惧。因此，只要条件许可，即便客死他乡，其亲人哪怕历经千辛万苦，也必定要将其归葬故里。苏洵、王弗就是如此。就是现在，一路高速，河南开封到四川眉山也有一千三百多公里之遥。想当年，苏轼、苏辙兄弟，扶榇还乡，水陆并进，经三峡而入川。其《亡妻王氏墓志铭》曰："治平二年五月丁亥，赵郡苏轼之妻王氏卒于京师。六月甲午，殡于京城之西。其明年六月壬午，葬于眉之东北彭山县安镇乡可龙里，先君、先夫人墓之西北八步……始死，先君命轼曰：'妇从汝于艰难，不可忘也。他日，汝必葬诸其姑之侧。'未期年而先君没，轼谨以遗令葬之。"宋英宗赵曙治平三年（公元 1066 年），四月二十五日，苏洵病逝于京师，时年五十八岁。六月，苏轼、苏辙扶护苏洵、王弗灵柩出都城汴京，自汴河、入淮河、到长江，溯江而上，抵达江陵，再经三峡，逆流而行，一路奔波，第二年四月才终于护丧归乡。落叶终于归根！其间艰辛，苏轼、苏辙没有细说。兄弟二人，特别是苏轼，虽然不断思乡、不断想着归乡，却从未透露过、要求过儿子将自己身后归葬故土的事实，就不想而知。

对于苏轼来说，归葬父与妻，就是自身与故土联结事实的中断与终结。正因回不去，故而永思想。怅然若有失，更与何人说？其《醉落魄·离京口作》："巾偏扇坠藤床滑，觉来幽梦无人说。此生飘荡何时歇。家在西南，长作东南别。"无人说时自沉醉，醒来依旧人飘荡。而《蝶恋花·京口得乡书》："一纸乡书来万里。问我何年，真个成归计。回首送春拼一醉，东风吹破千行泪。"乡书触动思乡情，无缘归去醉和泪。因而，《南乡子·和杨元素，时移守密州》说："东武望余杭，云海天涯两渺茫。何日功成名遂了，还乡，醉笑陪公三万场。不用诉离觞，痛饮从来别有肠。"同是天涯异乡人，只待来日归乡时。

　　然而，"君不见壮士憔悴时，饥谋食，渴谋饮，功名有时无罢休。"（《和蔡准郎中见邀游西湖三首其三》）虽然后来，在佛道的深究与自觉中，黯淡了仕途进取之心，消解了贬谪失意之思，却并不意味着东坡心中无块垒，甚至真正进入到一种无为无欲无求无待之人生。相反，东坡始终是有待的。在东坡，潇洒淡泊只是表象，纠结烦郁才是内在。潇洒而不脱凡尘，而且尘缘甚深；随缘而总有无奈，而且无奈甚多。东坡最怕烦郁孤寂，最渴望自由自然。然而，现实的不自由、不自然，时时郁结于心。借助佛道，修养心性，是一种重要路径。这是认知层面的思想和心理调适：是一种内化过程，也是一种内化而消解纠结烦郁孤寂的过程。同时，也需要释放排解，不断释放排解，从而达到身心平衡、思想平和、心灵宁静状态。诉诸笔墨文字，就是东坡释放排纠结解烦郁孤寂的最为有效的方式，至少可以达到暂时性的消解。晚年东坡，不断和陶诗，看似无待而潇洒，似乎足以比肩陶渊明，总是试图以陶渊明为榜样、做参照，从而在情非得已的现实世界中淡定超然潇洒地生活。然而，东坡毕竟不是陶渊明，更不是佛印、参寥子，因而，他既不能像陶渊明那样决绝，断然挂冠，义无反顾，潇洒而去，更不愿像佛印、参寥子那样勘破红尘，隔断尘缘，一心向佛，成就大德。虽然他自号东坡居士，这只是他心中有佛的表征，却也可见其与现实社会的深厚联结——这就注定他不能遁世而居。虽然他又称东坡道人，这只表明他心中有道——无论境况如何，都会坚守其道——却并非要出家修道，成就果位，或者成为道士法师，甚至真人神仙。作为根深蒂固的现实主义者，现实的考量才是他思想和行为的出发点和归结点，当然更是贯穿他人生的全过程。他临终前嘲笑鸠摩罗什试图以有限的人为神咒来对抗无限的自然历程的无效性，本身就表明其彻底的现实性。

身处现实，思想和行为的现实性，是东坡思想的内核。既然身处现实，既然一切都具有现实性，也就同时意味着其变化性、变动性。对东坡来说，就具体体现为人生的动荡无定和不可预知。而自乌台诗案始，这种动荡无定和不可预知，伴随着东坡年龄增长而健康的每况愈下，呈现出一条下坡路曲线。由此，归宿、从而安顿意识就与日俱增。然而，"见说岷峨凄怆……但觉秋来归梦好"（《河满子》），"我为剑外思归客"（《寄鄂州朱使君寿昌》），"某日望归蜀耳"（《与人二首之二》），"苍颜华发，故山归计何时决？"（《醉落魄·苏州阊门留别》）"人生到处萍飘泊……偶然相聚还离索。多病多愁，须信从来错。尊前一笑休辞却，天涯同是伤沦落。故山犹负平生约。西望峨嵋，长羡归飞鹤。"（《醉落魄·席上呈杨元素》）"回首吾家山，岁晚将焉归？"（《游净居寺诗并叙》）何以总是思归而不能？

一是，如其《水调歌头》所言：

余去岁在东武，作《水调歌头》以寄子由。今年子由相从彭门百余日，过中秋而去，作此曲以别。余以其语过悲，乃为和之。其意以不早退为戒，以退而相从之乐为慰云。

　　○　　安石在东海，从事鬓惊秋。中年亲友难别，丝竹缓离愁。一旦功成名遂，准拟东还海道，扶病入西州。雅志困轩冕，遗恨寄沧洲。

　　○　　岁云暮，须早计，要褐裘。故乡归去千里，佳处辄迟留。我醉歌时君和，醉倒须君扶我，惟酒可忘忧。一任刘玄德，相对卧高楼。

　　二是，宦游居处不由身。正如东坡所言："问汝平生功业，黄州惠州儋州。"(《自题金山画像》)东坡何曾想如此?！既入仕途，既然放不下，离不开，那一切都只能随着体制的规则规矩而行为。而违背体制的规则规矩，或者跟不上其节奏，那也只能听从体制处置。正所谓，既入体制之中，即为东西南北之人。事与愿违是常态，挫折失意总难免。人生仇怨何人免? 官场沉沦尤其多。想象美好可奈何? 老死英雄千古恨。尽管，"搔首赋归欤，自觉功名懒更疏。"(《南乡子·和杨元素》)，而且，东坡比任何人都明白："归去应须早"(《卜算子·自京口还钱塘，道中寄述古太守》)，然而，"归去奈愁何?！"(《画堂春·寄子由》)多么想："当欢有余乐，在戚亦颓然。渊明得此理，安处故有年。嗟我与先生，所赋良奇偏。人间少宜适，惟有归耘田。"(《怨诗楚调示庞主簿邓治中》)，"贤哉令尹，三仕已之无喜愠。我独何人，犹把虚名玷搢绅。不如归去，二顷良田无觅处，归去来兮，待有良田是几时?"(《减字木兰花·送东武令赵昶失官归海州》)

况且，"归去来兮，吾归何处？万里家在岷峨。百年强半，来日苦无多……山中友，鸡豚社酒，相劝老东坡。"（《满庭芳》）然而，东坡岁老，种种因由，顾虑多多。归乡无计，只能待来日。正如《答苏伯固三首（之一）》所言："人至，辱书，承别后起居佳胜，感慰深矣。念亲怀归之心，何时可以易此，顾未有以为计，当且少安之。"然而，无论怎样自我安慰，也难抑心中那幽深却柔弱的归乡之情思："一纸乡书来万里。问我何年，真个成归计。白首送春拼一醉。东风吹破千行泪。"（《蝶恋花·京口得乡书》）

如果说东坡同王弗梦中"相见无言，惟有泪千行"，那是深深的夫妻情；"东风吹破千行泪"，则是绵绵的故乡情。二者性质不同，却同样难以割舍，同样"不思量，自难忘"，同样心驰而神往。在《答程彝仲二首》之二中，东坡写道："此任满日，舍弟亦解罢，当求乡里一任，与之西还。近制既得连任蜀中，遂可归老守死坟墓矣。心貌衰老，不复往日，惟念斗酒只鸡，与亲旧相从耳。"何以如此颓散？这从他《与王庆源二首》之一中，就能寻出端倪："某此粗遣，虽有江山风物之美，而新法严密，风波险恶，况味殊不佳。退之所谓'居闲食不足，从官力难任。两事皆害性，一生常苦心'，正此谓矣……何时归休，得相从田里，但言此，心已驰于瑞草桥之西南矣。"

东坡这种急迫归乡心情，并非一时之想，而是根深蒂固，因而一再表露。"三年无日不思归，梦里还家旋觉非。"（《华阴寄子由》）"不堪山鸟号归去，长遣王孙苦忆家。"（《寄题兴州晁太

守新开古东池》）"拜违十八年，终未有省侍之期。岁行尽，但
有怀仰……东茔每烦照管，感涕不可言。某到不旬日，又有起
居舍人之命，方力辞免。年岁间，当请一乡郡归去，渐谋退省
耳。"（《与子安兄二首之一》）"某去乡十八年，老人半去，后生
皆不识面，坟墓手种木已径尺矣，此心岂尝一日忘归哉！"（《与
乡人》）"某凡百如昨。梦想归路，如痿人之不忘起也。"[《答王
庆源二首（登州还朝）之一》] 盼归之心急切，然而，"某老病还
朝，不为久计，已乞郡矣。何时扁舟还乡，一过旧栖，涸乱故
人，旬日而去，言之怅然。"（《与潘彦明四首之一》）"某衰病怀
归"（《与潘彦明四首之二》）。而在《与王庆源二首》之一中，他
说道："某罪废流落，今复强颜周行，有愧而已。若圣恩怜其老
钝，年岁间，乞与一乡郡，归陪杖屦，复讲昔日江上携壶藉草之
乐，只是不得拽脚相送，先发遣酒壶归瑞草桥，于义俭矣。记
得否？呵呵，何幸如之！"在《与王庆源二首》之二中，他既感
叹人生如梦幻，更渴望着归乡之愿："人生悲乐，过眼如梦幻，
不足追，惟以时自娱为上策也。某名位过分，日负忧责，惟得
幅巾还乡，平生之愿足矣。幸公千万保爱，得为江边携壶藉草
之游，乐如之何？"年岁渐老，思归盼归，自为归乡之计，何
曾一日忘怀于心？！"某衰倦早白，日夜怀归，会见之期，想亦
不远。"（《与杨君素二首之一》）在《答王庆源》中，东坡更是畅
谈他的归乡规划："某为郡粗遣，衰病怀归，日欲致仕。既忝
侍从，理难骤去，须自藩镇乞小郡，自小郡乞宫观，然后可得
也。自数年日夜营此，近已乞越，虽未可知，而经营不已，会

当得之。致仕有期，则拜见不远矣。惟望倍加保啬，庶归乡日犹能陪侍杖屦上下山谷间也。"由于总是不能如愿，因而，不断在思归中失落，更在失落中思归。"旅宦寡忾，思归未由，岂胜恨恨。"（《与程懿叔二首之二》）"衰病怀归，又复岁暮，牢落可知。"（《答杨礼先三首之三》）"知兄杜门守道，为乡里推爱。弟久客倦游，情怀常不佳。日望归扫坟墓，陪侍左右耳。"（《与子安兄四首之一》）

希望总是美好。而当看不到希望之时，尤其是朝思暮想又年逼岁迫而总是遥而无期之时，东坡心情可想而知："海隅漂泊，无复归望，追怀畴昔，永望凄断。"（《与僧隆贤二首之二》）但是，没有希望，也是无可奈何，生活还得继续。"中原北望无归日，邻火村春自往还。"（《白鹤峰新居欲成夜过西邻翟秀才二首其一》）"某凡百粗遣，北归未有期，信命且过，不烦念及。惟闻坟墓安靖，非济甫风义之笃，何以得此，感荷不可言。"（《与杨济甫二首之一》）至少，父母亲人坟墓完好，也是一种安慰。"近来须鬓雪白加瘦，但健及啖啜如故尔。相见无期。"（《与元老侄孙四首之一》）"老人住海外如昨，但近来多病瘦瘁，不复往日，不知余年复得相见否？循、惠不得书久矣。旅况牢落，不言可知。又海南连岁不熟，饮食百物艰难，又泉、广海舶绝不至，药物酱酢等皆无，厄穷至此，委命而已。老人与过子相对，如两苦行僧耳。然胸中亦超然自得，不改其度。"（《与元老侄孙四首之二》）归乡无望，生活清苦，无可如何，自我调适，澹然度日，以待来日，这是困境中赖以生存的唯一法宝。正如他所说：

○ 　莫嫌琼雷隔云海，圣恩尚许遥相望。平生学道真实意，岂与穷达俱存亡。天其以我为箕子，要使此意留要荒。他年谁作舆地志，海南万里真吾乡。(《吾谪海南子由雷州被命即行了不相知至梧乃闻其尚在藤也旦夕当追及作此诗示之》)

　东坡就这么坚持着，并尽量安心当下——在贫贱安于贫贱，处逆境顺遂逆境——在当下生活中发现生活的积极面和美，更能因地制宜创造着生活乐趣。在密州，斋厨索然，日食杞菊，却能听然而笑曰："人生一世，如屈伸肘。何者为贫，何者为富？何者为美，何者为陋？……较丰约于梦寐，卒同归于一朽。吾方以杞为粮，以菊为糗。春食苗，夏食叶，秋食花实而冬食根，庶几乎西河南阳之寿。"(《后杞菊赋》)洒脱而有谐趣，豁达而不羁物。现实难以超然，无妨以超然之心待之。"凡物皆有可观。苟有可观，皆有可乐，非必怪奇伟丽者也。哺糟啜醨皆可以醉；果蔬草木，皆可以饱。推此类也，吾安往而不乐？"故而，"始至之日，岁比不登，盗贼满野，狱讼充斥；而斋厨索然，日食杞菊。人固疑余之不乐也。处之期年，而貌加丰，发之白者，日以反黑。予既乐其风俗之淳，而其吏民亦安予之拙也……以见余之无所往而不乐者，盖游于物之外也。"(《超然台记》)虽然佳节不胜愁，欢饮达旦而大醉，充分展现出现实社会中人的渺小、无助和人性的弱点。然而，在自然及其规律面前，归根到底意义上，任何人都无能为力："月有阴晴圆缺，此事古难全。"此时悲观，不仅无用，更无意义。举头望明月，千里共婵娟。天涯共此时，生命尚存在。仍然在路上，这本身就是幸运。但愿人长久，不仅共婵娟，同心同时在，安心待来日。希望不灭，相见有日。这是现世的福分。

然而，有生必有死。生老病死，人所不免。"百年虽长要有终……达人自达酒何功，世间是非忧乐本来空。""生前富贵，死后文章，百年瞬息万世忙。夷齐盗跖俱亡羊，不如眼前一醉是非忧乐都两忘。"（《薄薄酒二章》）富贵有尽，生命有终。文章永存，声名不朽。这既是苏轼苦寒多思的因由，更是多思的结果。由此，不能怨叹，怨叹无益；不能沉沦，沉沦自灭。富贵贫穷三万日，高尚卑污同归尘。看似一切本来空，文章立言万古传。不仅思索，更在探索：何以不朽？可以说，这也是苏轼自我意识的初步觉醒。随着岁月浸淫，苏轼的这种自觉越来越明晰。随着境界的阔大和义章佳作的积淀，苏轼越来越有自信和定力，直至进入道家自觉自然状态：不仅自觉自然地活，更能自觉自然地死——临终，不仅强调并身体力行"在宥"，更自信而自然地面对死亡："吾生无恶，死必不坠，慎无哭泣以怛化。"怛化，语出《庄子·大宗师》："子来有病，喘喘然将死，其妻子环而泣之。子犁往问之，曰：'叱！避！无怛化！'"。郭象注曰："夫死生犹寤寐耳，于理当寐，不愿人惊之，将化而死，亦宜无为怛之也。"意谓人死乃是自然变化过程，不要惊扰。

在徐州，抗洪救灾和煤炭利用无疑是其重大政绩，特别是领导抗洪，现场指挥，"庐于城上，过家不入"，终于保住了徐州城，并留下著名景点黄楼。其来年《九月黄楼作》，就对抗洪过

程作了生动回顾:"去年重阳不可说,南城夜半千沤发。水穿城
下作雷鸣,泥满城头飞雨滑。黄花白酒无人问,日暮归来洗靴
袜。岂知还复有今年,把盏对花容一呷。莫嫌酒薄红粉陋,终
胜泥中千柄插。"正所谓,当为则为,为而成功,功成名传。然
而,其更为人所津津乐道的,则是他与云龙山人交往佳话。这
里,不仅有《放鹤亭记》那"清远闲放,超然于尘埃之外"之遐
思,有"归来归来兮,西山不可以久留"之放歌,更有醉《登云
龙山》之豪狂:"醉中走上黄茅冈,满冈乱石如群羊。冈头醉倒
石作床,仰看白云天茫茫。歌声落谷秋风长,路人举首东南望,
拍手大笑使君狂。""满丘乱石也平平,一醉坡仙便著名。"(清刘
廷玑《黄茅冈诗》)东坡石床,由此知名。因酒醉而抒怀,化顽
石为名景。非东坡,谁能为之?

在湖州,到任至逮捕离职,仅仅三月时间而已。其《湖州
谢上表》中,"知其愚不适时,难以追陪新进;察其老不生事,
或能收养小民",大概严重刺激了改革派,被认为是讥刺讪谤朝
廷的重要证据。进而,有心人有心摘录集结其诗作中所谓包藏
祸心、怨望其上、讪渎谩骂而无复人臣之节的诸多句子,都是意
有所指,暗含讥刺。总而言之,苏轼攻击新法,讪谤朝廷。在
变法派看来,苏轼向来反对变法,是天然对立派,又名高当时,
辞能惑众。他的不断发声,尤其是借助诗歌这种为群众所喜闻
乐见的文化载体而广泛传播反对声音,更纠结一帮文人雅士相互
唱和,形成一种对立的负性舆论场,是对变法新政的一种反宣
传,是一种严重有害的杂音邪说。不加打击,不予惩治,变法

将无以为继，更会失去合法性、合理性、正当性。一句话，形式很文化，后果很严重。其要害与实质，就是反对变法新政。经过严查，苏轼对自己的罪行供认不讳，并一一供出相关人员及其细节。基于苏轼充分配合诚心悔罪，在多方努力下，苏轼经过短暂的御史台牢狱之灾，有惊无险地得到宽大处理："检校尚书水部员外郎充黄州团练副使，本州安置，不得金书公事。"受此案牵连人数达三十九人之多，且都逐一给予严肃处理。自以必死的苏轼，在《到黄州谢表》中，承认错误，感恩戴德，谢恩不绝："狂愚冒犯，固有常刑。仁圣矜怜，特从轻典。赦其必死，许以自新。祗服训辞，惟知感涕（中谢）……臣用意过当，日趋于迷。赋命衰穷，天夺其魄；叛违义理，辜负恩私……案罪责情，固宜伏斧锧于两观；推恩屈法……尚玷散员，更叨善地……臣虽至愚，岂不知幸。此盖伏遇皇帝陛下，德刑并用，善恶兼容。欲使法行而知恩，是用小惩而大戒……伏惟此恩，何以为报。惟当蔬食没齿，杜门思愆。深悟积年之非，永为多士之戒……若获尽力鞭棰之下，必将捐躯矢石之间。指天誓心，有死无易。"

在黄州，这是苏轼生命历程中最为灰暗时期。然而，正是因为历经生死劫难，脱却了樊笼，有了自由之身，苏轼痛定思痛，在一般意义上对人生价值、生命真谛乃至人生应然状态进行反思、深思、探究，更进而对自我人生进行重构，从而不仅快速走出人生雾霾期，更成就出一番大放异彩壮丽辉煌的灿烂人生。黄州是苏轼的流放地，却因此而成为苏轼的福地。

　　人生有起伏、进退、得失、成败。然而，起伏、进退、得失、成败本身，并非截然而绝对分割。一切皆非绝对，何以绝对待之？坚冰总会消融。这并非独断，而是必然。然而，每个人何以消解自身所面临的坚冰？每个人都会遭遇人生发展的瓶颈，又何以能够突破瓶颈？人生有多大突破，人生就有多大发展。人生又会有许多偶然与变数。那么，在充满偶然和变数的时空中，如何才能校准人生航向，走出一条正确的道路？每个人都会思考，都会不断思考。所谓我思故我在。有思则存，无思则亡。然而，并非每个思考都能有益、每个思考都能有结果。并非每个人都能找到适合自己的正确道路。而立之年无立，不惑之年有惑，耳顺之年不顺，这是多数人的生存乃至生命状态。很多人会走上崎岖荆棘之路，很多人会走到无路可走，很多人会走上绝路，很多人会觉知人生荒谬。可谓一切皆有可能。当然，更多的人，则是走上并不断乃至终生走着一条注定平凡之路：平凡道路，平凡人生，默默而来，默默而去。平凡，其实质也就意味着虚无，终极虚无。这是多数人的命运和结局——没有任何结局的结局。大江东去，浪淘尽、千古风流人物！更何况平凡人生的平凡之人！煊赫辉煌一时有，流星耀眼瞬间无。"千年水未清，一代人先改。"钩心斗角人性灭，况乃所得能几何？浮华散去心清净，旷达有味滋魂灵。在黄州定慧院寂静青灯和孤月当空的禅定沉思中，在东坡躬耕、从而脚沾泥土、挥汗如雨的稼穑中，苏轼历经了心身洗沐，性灵得到涵养升华：居士本来就无垢，无垢洗洗更身轻。"故垒西边，人道是、三国周郎赤壁。"

想当年，那是何等卓著的战功，以至于很大程度上改变了中华历史的走向！而周瑜的英武豪迈，亦自不待言。然而，数世之后，难寻其仿佛！一个"人道是"，就充分表达出苏轼的真正在意和忧虑之所。华发早生，仕途坎坷。日月逝矣，偏处一隅！人生为何，大道载覆能行；人生何为，方能天长地久？

在赤壁探幽、哲理沉思之中，苏轼既身似飘渺孤鸿影，更发现了定慧院牡丹的芬华灿烂。早在通判杭州时，苏轼就意识到人生的两大问题：一是，"今以余观之，凡托于椎陋以眩世者，又岂足信哉！"（《牡丹记叙》）；二是，"士之求仕也，志于得也。仕而不志于得者，伪也。苟志于得而不以其道，视时上下而变其学，曰：'吾期得而已矣！'，则凡可以得者，无不为也，而可乎？"（《送杭州进士诗叙》）在苏轼，当然不可。他有自己的原则。虽然他没有其所景仰的陶渊明那种气魄和那份断然果决，然而，亦绝非尸位素餐之冗官。相反，是：道之所趋，倾力而为；义之所在，努力勇为。他甚至也预见到心直口快必招祸患的结局。《初到杭州寄子由二绝》其一曰："眼看时事力难胜，贪恋君恩退未能。迟钝终须投劾去，使君何日换聋丞。"而今，不幸应验。也好，该来的，迟早要来。既来之，则安之。已经降到人生谷底，原来也不过如此。也罢，权力趋零，身外之物趋零。生命都迟早归零，还有什么不能失去、不能归零？然而，人世间，还是有永恒存在。而这，也启示并让苏轼警醒：身外之物不可靠，得失只在一瞬间；脱胎换骨须涅槃，豪迈人生自兹始。

胡仔《苕溪渔隐丛话后集卷第二十八·东坡三》引唐子西《语录》云:"东坡之《赤壁》二赋,一洗万古,欲仿佛其一语,毕世不可得也。"苏辙《亡兄子瞻端明墓志铭》这么评价东坡:"谪居于黄,杜门深居,驰骋翰墨,其文一变,如川之方至,而辙瞠然不能及矣。后读释氏书,深悟实相,参之孔、老,博辩无碍,浩然不见其涯也。"东坡何以能够达到如此境界?这是东坡精神涅槃的结果!也正如《荀子·修身篇》所说:"志意修则骄富贵,道义重则轻王公;内省而外物轻矣。传曰:'君子役物,小人役于物。'此之谓矣。"对于东坡,磨难是福,静心无失。不再累物,心静无碍。英雄豪杰,沧海一粟。荣辱穷达,过眼烟云。勘破实相,万物空灵。率性恣睢,信手成文。无所束缚,磅礴无涯。绝世独立,谁与争雄?

在颍州,在扬州,短暂起复,短暂任职——两地在任,一年有半——,却总是痴心不改,既救目前之饥,又做长远谋划。据宋赵德麟《侯鲭录》:"元祐六年冬,汝阴久雪,人饥。一日天未明,东坡先生简召议事曰:某一夕不寐,念颍人之饥,欲出百余千造炊饼救之。老妻谓某曰:'子昨过陈,见傅钦之,言签判在陈,赈济有功,不问其赈济之法?某遂相招。'令時面议曰:'已备之矣。今细民之困,不过食与火耳。义仓之积谷数千石,便可支散,以救下民。作院有炭数万秤,酒务有柴数十万秤,依元价卖之,可济中民。'先生曰:'吾事济矣。'遂草放积欠赈济奏。陈履常有诗,先生次韵,有'可怜扰扰雪中人'之句,为是故也。由此观之,先生善政,救民之饥,真得循吏之体矣。"因为该年颍州灾伤，东坡奏乞罢黄河夫万人，开本州沟洫，得到批准。当时情形，东坡有诗为证——《到颍未几公帑已竟斋厨索然戏作数句》：

○ 我昔在东武，吏方谨新书。斋空不知春，客至先愁予。
采杞聊自诳，食菊不敢余。岁月今几何，齿发日向疏。
幸此一郡老，依然十年初。梦饮本来空，真饱竟亦虚。
尚有赤脚婢，能烹赪尾鱼。心知皆梦耳，慎勿歌归欤。

苏轼以龙图阁学士出知颍州，时在宋哲宗元祐六年八月（公元 1091 年）。是年冬，久雪人饥，东坡奏请发义仓粮数千石，平价出售炭和柴救济灾民。为此，他上《奏淮南闭籴状二首》、《乞赐度牒籴斛斗准备赈济淮浙流民状》，以图纾解民困。

当时，开封府多水患。官吏不究本末，掘陂泽沟，乱引水入惠民河，导致陈州水灾。为此，就有官员奏议挖掘黄堆，开八丈沟，导水经由颍河入淮河。东坡派人实地勘察，上奏折《申省论八丈沟利害二首》《奏论八丈沟不可开状》，阻止开挖八丈沟。因为，八丈沟地势低于淮河。若掘黄堆，开八丈沟，不仅不能减轻陈州水患，反而会使淮水倒灌，颍州将难保。由此，开沟之议告停。东坡知颍州，虽然只有一年，却是奋发有为：兴修水利，浚清陂塘，治理西湖，兴利除弊。他在颍州期间，与赵德麟同治西湖。工程尚未完工，东坡就已离任。治湖成功，赵德麟有诗见怀，东坡次韵又再和之。可谓身虽离，心仍系。

同时，这也就为颍州（今安徽阜阳市）培植了更多的文化底蕴。

在扬州，时更短：仅半年，又离任。东坡真的来不及有太多机会施展其才能。但，就是在这极其有限时间里，他却办了两件关系百姓切身利益的大事。一是废除万花会。宋张邦基《墨庄漫录》："西京牡丹，闻于天下。花盛时，太守作万花会，宴集之所，以花为屏帐。至于梁栋柱栱，悉以竹筒贮水，插花钉挂，举目皆花也。扬州产芍药，蔡元长（注：蔡京，字元长）知淮扬日，亦效洛阳作万花会。其后岁岁循习，人颇病之。元祐七年，东坡知扬州，正遇花时，吏白旧例，公判罢之，人皆鼓舞。作书报王定国曰：'花会用花千万朵，吏缘为奸，已罢之矣。虽杀风景，免造业也。'"须知，东坡并非不爱花。其《赵昌四季芍药》云："倚竹佳人翠袖长，天寒犹着薄罗裳。扬州近日红千叶，自是风流时世妆。"在黄州，定慧院海棠花开时节，东坡就年年置酒携友徜徉其下，可见其对花的痴迷喜爱。而据赵德麟《侯鲭录》："元祐七年正月，东坡在汝阴，州堂前梅花大开，月色鲜霁。先生王夫人曰：'春月色胜如秋月色，秋月令人惨凄，春月令人和悦，何如召赵德麟辈来饮此花下？'先生大喜曰：'吾不知子亦能诗耶，此真诗家语耳。'遂召与二欧饮。"仅此数例，就足见东坡对花的喜爱。而东坡废万花会，不过是其一贯理政思想的延续落实：纯粹华而不实又劳民伤财的面子工程，东坡不为也。

二是，但凡为民之事，东坡无不反复倾力而为。元祐七年五月十六日，状奏《论积欠六事并乞检会应诏四事一处行下状》。六月十六日,《再论积欠六事四事札子》。面对百姓困急之状,而其所奏却石沉大海。东坡身虽离开,心却放不下:"臣前所论四事,不为不切,而经百余日,略不施行。臣既论奏不已,执政乃始奏云,初不见臣此疏,遂奉圣旨,令臣别录闻奏。意谓此奏朝上而夕行,今又二年于此矣。以此知欠积之事,大臣未欲施行也。若非陛下留意,痛与指挥,只作常程文字降出,仍却作熟事进呈,依例送户部详看,则万无施行之理。臣人微言轻,不足计较,所惜陛下赤子,日困日急,无复生理也。"而且,他更直指问题所在:"臣已具积欠六事,及旧所论四事上奏。臣闻之孟子曰:'以不忍人之心,行不忍人之政。'若陛下初无此心,则臣亦不敢必望此政,屡言而屡不听,亦可以止矣。然臣犹孜孜强聒不已者,盖由陛下实有此心,而为臣子所格沮也。窃观即位之始,发政施仁,天下耸然,望太平于期月。今者八年,而民益贫,此何道也?愿陛下深思其故。若非积欠所压,自古至今,岂有行仁政八年而民不苏者哉。"因为,"臣今所言六事及旧所言四事,并系民心邦本,事关安危,兼其间逐节利害甚多,伏望圣慈少辍清闲之顷,特赐详览。"(《论积欠六事并乞检会应诏四事一处行下状》)这种政治勇气,非东坡,谁人敢为、又谁人愿为?除此而外,东坡还上奏了《论仓法札子》《论纲梢欠折利害状》《乞罢转般仓斗子仓法状》《乞罢税务岁终赏格状》《乞岁运额斛以到京定殿最状》《申明扬州公使钱状》,无不针对弊端,切中肯綮。

在定州,不过八个月,同样任职时间短暂,同样政绩卓著不凡，至今传为佳话。定州作为有宋一朝的边防重镇，却军政废弛，积弊成习。东坡到任，首先整饬军纪。元祐八年十月，他上《乞降度牒修定州禁军营房状》，首先列举了军人种种不法之举："定州近岁军政不严，边备小弛，事不可悉数，请举一二。如甲仗库子军人张全，一年之间，持仗入库，前后盗铜锣十二面，监官明知，并不申举。又有帐设什物库子军人田平等，二年之间，盗帐设什物八百余件，银二百五十余两，恣意典卖。军城寨人户采斫禁山，开耕为田，公然起税，住坐者一百八十余家。城中有开柜坊人百余户，明出牌榜，召军民赌博。若此之类，未易悉数。是致法令不行，禁军日有逃亡，聚为盗贼，民不安居。"为此，他渐次申严军法，依法惩治，加以整顿。同时，革除军官放债、禁止"诸军公然饮博逾滥"、修建军营，完善军人生活设施。

在社会秩序和风气得到根本扭转基础上，针对军政不修乱局："沿边诸郡，军政少弛，将骄卒惰，缓急恐不可用，武艺军装，皆不逮陕西、河东远甚。虽据即目边防事势，三五年间必无警急，然居安虑危，有国之常备，事不素讲，难以应猝。今者河朔沿边诸军，未尝出征，终年坐食，理合富强。臣近遣所辟幕官李之仪、孙敏行亲入诸营，按视曲折，审知禁军大率贫窘，妻子赤露饥寒，十有六七，屋舍大坏，不庇风雨。体问其故，盖是将校不肃，敛掠乞取，坐放债负，习以成风。将校既先违法不公，则军政无缘修举，所以军人例皆饮博逾滥。三事不止，虽是禁军不免寒饿，既轻犯法，动辄逃亡，此岂久安之道?"东坡提出对策:《乞增修弓箭社条约状二首》。在《乞增修弓箭社条约状二首》其一中,他既指出严峻形势:"沿边禁军缓急终不可用,何也?骄惰既久,胆力耗惫,虽近戍短使,辄与妻孥泣别,被甲持兵,行数十里,即便喘汗。"更提出应对举措:"若严加训练,昼夜勤习,驰骤坐作,使耐辛苦,则此声先驰,契丹疑畏,或致生事。臣观祖宗以来沿边要害,屯聚重兵,止以壮国威而消敌谋,盖所谓先声后实、形格势禁之道耳。若进取深入,交锋两阵,犹当杂用禁旅,至于平日保境备御小事,即须专用极边土人,此古今不易之论也。"设置弓箭社,完善组织,加意拊循,稍加增损,别立条目。朝廷立法,少赐优异,明设赏罚,以示惩劝。今已结弓箭社五百八十八村六百五十一火,共计三万一千四百一十一人。若朝廷以为可行,立法之后,更敕将吏常加拊循,使三万余人分番昼夜巡逻,盗边小寇,来即擒获,不至忸怵以生戎心,而事皆循旧,无所改作,敌不疑畏,无由生事。有利无害,较然可见。每社置社长、社副、录事各一名为头目,选拔德才兼备而能服众者充任。农事余暇,演习武艺,务令精熟齐整。同时,东坡对纪律、事故及盗贼、赏罚及行管配套政策进行了详细规划。在《乞增修弓箭社条约状二首》其二中,他更是强调:"再三思虑,惟有整葺弓箭社一事,名不张皇,其实可用。若早获朝旨施行,令臣更加意拊循激励,其人决可使,外贼望风知畏,不敢于地分内作过。伏乞圣明特赐详酌,检会前奏,早降指挥。谨录奏闻,伏候敕旨。"忧国之心,天日可鉴;治国之才,有目共睹。

面对雨水灾害，赈济救饥无疑是东坡作为一州之长的重要职责所在。针对现行制度规定的弊端和局限性，他提出了《乞减价粜常平米赈济状》和《乞将损弱米贷与上户令赈济佃客状》。可谓循循剖析，不厌其烦，用数据说话。应对之策井井有条，更且简便可行，充分展现出东坡的施政智慧。而且，两状末尾，均有"贴黄"——贴黄发端于唐朝，至于宋朝，广泛流行，成为奏章的补充说明和重要组成部分。前一状贴黄说："契勘在市米价日长，正是二月间，合行出粜。伏乞速赐指挥，入急递行下。"后一状贴黄，则说："今来已是春深，正当春夏青黄不交之际。可以发脱上件陈米斛斗，公私俱便。若失此时，则人户必不愿请，不免守支积年化为粪壤。乞断自朝廷，早赐指挥，入急递行下。更不下有司往复勘会。今来所乞借贷，皆是臣与官吏体问上户，愿得此米以济佃户，将来必无失陷，与寻常赈贷一例支与贫下户人催纳费力事体不同。乞早赐行下。"从中可见，东坡心情之焦虑、之急迫。拳拳之心，跃然纸上；为民之情，如在目前。

1094年（元祐九年，绍圣元年），宋哲宗亲政，重用新党，处罚旧党。东坡亦被目为旧党而被贬知定州。随即，贬知英州（今广东英德）安置。人在旅途，尚未到任，再贬宁远军节度副使，惠州安置——实乃流放岭南也。其《和贫士七首》前引曰："余迁惠州一年，衣食渐窘。重九将近，樽俎萧然，乃和渊明《贫士》诗七首，以寄许下、高安、宜兴诸子侄，并令过同作。"由此可见，东坡初至惠州时，生活窘况，却能楷模陶渊明，而无丝毫嗟叹怨恨之气。《和贫士七首》其一云：

　　长庚与残月，耿耿如相依。

　　以我旦暮心，惜此须臾晖。

　　青天无今古，谁知织乌飞。

　　我欲作九原，独与渊明归。

　　俗子不自悼，顾忧斯人饥。

　　堂堂谁有此，千驷良可悲。

　　一面是年老远谪、生活困窘，一面是家人别离、星散各地，常人多难堪，东坡却澹然。《和贫士七首》其七曰：

　　我家六儿子，流落三四州。（注：苏轼、苏辙各有三子）

　　辛苦更不识，今与农圃俦。

　　买田带修竹，筑室依清流。

　　未能遣一力，分汝薪水忧。

　　坐念北归日，此劳未易酬。

　　我独遗以安，鹿门有前修。

　　漂泊惠州，居无定所，东坡还是没有丝毫抱怨。其《迁居》之引云："吾绍圣元年十月二日至惠州，寓合江楼。是月十八日迁于嘉祐寺。二年三月十九日复迁于合江楼，三年四月二十日复归于嘉祐寺。时方卜筑白鹤峰之上。新居成，庶几其少安乎？"新居既成，东坡怎么看？他的《迁居》诗，以近乎旁观者的语气娓娓道出一种道家之逍遥情态：

前年家水东，回首夕阳丽。去年家水西，湿面春雨细。东西两无择，缘尽我辄逝。今年复东徙，旧馆聊一憩。已买白鹤峰，规作终老计……虽惭抱朴子，金鼎陋蝉蜕。犹贤柳柳州，庙俎荐丹荔。吾生本无待，俯仰了此世。念念自成劫，尘尘各有际。下观生物息，相吹等蚊蚋。

须知，此时，东坡不仅新丧王朝云，更且身垂老。心灵何以安顿？归乡无计，只能活在此时此地。于是，广交朋友，乐活自得；游历山水，寄情自然。覆思过往之非，用心当下之生。不作怨怼之叹，究极人生之趣。枯坐无益，墨写我心。和陶诗就是其中最为主要的篇章：以此，东坡不仅抒发出抑郁之气，更在这种看似自我对话、实则同陶潜异世知音的唱和共鸣，于飘蓬无定——即如《惠州上元夜诗》："去年中山府，老病亦宵兴。今年江海上，云房寄山僧。"——的不由自主境遇中，安顿了灵魂，更坚韧了生命意志。于是，心灵消除了窒隘，更加浩然纯净。其就嘉祐寺所居立思无邪斋，就是明证。正如《诗经》，虽有各色人等，极尽情感幽曲，无不直抒胸臆，毫无虚伪之辞。正因此，孔子才说："《诗》三百，一言蔽之，曰：思无邪。"

当然，无论自身如何，善行当前，东坡不能缺位。民生问题，自是义不容辞。面对百姓缺医少药、无钱看病，他施医散药；米贱伤农，他积极提出合理化建议；军队营房短缺、军政堕坏、军人扰民，他积极建言，妥善解决。博罗县城突然发生特大火灾：一邑皆为灰烬，公私荡然；百姓千人，皆露沙滩。东坡建言，妥善处置。身陷困境，心系百姓。爱心广布，泽及枯骨。正如《徐州祭枯骨文》记录下他知徐州时的义举："嗟尔亡者，昔惟何人。兵耶、氓耶？谁其子孙。虽不可知，孰非吾民。暴骨累累，见之酸辛。为卜广宅，陶穴宽温。相从归安，各反其真。"，在惠州，他依然以不忍之心而再次施爱心于枯骨，并作《惠州祭枯骨文》："尔等暴骨于野，莫知何年。非兵则民，皆吾赤子……是用一新此宅，永安厥居……幸杂居而靡争，义同兄弟；或解脱而无恋，超生人天。"这种社会责任感，这种基于仁爱的担当，根植于东坡灵魂，不因顺遂而骄忘，不因困顿而不为。

至于民生工程，但凡东坡所到之处，必定亲力倾为。因而，其所到之处，处处都留下动人故事——而这，也是东坡为历代所喜爱、所铭记的重要原因。在惠州，西湖苏堤以及东新桥和西新桥，就凝聚了东坡心血：正是东坡倡导并捐资助建。他在《两桥诗并引》之引中说："惠州之东，江溪合流，有桥，多废坏，以小舟渡。罗浮道士邓守安始作浮桥，以四十舟为二十舫，铁锁石矴，随水涨落，榜曰东新桥。州西丰湖上有长桥，屡作屡坏，栖禅院僧希固筑进两岸，为飞阁九间，尽用石盐木，坚若铁石，榜曰西新桥。皆以绍圣三年六月毕工，作二诗落之。"东、西二新桥的建成，对于惠州百姓来说，意义重大。"一桥何

足云？欢传广东西。父老有不识，喜笑争攀跻。"(《东新桥》)
"父老喜云集，箪壶无空携。三日饮不散，杀尽西村鸡。"(《西
新桥》)这种喜悦，至今亦令人震撼而感慨！过去过河，"嗟此病
涉久，公私困留稽。奸民食此险，出没如凫鹥……不知百年来，
几人陨沙泥。"而今，"群鲸贯铁索，背负横空霓。首摇翻雪江，
尾插崩云溪。机牙任信缩，涨落随高低。辘轳卷巨索，青蛟挂
长堤。奔舟免狂触，脱筏防撞挤……岂知涛澜上，安若堂与
闺。往来无晨夜，醉病休扶携。"这种反差，这种功德，如何不
令惠州百姓感动铭记？况且，这其中，不仅有东坡的谋划——
没有东坡谋划，一桥亦难成。由此，亦足见东坡人格魅力和巨
大感召力。此外，还有东坡兄弟的资金捐助："叹我捐腰犀（余
尝助施犀带）"(《东新桥》)、"探囊赖故侯，宝钱出金闺。（注：
惠州修东、西新桥，东坡助以犀带，苏辙亦以夫人史氏数千金钱为
助。）"(《西新桥》)

正如东坡不幸黄州幸，东坡不幸惠州幸！这里不仅留下了东
坡足迹、事迹、墨迹以及其妾王朝云墓和六如亭，这些都成为惠
州文化中浓墨重彩的篇章，甚至可以说是惠州最为珍贵的文化要
素。惠州西湖本称"丰湖"，只因东坡有诗："人间胜绝略已遍，
匡庐南岭并西湖。西湖北望三千里，大堤冉冉横秋水。"(《赠
昙秀》)，从此丰湖称西湖！——如今，惠州西湖为菱湖、鳄湖、
平湖、丰湖和南湖的总称。从此，亦可见，东坡与西湖有缘且
缘分不浅。南宋杨诚斋《西湖长》曰："三处西湖一色秋，钱塘
汝颍及罗浮。东坡原是西湖长，不到罗浮那得休？"罗浮，即罗

浮山，指代惠州也。

当然，东坡对惠州亦是颇有感情。他说，惠州"风土食物不恶，吏民相待甚厚"（《答陈季常》）；"日啖荔枝三百颗，不辞长作岭南人。"（《惠州一绝》）——这与其说是一种语言相隔导致的美丽错误，不如说更加体现出东坡的豪迈和对惠州这片土地深深的眷恋与热爱。而且，东坡也自作长久安居惠州之计："某已买得数亩地在白鹤峰上，古白鹤观基也，已令斫木陶瓦作屋二十间。"（《与毛泽民书》）然而，正所谓：树欲静而风不止！到惠州不过三个年头、实则两年零七个月之后，心境平复、生活安顿的东坡，又不得不再次上路，贬向更加偏远的儋州。这主要归因于他的《纵笔》诗："白头萧散满霜风，小阁藤床寄病容。报道先生春睡美，道人轻打五更钟。"东坡在惠州过得太滋润，从而触怒了当权者。看来，贬谪惠州，尚不足以对东坡造成切实的惩罚，仍不能让其长记性。于是乎，将其贬谪到当世最为僻远困穷的儋州。而且，这其中还蕴含着某种神秘巧合性："余在惠州，忽被命责儋耳。太守方子容自携告身来吊余曰：'此固前定，吾妻沈事僧伽甚诚，一夕梦和尚来辞云，当与苏子瞻同行，后七十二日有命，今适七十二日矣，岂非前定乎？'遂寄家于惠州，独与幼子过渡海。"（《东坡志林》）

在儋州，一如他在惠州，在黄州，在各地，境遇再差，生活再苦，他都能积极应对，乐活而生——不仅活得有滋有味，更能从中发掘出生命之美。而且，越是受到打击，越是常人难堪之时，越是能够激发出东坡的生命意志和激情，而其心态亦越加从容淡定。这从他的作品中就能得到充分印证。正如胡仔《苕溪渔隐丛话后集卷第三十·东坡五》所说:"吕丞相《跋杜子美年谱》云:'考其笔力,少而锐,壮而肆,老而严,非妙于文章,不足以至此。'余观东坡自南迁以后,诗全类子美夔州以后诗,正所谓'老而严'者也。子由云:'东坡谪居儋耳,独喜为诗,精炼华妙,不见老人衰惫之气。'鲁直亦云:'东坡岭外文字,读之使人耳目聪明,如清风自外来也。'观二公之言如此,则余非过论矣。"

东坡何以能够如此?其《次韵李公择寄子瞻》曰:"我亦漂流家万里,年来羞上望乡台。"话虽如此说,东坡其实放不下:

○　　此间湖山信美,而衰病不堪烦,但有归蜀之兴耳。(《答范纯夫》)

○　　东莹每烦照管,感涕不可言。某到不旬日,又有起居舍人之命,方力辞免。年岁间,当请一乡郡归去,渐谋退省耳。(《与子安兄二首之一》)

○　　某去乡十八年,老人半去,后生皆不识面,坟墓手种木已径尺矣,此心岂尝一日忘归哉!(《与乡人》)

○　　某老病还朝,不为久计,已乞郡矣。何时扁舟还乡,一过旧栖,闹乱故人,旬日而去,言之怅然。(《与潘彦明四首之一》)

○　　某衰病怀归，梦想江上，又闻耆旧凋丧，可胜凄惋。(《与潘彦明四首之二》)

○　　某罪废流落，今复强颜周行，有愧而已。若圣恩怜其老钝，年岁间，乞与一乡郡，归陪杖屦，复讲昔日江上携壶藉草之乐，只是不得拽脚相送，先发遣酒壶归瑞草桥，于义俭矣。记得否？呵呵。何幸如之！(《与王庆源二首之一》)

○　　但时登高，西南引领，即怅然终日。近稍能饮酒，终日可饮十五银盏。他日粗可奉陪于瑞草桥，路上放歌倒载也。(《与王庆源二首之二》)

○　　自顷流落江湖，日欲还乡，追陪杖屦，为江路藉草之游，梦想见之。今日国恩深重，忧责殊大，报塞愈难，退归何日，西望惋怅，殆不胜怀。(《与王庆源三首之一》)

○　　人生悲乐，过眼如梦幻，不足追，惟以时自娱为上策也。某名位过分，日负忧责，惟得幅巾还乡，平生之愿足矣。(《与王庆源三首之二》)

○　　某宠禄过分，碌碌无补，久以为愧。近屡请郡，未获，若得归扫坟墓，遂得望见，岂胜厚幸。(《与李端伯宝文三首之二》)

○　　奉别忽二十年，思仰日深，书问不继，每以为愧……某
　　衰倦早白，日夜怀归，会见之期，想亦不远。(《与杨君素二首
　　之一》)

○　　某久去坟墓，贪禄忘家，念之辄面热，但差使南北，不敢
　　自择尔。(《与梅守黎希声三首之二》)

　　其实，漂泊流荡，是东坡人生常态。而这，在与之心灵相
通、思想共鸣的陶渊明那里，早已得到揭示——虽然他没有东
坡这样因仕宦而频繁漂流，但在对生命及其历程的体悟上，二者
完全一致："人生无根蒂，飘如陌上尘。分散逐风转，此已非常
身。落地为兄弟，何必骨肉亲! 得欢当作乐，斗酒聚比邻。盛
年不重来，一日难再晨。及时当勉励，岁月不待人。"(陶渊明
《杂诗十二首·其一》)可以说，陶渊明的漂流感，在东坡那里，
只能是有过之而无不及。然而，既入体制，身不由己。当此之
时，怨怪无用，烦恼无益。何以自处? 东坡在《临江仙·龙丘
子自洛之蜀》中，对于好友陈季常"溪山好处便为家"的描述，
何尝不也是自身理想心声的折射呢?

　　然而，这在自号龙丘子的陈季常来说，是一种人生常态，一
种潇洒出尘的自任自适自由境界，而在东坡，却注定不可能、不
现实。魂牵梦绕是故乡，风雨对床为空想。兄弟分隔家万里，
东西南北居无常。于是，在归乡无望之际，只能退而求其次：
是处可安身，所在皆卜居。然而，命途乖舛，事与愿违。正

如他在《次前韵寄子由》，即次《行琼儋间肩舆坐睡梦中得句云千山动鳞甲万谷酣笙钟觉而遇清风急雨戏作此数句》中所说："我少即多难，邅回一生中。百年不易满，寸寸弯强弓。老矣复何言，荣辱今两空……离别何足道，我生岂有终？渡海十年归，方镜照两童。还乡亦何有，暂假壶公龙。峨眉向我笑，锦水为君容。天人巧相胜，不独数子工。指点昔游处，蒿莱生故宫。"不仅如此，东坡仕途，顺遂不多，坎坷不少。用东坡自己的话来说，就是："东坡何事不违时？"（《次韵子由三首·椰子冠》）就是总作归乡计，老去归乡不可期："里闬峨山北，田园震泽东。归期那敢说，安讯不曾通。鹤鬓惊全白，犀围尚半红。"（《用过韵冬至与诸生饮酒》）至于"天涯已惯逢人日，归路犹欣过鬼门……此生念念随泡影，莫认家山作本元。"（《庚辰岁人日作时闻黄河已复北流老臣旧数论此》）虽说"我生天地间，一蚁寄大磨。"，但是，"归田不待老，勇决凡几个？"（《迁居临皋亭》）身处公门，身不自主。纵然深感"回头四十二年非"（《与王定国颜长道泛舟》）、"四十七年真一梦，天涯流落涕横斜。"[《天竺寺（并引）》]、"深念五十九年之非矣。"（《与吴秀才书》）——深味人生的荒谬性，然而，终为官场羁绊，而难以像陶渊明那样决绝：弃官如弃敝履，坐穷乞食无怨。由此，东坡只得永在樊笼里，不得返自然。因此，"本意终老江湖，与公扁舟往来，而事与心违，何胜慨叹！"（《与王文甫》）

虽然如此，东坡却并不阴霾填胸。相反，却是如此淡然自适："仙山佛国本同归，世路玄关两背驰。到处不妨闲卜筑，流

年自可数期颐。遥知小槛临廛市，定有新松长棘茨。谁道茅檐劣容膝，海天风雨看纷披。"（《次韵子由三首·东亭》）

因为，无定官场无定人——即如《次韵徐仲车（仲车耳聋）》："恶衣恶食诗愈好，恰似霜松啭春鸟。苍蝇莫乱远鸡声，世上谁如公觉早。八年看我走三州，（元丰八年予赴登州，元祐四年赴杭州，今赴扬州，皆见仲车。）月自当空水自流。人间扰扰真蝼蚁，应笑人呼作斗牛。"——常常卜居常常空！积以成习，久澹自处。人牛逼仄，何妨心灵自由？"陋居有远寄，小圃无阔蹊。还为久处计，坐待行年匝。（子由明年六十。）"（《次韵子由月季花再生》）况且，远离朝廷，远离权位，"不在其位，不谋其政"，就是在想象中设想着、规划着可以更多享受其乐融融的田园家居生活，亦未尝不是一种解放自由，一种美满幸福："无官一身轻，有子万事足……君归定何日，我计久已熟。长留五车书，要使九子读。（吾与子由共九孙男矣。）箪瓢有内乐，轩冕无流瞩。人言适似我，穷达已可卜。早谋二顷田，莫待八州督。（吾前后典八州。）"（《借前韵贺子由生第四孙斗老》）

正是有了这份心境，外人看来悲苦的海南偃蹇生活，不仅具有了恬淡静谧之趣："瘴雾三年恬不怪，反畏北风生体疥。朝来缩颈似寒鸦，焰火生薪聊一快。红波翻屋春风起，先生默坐春风里。浮空眼缬散云霞，无数心花发桃李。悠然独觉午窗明，欲觉犹闻醉鼾声。回首向来萧瑟处，也无风雨也无晴。"（《独觉》），更加感知到出尘人生的哲思之韵："我生有定数，禄尽空余寿。枯杨下飞花，膏泽回衰朽。谓我此为觉，物至了不受。

谓我今方梦，此心初不垢。非梦亦非觉，请问希夷叟。"（《谪居三适三首·午窗坐睡》）

归乡之于东坡，愿望是如此自然、强烈而持久！然而，始终如梦幻泡影！——《与王庆源》："回念坟墓，心目断绝……此身漂然，奉羡何及！"归乡不能得，只能退而求其次：归田亦所愿，何日能成行？《与郑靖老二首》之二说："某鬓发皆白，然体力原不减旧，或不即死，圣泽汪洋，更一赦，或许归农，则带月之锄，可以对秉也。本意专欲归蜀，不知能遂此计否？蜀若不归，即以杭州为家。朱邑有言：'子孙奉祠我，不如桐乡之民。'不肖亦云。然外物不可必，当更临时随宜，但不即死，归田可必也。公欲相从于溪山间，想是真诚之愿，水到渠成，亦不须预虑也。此生真同露电，岂通把玩耶！"其实，这里，东坡感情同样复杂。因为，说到底，还是对未来难以自主和预期。正如他在《与宋汉杰二首》之一中所说："某初仕即佐先公，蒙顾遇之厚，何时可忘。流落阔远，不闻昆仲息耗，每以惋叹。辱书累幅，话及畴昔，良复慨然。三十余年矣，如隔晨耳，而前人凋丧略尽，仆亦仅能生还。人世一大梦，俯仰百变，无足怪者。"

经历太多，失意太多，何日真个成归计？东坡仕宦如逆旅，从来未见苦钻营。用舍行藏多随意，潇洒官事了几许。只是，关于自我人生，却是逆旅不绝，迁谪不断。渴盼归乡，故乡天隔；总在卜居，定居无望。真正应了其所崇敬且心灵相通的陶渊明《杂诗十二首·其一》中的话："人生无根蒂，飘入陌上尘。

分散逐风转，此已非常身。落地为兄弟，何必骨肉亲！得欢当作乐，斗酒聚比邻。"东坡与渊明，存在时空不同，生活意趣一致。而东坡更是随遇均能安，所在皆亲友。邻聚斗酒乐，慎独思无邪。就是寂然无望，亦能安然其处。正如《与程辅提刑二十四首之二十一》所说："某睹近事，已绝北归之望，然中心甚安之。"而其所在卜居，频繁有之。《东坡志林·卜居·太行卜居》云："柳十九仲矩自共城来，持太官米作饭食我，且言百泉之奇胜，劝我卜邻，此心飘然已在太行之麓矣。"《东坡志林·卜居·范蜀公呼我卜邻》曰："范蜀公呼我卜邻许下，许下多公卿，而我蓑衣箬笠，放荡于东坡之上，岂复能事公卿哉？若人久放浪，不觉有病，或然持养，百病皆作。如州县久不治，因循苟简，亦曰无事，忽遇能吏，百弊纷然，非数月不能清净也。要且坚忍不退，所谓一劳永逸也。"而《书赠柳仲矩》云："柳十九仲矩自共城来，持太官米作饭食我，且言百泉之奇胜，劝我卜邻，此心飘然已在太行之麓矣。"《答范蜀公四首之二》曰："蒙示谕，欲为卜邻，此平生之至愿也。寄身函丈之侧，且夕闻道，又况忝姻戚之末，而风物之美，足以终老，幸甚！幸甚！但囊中止有数百千，已令儿子持往荆渚，买一小庄子矣。恨闻命之后。然京师尚有少房缗，若果许为指挥从者干当，卖此业，可得八百余千，不识可纳左右否？"

其实，这只不过是东坡无数次卜居之思之数端而已。就如他在黄州，即想卜居武昌。好友陈季常就曾为他谋划。《与陈季常九首之五》中，他说："示谕武昌田，曲尽利害，非老成人，吾岂得闻此？"而且，真心便宜适当。但是，终因顾虑而作罢。《与陈季常九首之六》中，他说："示谕武昌一策，不劳营为，坐减半费，此真上策也。然某所虑，又恐好事君子，便加粉饰，云擅去安置所而居于别路，传闻京师，非细事也。虽复往来无常，然多言者何所不至。若大霈之后，恩旨稍宽，或可图此，更希为深虑之，仍且密之为上。"《答苏伯固三首之三》则说："住计龙舒为多……龙舒闻有一官庄可买，已讬人问之。若遂，则一生足食杜门矣。灯下倦书，不尽所怀。"始终不定，难有定所。可谓"漂零江海，身非己有，未知归宿之地。"（《与范元长六首之二》）东坡命运，东坡归宿，真是应了他自己的诗话："老去此身无处著。"（《景纯见和复次韵赠之二首之二》）

不过，在所有欲作卜居之地中，东坡对常州情有独钟，因而一再表达并设法卜居于常州。《与滕达道二十四首之一》："吴兴风物，足慰雅怀。郡人有贾收耘老者，有行义，极能诗。公择、子厚皆礼异之。某尤与之熟，愿公时顾，慰其牢落也。近过文肃公楼，徘徊怀想风度，不能去。某至楚、泗间，欲入一文字，乞于常州住。若幸得请，则扁舟谒公有期矣。"《与滕达道二十四首之二十》说："近在扬州入一文字，乞常州住，如向所面议。若未有报，至南都再当一入也。"这并非说说而已。当其自儋州北还，《与李之仪五首之四》说："今已到虔，即往淮浙间居，处多在毗陵也。"似乎居常州还在模棱之间。因为弟弟苏辙极力希望兄长靠近自己，从而实现兄弟"风雨对床"的夙愿。在《与李之仪五首之三》中，东坡就表达了兄弟同居一处的决

心："某以囊装罄尽，而子由亦久困无余，故欲就食淮浙。已而
深念老境，知有几日，不可复作两处。又得子由书，及教语，
尤切，已决归许下矣。"《与胡郎仁修三首之二》："某本欲居常，
得舍弟书，促归许下甚力，今已决计泝汴至陈留，陆行归许矣。"
《与程德孺运使三首之二》："某此行本欲居淮、浙间，近得子由
书，苦劝来颍昌相聚，不忍违之，已决从此计。"但是，由于担
心会增加弟弟负担，东坡又不得不改变决心。同时，定居常州
的决心也日益坚定："行计屡改。近者幼累舟中皆伏暑，自愍
一年在道路矣，不堪复入汴出陆。又闻子由亦窘用，不忍更以
三百指诿之，已决意旦夕渡江过毗陵矣。"（《与黄师是》）

虽说"江上久居益可乐，但终未有少田，生事漂游无根尔。"
（《与钱世雄》）因而，买田置地就是当务之急，就成为人生中的
大事。只有田地置办好，有了立足之地，才能实现安居梦。为
此，他一方面上《乞常州居住表》："近者蒙恩量移汝州……岂
独知免于缧绁，亦将有望于桑榆。但未死亡，终见天日。岂敢
复以迟暮为叹，更生侥觊之心。但以禄廪久空，衣食不继。累
重道远，不免舟行。自离黄州，风涛惊恐，举家重病，一子丧
亡。今虽已至泗州，而赍用罄竭，去汝尚远，难于陆行。无屋
可居，无田可食，二十余口，不知所归，饥寒之忧，近在朝夕。
与其强颜忍耻，干求于众人；不若归命投诚，控告于君父。臣
有薄田在常州宜兴县，粗给饘粥，欲望圣慈，许于常州居住"，
一方面决意定居常州并开始置办田地。这从他的几封书信中得
到充分印证。《答贾耘老四首之二》："仆已买田阳羡，当告圣主

哀怜余生，许于此安置。幸而许者，遂筑室于荆溪之上而老矣。仆当闭户不出，公当扁舟过我也。"《答王定国三首之一》："近在常置一小庄子，岁可得百石，似可足食。非不知扬州之美，穷猿投林，不暇择木也。"而《与开元明师五首之二》说："仆已得请居常州，暂至南京，即还南也。"《与潘彦明》则说："已买得宜兴一小庄，且乞居彼，遂为常人矣。"

好在，东坡愿望终于实现——皇帝批准了东坡定居常州的请求。《与千之侄》中，他说："人苟知道，无适而不可，初不计得失也。闻侄欲暂还乡，信否？叔舟行几一年，近于阳羡买得少田，意欲老焉。寻奏乞居常，见邸报，已许。"似乎，定居常州，已是铁板钉钉。至少，"某忽有玉局之除，可为归田之渐矣。"（《与范元长六首之五》）由于弟弟苦苦相劝，兄弟之情再次占上风。东坡又一次改变了主意。《与孙叔静三首之二》："玉局之除，已有训词，似不忘也。得免湖外之行，余生厚幸。至英，当求人至永请告敕，遂渡岭过赣归阳羡，或归颍昌，老兄弟相守，过此生矣。""居常之计，本已定矣，为子由书来，苦劝归许，以此胸中殊未定，待面议决之。所示谕孙君宅子，甚感其厚意"。（《答钱济明三首之三》）而其《答王幼安三首之二》则表达了同样的意思："某初欲就食宜兴，今得子由书，苦劝归颍昌，已决意从之矣。"

当然，造化弄人！最终，兄弟无缘同处，而此生也再无相见之日！由于担心离京城太近，从而招惹出是非，东坡再次改变主意：远离是非地，决计居常州！虽然如此，东坡心里仍然无奈而纠结：兄弟情深，难以割舍；更担心：年老多变故，能否再相见？东坡心里没底。事实上，他是：话语平淡处，悲从心中来。"兄在真州，与一家亦健。行计南北，凡几变矣。遭值如此，可叹可笑。兄近已决计从弟之言，同居颍昌，行有日矣。适值程德孺过金山，往会之，并一二亲故皆在坐。颇闻北方事，有决不可往颍昌近地居者。事皆可信，人所报，大抵相忌安排攻击者众，北行渐近，决不静尔。今已决计居常州，借得一孙家宅，极佳……更留真十数日，便渡江往常。逾年行役，且此休息。恨不得老境兄弟相聚，此天也。吾其如天何！然亦不知天果于兄弟终不相聚乎？士君子作事，但只于省力处行，此行不遂相聚，非本意，甚省力避害也……兄万有一稍起之命，便具所苦疾状力辞之，与迨、过闭户治田养性而已。"（《与子由二首之一》）

而这，并非东坡一时心理波动或者情感用事。远离政治中枢，远离权力争竞倾轧，特别是远离京城，这在东坡是一贯的。《辞免起居舍人第一状》《辞免起居舍人第二状》《辞免中书舍人状》《辞免翰林学士第一状》《辞免翰林学士第二状》，就是明证。而且，为了内心宁静，为了远离是非，也为了有所作为，他多次强烈要求离开朝廷而到地方为官。其通判杭州，《初到杭州寄子由二绝》，就充分展露出这种心境：

眼看时事力难胜，贪恋君恩退未能。迟钝终须投劾去，使君何日换聋丞。

圣明宽大许全身，衰病摧颓自畏人。莫上冈头苦相望，吾方祭灶请比邻。

    不想招惹是非，不愿深陷漩涡，尤其是避祸心理，促使东坡不断改变卜居终老之地。因而，也就不断漂泊无端，居无定所，深觉人生荒唐。正如他寓居定惠院，所作《初到黄州》诗所说："自笑平生为口忙，老来事业转荒唐。"而当其月夜偶出，赋诗二首其二则说："万事如花不可期，余年似酒那禁泻……至今归计负云山，未免孤衾眠客舍。"由此，其心境之沉郁，可想而知。其全诗如下：

       去年花落在徐州，对月酣歌美清夜。

       今年黄州见花发，小院闭门风露下。

       万事如花不可期，余年似酒那禁泻。

       忆昔还乡溯巴峡，落帆武口高桅亚。

       长江衮衮空自流，白发纷纷宁少借。

       竟无五亩继沮溺，空有千篇凌鲍谢。

       至今归计负云山，未免孤衾眠客舍。

       少年辛苦真食蓼，老景清闲如啖蔗。

       饥寒未至且安居，忧患已空犹梦怕。

       穿花踏月饮村酒，免使醉归官长骂。

    经历过，才懂得；挫折过，方悟道："多事始知田舍好，凶年偏觉野蔬香。溪山胜画徒能说，来往如梭为底忙？"（《景纯见和复次韵赠之二首之二》)"解组归来道益光，坐看百物自炎凉。卷帘堂上檀槽闹，送客林间桦烛香。浅量已愁当酒怯，非才尤觉和诗忙。何人贪佩黄金印，千柱耽耽锁北冈。"(《景纯见和复次韵赠之二首之一》)

然而，人生不可期，曲曲又折折！终于，元符三年五月，大赦，东坡量移廉州安置。这是一个好消息。说明朝廷对东坡管制开始松动，也说明中央的政治气候和政策发生了某种微妙变化。东坡并未即刻启程，而是留在儋州过中秋。东坡对后续家人相聚之事做了初步安排。其后，东坡又有移永州之命。行至英州，复为朝奉郎，提举成都府玉局观，任便居住。对于这个天大好消息，东坡心情如何，不得而知。至少，可以想见：感慨万千，一言难尽！好在，终于有了自由身！其回程大庾岭时，有《过岭》诗。从中，可见东坡心境：

暂著南冠不到头，却随北雁与归休。
平生不作兔三窟，今古何殊貉一丘。
当日无人送临贺，至今有庙祀潮州。
剑关西望七千里，乘兴真为玉局游。

然而，这只是表象。其实，东坡内心，沉郁既久，漫漫适兮，无望之中安然过；一朝放还，垂垂老矣，五味杂陈何所云？其《过岭寄子由》，就充分呈现出东坡心语：

○ 其一

七年来往我何堪，又试曹溪一勺甘。

梦里似曾迁海外，醉中不觉到江南。

波生濯足鸣空涧，雾绕征衣滴翠岚。

谁遣山鸡忽惊起，半岩花雨落毵毵。

○ 其二

投章献策谩多谈，能雪冤忠死亦甘。

一片丹心天日下，数行清泪岭云南。

光荣归佩呈佳瑞，瘴疠幽居弄晚岚。

从此西风庾梅谢，却迎谁与马毵毵。

是啊，七年来往我何堪？！独立大庾岭，回首岭南路，往事注心头，恍然如醉梦！"梦里似曾迁海外，醉中不觉到江南。"似乎我身非我有——其实，早在黄州时，东坡就曾感叹自问："长恨此身非我有，何时忘却营营？"（《临江仙》）——至此，终于我身归我有，并且已然忘却营营，却是衰翁伫立发毵毵！不过，垂老投荒，却能生还，无论如何，都值得庆幸：

○ 山林瘴雾老难堪，归去中原茶亦甘。

有命谁怜终反北，无心却笑亦巢南。

蛮音惯习疑伧语，脾病萦缠带岭岚。

赖有祖师清净水，尘埃一洗落毵毵。（苏辙《和子瞻过岭》）

苏辙顺着东坡的思路，一样将其归因于所谓曹溪祖师清净水，就是说，东坡能生还，说到底是东坡潜心向佛的结果。其实，从东坡不断和陶诗来看，倒不如说是陶渊明式的恬淡乃至道家的放下顺适成为东坡生命的基本精神支撑力量，从而使之具有无比的张力和韧性。至于"暂著南冠不到头，却随北雁与归休，"此中滋味，此种心情，事非经过，难与言说！南冠者，囚犯也。语出《左传·成公九年》：

晋侯观于军府，见钟仪，问之曰："南冠而絷者，谁也？"有司对曰："郑人所献楚囚也。"使税之，召而吊之。再拜稽首。问其族，对曰："泠人也。"公曰："能乐乎？"对曰："先父之职官也，敢有二事？"使与之琴，操南音。公曰："君王何如？"对曰："非小人之所得知也。"固问之，对曰："其为大子也，师保奉之，以朝于婴齐而夕于侧也。不知其他。"公语范文子，文子曰："楚囚，君子也。言称先职，不背本也。乐操土风，不忘旧也。称大子，抑无私也。名其二卿，尊君也。不背本，仁也。不忘旧，信也。无私，忠也。尊君。敏也。仁以接事，信以守之，忠以成之，敏以行之。事虽大，必济。君盍归之，使合晋、楚之成。"公从之，重为之礼，使归求成。

这里，讲的是楚人钟仪的故事：虽然成为俘虏，却不改节操，着实难能可贵。由此，南冠也就成为楚国囚犯代名词。其后，南冠用来泛指囚犯或战俘——自然是有节操的囚犯或战俘。

最为著名的句子，恐怕莫过于唐骆宾王《在狱咏蝉》之"西陆蝉声唱，南冠客思深。"东坡贬谪，恰似囚徒，故而以"南冠"自喻。好在南冠只暂著，而非永久作囚徒。对此，怎么不值得庆幸，怎么不令人兴奋？！于是，随着身居自由，思想早已飞越大庾岭，而神游于故乡，神游于职务治下之玉局观——当然是荣誉性职务头衔，一种宋代专为退职高官所设立的荣誉性虚衔职务！"剑关西望七千里，乘兴真为玉局游。"故乡的魂牵梦绕，似乎想象终将成现实！

何以如此兴奋？因为，好消息来得太突然。这一切，真的太偶然了，真正出乎东坡意料之外。正如他在《答苏伯固》中所说："余生未知所归宿，且一切信任，乘流得坎，行止非我也。离英州日，已得玉局敕，感恩之外，实荷余庇……某全躯得还，非天幸而何？！"经历太多坎坷，真的不知"徙倚欲何依"！而且，"鹤骨霜髯心已灰，青松合抱手亲栽。问翁大庾岭头住，曾见南迁几个回？"（《赠岭上老人》）勿用细说，来多去少！故而，在《答庞安常二首之二》中，他深为感叹："人生浮脆，何者为可恃？"如果说，在《与杨君素二首之一》中，东坡还不过把归乡作为一种期望："某衰倦早白，日夜怀归，会见之期，想亦不远。"那么，随着提举玉局观诏命的下达，想象真的即将成为现实。因此，他才在《和志举见赠》中说："洒扫古玉局，香火通帝阍。"——这，不过是时间早晚的问题而已。

然而，这种诗化生活，乃至定居常州，更具体来说，定居阳羡（江苏宜兴），是否就能如愿以偿？东坡北上，并非风雨兼程，而是悠游自在。难得外压终消除，身心复得返自然。一路走来，家人陪伴。故交酬酢，新知结缘。年老东坡虽疲惫，心舒自然诗文多。未曾想，建中靖国元年六月，"以疾告老于朝，以本官致仕。七月，疾颇革。折简钱世雄，云：'昨夕，齿中出血如蚯蚓者无数。'……二十八日，公薨。"（宋傅藻《东坡纪年录》）至此，卜居阳羡，梦想落空。一代文豪，终老常州。尘缘已尽，名垂万古。

东坡看似潇洒，实则一生忧患而纠结。在《念奴娇·赤壁怀古》中，世人多半看到的是东坡"大江东去"之豪迈，却较少注意到"多情应笑我，早生华发"。就是说，应笑我多情，故而早生华发。其实，东坡正当壮年，却因忧患而华发早生。随着年岁增长，"白发苍颜五十三。"（《和子由元日省宿致斋》）《和渊明和张常侍》诗则说："我年六十一，颓景薄西山。"再后来，北归之前，《与杨君素二首之一》透露说："某衰倦早白，日夜怀归。"而《纵笔三首其一》曰："寂寂东坡一病翁，白须萧散满霜风。小儿误喜朱颜在，一笑那知是酒红。"北归之前，寂寂东坡已是一衰翁加病翁！其后北归，出乎意料，却是欢喜事。故而，可以断定，东坡是抱病北归。在《与人二首之一》中，他说："岭海阔绝，不谓生还。"而《与人二首之二》中，则说："某疲病加乏，使令辄用手启通问。"由此可见，此时东坡，已经病体沉重。

赦归得来太突然！盖久居岭南，东坡早已适应其气候，没有过多思虑，粗茶淡饭，并在不断地和陶诗及自我修为中，身心平衡平和。突然之间，得赦北归，平衡被打破。垂垂老矣，身体本就不好，何况，时当夏季，天气炎热——《与米元章九首之三》曰："海外久无此热，殆不能堪。"更兼旅途颠簸劳顿，不要说衰病老人，就是力壮青年，也会一时难以适应。他在《答苏伯固三首之一》中说："某留虔州已四十日，虽得舟，犹在赣外，更五七日，乃乘小舫往即之。劳费百端，又到此。长少卧病，幸而皆愈，仆卒死者六人，可骇。住处非舒则常，老病唯退为上策。"由此，老病在身，路途艰困，可见一斑！

北归沿途，东坡与故旧亲友不断书信往来。其中，也不断透露出自身的健康状况。《与米元章九首之二》说："两日来，疾有增无减。虽迁闸外，风气稍清，但虚乏不能食，口殆不能言也。"《与米元章九首之四》："某两日病不能动，口亦不欲言，但困卧耳。"《与米元章九首之七》："某昨日啖冷过度，夜暴下，且复疲甚。"与米元章九首之八："某食则胀，不食则羸甚，昨夜通旦不交睫，端坐饱蚊子耳。不知今夕云何度……眠食皆未佳。无缘遂东，当续拜简。"与米元章九首之九："某一病几不相见，今日始觉有丝毫之减，然未能作书也。"《与钱济明三首之一》："一夜发热不可言，齿间出血如蚯蚓者无数，迨晓乃止，急甚。细察疾状，专是热毒，根源不浅，当专用清凉药。已令用人参、麦门冬、茯苓三味煮浓汁，渴即少啜之，余药皆罢也。庄生闻在宥天下，未闻治天下也，如此而不愈则天也，非吾过矣。"《与径山长老惟琳二首之一》："卧病五十日，日以增剧，已颓然待尽矣。两日始微有生意，亦未可必也……某扶行不过数步，亦不能久坐，老师能相对卧谈少顷否？"《与径山长老惟琳二首之二》："岭海万里不能死，而归宿田野，遂有不起之忧，岂非命也夫！然生死亦细故耳，无足道者，惟为佛为法为众生自重。"

除了劳顿，除了应酬，还多有其他令东坡伤心而难以释怀之事！《答钱济明三首之二》："途中闻秦少游奄忽，为天下惜此人物，哀痛至今。闻鲁直、无咎辈皆起，而公独……尚栖迟田间。"《与范元长六首之三》："哀哉少游，痛哉少游，遂丧此杰耶？"《答钱济明三首之三》："忽闻公有阃门之戚，悲惋不已。贤淑令人久同忧患，乍失内助，哀痛何堪。人生此苦，十人而九，结发偕老，殆无而仅有也。惟深照痛遣，勿留胸次。令子哀疚难堪，惟当勉为亲庭节减摧慕。"尤其是堂妹的不幸去世，对东坡打击巨大："展如外生（注：外甥）。人来得书，知奉太夫人康宁，新妇外孙各无恙。北归万里，无足言者，独不见我令妹、贤妹夫，此心如割。"（《与外生柳闳》）在《与冯祖仁四首之二》中，东坡极为感叹："老瘁不复畴昔，但偶未死耳！"

其实，东坡老矣，非始今日！"但愿白发兄，年年作生日。"（《子由生日》）这是东坡的期待。当然，东坡尚有更大的期待："我似老牛鞭不动，雨滑泥深四蹄重……岂惟万一许生还，尚恐九十烦珍从……但令文字还照世，粪土腐余安足梦！"（《过于海舶得迈寄书酒作诗远和之皆粲然可观子》）只是，人生不可期，命运难逆料。谁曾想到，东坡获自由，归来却蹉跎？归来即归去，至今人叹惋！东坡《与黄师是》说："行计屡改。近者幼累舟中皆伏暑，自憋一年在道路矣，不堪复入汴出陆。"有意思的是，就在这同一封书信中，他却似乎忘却了自身的苦痛："尘埃风叶满室，随扫随有，然不可废扫，以为贤于不扫也。若知本无一物，又何加焉。有诗录呈：'帘卷窗穿户不扃，隙尘风叶任纵横。幽人睡足谁呼觉，敧枕床前有月明。'"好一个"帘卷窗穿户不扃，隙尘风叶任纵横"！好一个"敧枕床前有月明"！出尘之境，人间哪得几回有？！

只是，"解组归来道益光，坐看百物自炎凉"（《景纯见和复次韵赠之二首其一》），兄弟"相从归故山，不愧仙人杞"（《以黄子木拄杖为子由生日之寿》），愿望良好，仅仅不过只是愿望而已！定居常州，一变而为阻逅常州。无可如何，唯有唏嘘！

东坡平生，十多次莅临常州，留下许多故事，至今为常州人所津津乐道。东坡之于常州，情深意浓，却依旧是过客而已——终老于斯，却未安葬于此。这是常州文化历史中无法弥补的大损失！不过，过客东坡，却并未匆匆而过、匆匆而逝。因为，就在那身影匆匆而过之中，东坡却将自己的足迹深深地烙印在这片热土之中，与常州融为一体，进而化作常州文化中最为重要之篇章。这正是：

东坡公园舣舟亭，玉局风流宛然在。

藤花旧馆终老地，古井幽幽水自清。

遥想万人空巷日，只为争睹居士颜。

转瞬千年人事非，至今人人道东坡。

"一纸乡书来万里。问我何年,真个成归计?"(《蝶恋花·京口得乡书》)这是乡人的关爱、问候和念想。"风浪忽如此,吾行欲安归?"(《发洪泽中途遇大风复还》)这是逆旅中的自我追问。"我行无南北,适意乃所祈。"(同上)"溪山好处便为家。"(《临江仙·细马远驮双侍女》)这是自由心性中的妙想。《东坡志林·临皋闲题》:"临皋亭下八十数步,便是大江,其半是峨嵋雪水,吾饮食沐浴皆取焉,何必归乡哉! 江山风月,本无常主,闲者便是主人。"这是自答,更是自我期许。人生自是浮脆,人生更多幻灭。这是常规人生的生命常态。而东坡,不仅洞察出人生的浮脆与幻灭,更以他无比的多极智慧和无限的生命意志,揭示出人生的无限可能,书写出生命的无限精彩,留下永恒的生命华章。东坡虽去,东坡永恒!

饮酒

万事悠悠付杯酒

引子——曹操《短歌行》：

对酒当歌，人生几何？譬如朝露，去日苦多。

慨当以慷，忧思难忘。何以解忧，唯有杜康。

青青子衿，悠悠我心。但为君故，沉吟至今。

呦呦鹿鸣，食野之苹。我有嘉宾，鼓瑟吹笙。

明明如月，何时可掇？忧从中来，不可断绝。

越陌度阡，枉用相存。契阔谈宴，心念旧恩。

月明星稀，乌鹊南飞。绕树三匝，何枝可依？

山不厌高，水不厌深。周公吐哺，天下归心。

看似这是诗酒人生，实则这是职业政治家的政治人生。此中忧思，此种情怀，着实令人感佩铭记：足令多少政治人物黯然失色，更反衬出多少灵魂阴私猥琐。而东坡，并非职业政治家，不过士人偶然入仕途，却仕途不顺，磕磕绊绊，颠碚起伏。一入仕途归无路，不到头时不能休。尽道渊明是前身，从此回不到前生。不仅如此，仕途总在引导着、左右着、支配着、决定着东坡的人生轨迹。

当初，人生起步阶段，个人成长，同后世并无二致，甚至更为严迫。其决定性因素就是家长的思维和意志。科举取士，读书入仕，这是包括有宋一朝在内的隋唐至于明清历朝和平时期国人的主流价值取向。个人发展，出人头地，光耀门楣，无不在其中。东坡当然也不能例外。不论当初他如何说不愿，还是身不由己投身其中，并和弟弟苏辙一道，不考即传名，一考名天下。其后，既已释褐，虽非内心自愿，却也是一入其中、终生其里。磊落天性，不事营营。兢兢业业，波动其中。常人梦想帝京，东坡总在谦退处，远离朝廷功德多。每到一地为官，有权决策，政绩多有；权微言轻，尽心为民。落魄不偶，则回归生活，回归自我，以乐趣而消忧。远离朝廷，也就远离了纷争。自我也就获得了极大自由。既然致君尧舜不可能，既然意志政智无可行，那就只能回归生活和自我。而且，俸禄再少，生活再苦，也远非陶渊明可比。作为体制中人，基本生活，总能保障，故而能够悠游自在。

有必要一提的是，东坡屡屡提及或描述生活之苦之艰辛，至于到黄州不得不躬耕于东坡以弥补家用不足，不仅在于东坡家人多、交游广，还在于东坡之情义。仅举五例如下。其一，据宋阮阅《诗话总龟前集·卷二十九·书事门》："东坡南迁，有侍儿王朝云请从行，坡佳之，作诗，有序曰：世谓乐天有《鬻骆马放杨枝》词，佳其至老病不忍去也。然梦得诗云：'春尽絮飞留不得，随风好去落谁家？'乐天亦曰：'病与乐天相伴住，春同樊素一时归。'则樊素竟去也。余有数妾，四五年相继辞去。独朝云随余南迁。"其二，宋费衮《梁溪漫志·卷四·东坡卜居阳羡》载：建中靖国元年，东坡自儋北归，卜居阳羡。阳羡士大夫犹畏而不敢与之游。独士人邵民瞻，从学于坡。坡亦喜其人，时时相与杖策，过长桥，访山水为乐。邵为坡买一宅，为钱五百缗。坡倾囊仅能偿之。卜吉入新第，既得日矣。夜与邵步月，偶至一村落，闻妇人哭声极哀。坡徙倚听之，曰："异哉，何其悲也？岂有大难割之爱触于其心欤？吾将问之。"遂与邵推扉而入，则一老妪，见坡，泣自若。坡问妪何为哀伤至是，妪曰："吾家有一居，相传百年，保守不敢动，以至于我。而吾子不肖，遂举以售诸人。吾今日迁徙来此，百年旧居，一旦诀别，宁不痛心！此吾所以泣也。"坡亦为之怆然。问其故居所在，则坡以五百缗所得者也。坡因再三慰抚，徐谓之曰："妪之故居，乃吾所售也，不必深悲，今当以是屋还妪。"即命取屋券，对妪焚之。呼其子，命翌日迎母还旧第，竟不索其直。坡自是遂还毗陵，不复买宅，而借顾塘桥孙氏居暂憩焉。是岁七月坡竟殁于借居。前辈所为类如此，而世多不知，独吾州传其事云。其三，《诗话总龟前集·卷五·友义门》记："东坡归阳羡时，流离颠顿之余，绝禄已数年，受梁吉老十绢百丝之贶，可见非有余者。李宪仲之子廌，以四丧未举，而见公（《历代诗话》本作'公见'）则尽以赠之。且赠以诗云：'推衣助孝子，一溉滋汤旱。谁能脱左骖，大事不可缓。'章季默三丧未葬，亦求于公，公亦有以助之，有'不辞毛粟施，行自丘山积'之句，其高谊盖出于天资矣。"其四，《和答庞参军六首》前言："周循州彦质，在郡二年，书问无虚日，罢归过惠，为余留半月。既别，和此诗送之。"其五,《岁暮作和张常侍》曰:"十二月二十五日酒尽,取米欲酿,米亦竭。"时吴远游、陆道士客于余,因读渊明《岁暮和张常侍》诗,亦以无酒为叹,乃用其韵赠二子。"东坡豪义好客,诸如此类,焉能不常有饥寒之忧?

当然,再怎么样,东坡也没有至于陶渊明那样无酒乃至无米可炊,甚而至于乞食地步。东坡多能,也是个美食家。东坡好填词,但不是个歌唱家。宋陈正敏《遁斋闲览》引《苕溪渔隐丛话》前集卷四十二云:"苏子瞻尝自言平生有三不如人,谓着棋、饮酒、唱曲也。然三者亦何用如人。子瞻之词虽工,而多不入腔,正以不能唱曲耳。"关于东坡词,各有说法。宋王灼《碧鸡漫志卷二·各家词短长》说:"东坡先生以文章余事作诗,溢而作词曲,高处出神入天,平处尚临镜笑春,不顾侪辈。或曰:长短句中诗也。"而李清照《词论》则说:"人赏东坡粗豪,吾赏东坡韶秀;韶秀是东坡佳处,粗豪则病也。""东坡每事俱不十分用力。古文、书、画皆尔,词亦尔。"宋赵令畤《侯鲭录卷第八》:"鲁直云:东坡居士曲,世所见者数百首,或谓于音律小不谐。居士词横放杰出,自是曲子缚不住者。"而宋费衮也持同样观点:"东坡之文浩如河汉,涛澜奔放,岂区区束缚于堤防者"。(《梁溪漫志·东坡文效唐体》)无论如何,正如宋王灼《碧鸡漫志·卷二·东坡指出向上一路》所说:"长短句虽至本朝盛,而前人自立与真情衰矣。东坡先生非心醉于音律者,偶尔作歌,指出向上一路,新天下耳目,弄笔者始知自振。"然而,作为"曲子缚不住者",东坡作为伟大词人,确是开辟了一代清丽词风。不仅如此，这并不妨碍东坡乐此不疲于其中：填词不止，赏曲不断，以至于二者成为了东坡常规人生的基本构成要素。正如东坡不善饮酒，却喜好饮酒；酒量有限，却乐醉其中。《侯鲭录·卷八》："东坡云：予饮少辄醉，卧则鼻鼾如雷，旁舍为厌，而己不知也。"东坡虽醉，尚有自知之明。

东坡也是醉了。东坡非真醉。东坡亦醉亦醒，亦醒亦醉。东坡总在梦与醒、醉与醒之间切换、走过：

○　梦中了了醉中醒。只渊明，是前生。走遍人间，依旧却躬耕。昨夜东坡春雨足，乌鹊喜，报新晴。

雪堂西畔暗泉鸣。北山倾，小溪横。南望亭丘，孤秀耸曾城。都是斜川当日景，吾老矣，寄余龄。

这首《江城子》之歌，出于东坡"三不如人"之唱曲之口，然而，这就是东坡：自娱自乐更乐人——他总是以自身五味杂陈的痛苦，煎炸烹炒熬炖煮，奉献出甘醇爽口、隽永舒心、启迪哲思的丰盛精神大餐，供世人永久免费品尝——不同地域，不同人群，不同口味，都能在这里找到自己的最爱。

东坡好酒，甚至于《与殷晋安别（和送昌化军使张中罢官赴阙）》中说："卯酒无虚日，夜棋有达晨。小瓮多自酿，一瓢时见分。"东坡本不善喝酒和弈棋，但此刻却兴致高张，至于酒无虚日、棋有达旦，那是为了送别，送别一位本来素昧平生却偶然之间成为知交、因提供官舍给贬谪者而被罢官的张中。如此一别，注定天各一方，此生再无相见日！临别时间短，怎不倍珍惜？贫穷无所赠，清诗送归客："仍将对床梦，伴我五更春。暂聚水上萍，忽散风中云。恐无再见日，笑谈来生因。空吟清诗送，不救归装贫。"如果说，这是非常态，那么，常态的东坡，饮酒更在于得趣，并以此而与人分享乐趣："吾饮酒至少，常以把盏为乐。往往颓然坐睡，人见其醉，而吾中了然，盖莫能名其为醉为醒也。在扬州时，饮酒过午，辄罢。客去，解衣盘礴，终日欢不足而适有余。因和渊明《饮酒》二十首，庶以仿佛其不可名者，示舍弟子由、晁无咎学士。"其诗曰：偶得酒中趣，空杯亦常持；少饮得径醉，此秘君勿传；得酒未举杯，丧我固忘尔。（《和饮酒二十首并引》）而当期谪居黄州时，其《黄泥坂辞》曰："初被酒以行歌兮，忽放杖而醉偃。草为茵而块为枕兮，穆华堂之清晏。纷坠露之湿衣兮，升素月之团团。感父老之呼觉兮，恐牛羊之予践。于是蹶然而起，起而歌曰：月明兮星稀，迎余往兮饯余归。岁既晏兮草木腓，归来归来兮，黄泥不可以久嬉。"东坡醉了！东坡醉了也是那么的潇洒，大有当年刘伶风度！

东坡好酒。事实上，却酒量有限。并非为贪杯，实乐酒中趣。饮中身心自在，暂忘世事纷扰。纵使独饮无对，何妨一时抛却！正如《次韵和刘京兆石林亭之作石本唐苑中物散流民间刘购得之》所云："但当对石饮，万事付等闲。"不仅如此，东坡还亲自酿酒。《答钱济明三首之三》曰："岭南家家造酒，近得一桂酒法，酿成不减王晋卿家碧香，亦谪居一喜事也。"《与程辅提刑二十四首之四》："老兄近日酒量如何？弟终日把盏，积计不过五银盏尔。然近得一酿法，绝奇，色香味皆疑於官法矣。使旆来此有期，当预酝也。"东坡还酿真一酒。其《真一酒（并引）》说："米、麦、水三一而已，此东坡先生真一酒也。"其诗曰："拨雪披云得乳泓，蜜蜂又欲醉先生。（真一色味，颇类予在黄州日所酝蜜酒也。）稻垂麦仰阴阳足，器洁泉新表里清。晓日著颜红有晕，春风入髓散无声。人间真一东坡老，与作青州从事名。"

除此而外，东坡还有中山松醪酒。其《中山松醪赋》中，就有详细记载：

收薄用于桑榆，制中山之松醪。救尔灰烬之中，免尔萤爝之劳。取通明于盘错，出防泽于烹熬。与黍麦而皆熟，沸春声之嘈嘈。味甘余而小苦，叹幽姿之独高。知甘酸之易坏，笑凉州之蒲萄。似玉池之生肥，非内府之蒸羔。酌以瘿藤之纹樽，荐以石蟹之霜螯。曾日饮之几何，觉天刑之可逃。投拄杖而起行，罢儿童之抑搔。望西山之咫尺，欲褰裳以游遨。跨超峰之奔鹿，接挂壁之飞猱。遂从此而入海，渺翻天之云涛。使夫嵇、阮之伦，与八仙之群豪。或骑麟而翳风，争榼挈而瓢操。颠倒白纶巾，淋漓宫锦袍。追东坡而不可及，归哺歠其醨糟。漱松风于齿牙，犹足以赋《远游》而续《离骚》也。

欢会不能无酒，凄苦美酒相伴。凄苦常相随，东坡心中伤：

"浮世事，俱难必。人纵健，头应白。何辞更一醉，此欢难觅。"（《满江红》）东坡心中烦："无情汴水自东流，只载一船离恨向西州。竹溪花浦曾同醉，酒味多于泪。谁教风鉴尘埃？酝造一场烦恼送人来！"（《虞美人》）东坡心寂寞！"余迁惠州一年，衣食渐窘，重九将近，樽俎萧然。尘爵笑空挂，无酒颦我颜。"（《和贫士》）《九日闲居（明日重九，雨甚，展转不能寐。起坐索酒和渊明一篇，醉熟昏然，殆不能佳也。）》"顾惭桑榆迫，岂厌诗酒娱。"（《和赠羊长史》）何以如此？实在是：桑榆既晚更须乐，来日不多酒相伴。"莫从老君言，亦莫用佛语。仙山与佛国，终恐无是处。甚欲随陶翁，移家酒中住。醉醒要有尽，未易逃诸数。"（《神释》）"我年六十一，颓景薄西山。岁暮似有得，稍觉散亡还。有如千丈松，常苦弱蔓缠。养我岁寒枝，会有解脱年。米尽初不知，但怪饥鼠迁。二子真我客，不醉亦陶然。"（《岁暮作和张常侍》）其实，有酒无酒，得趣皆可醉，随心自斟酌："家世事酌古，百史手自斟。"（《和郭主簿》）这又是怎样一种境界啊！"无心但因物，万变岂有竭。醉醒皆梦尔，未用议优劣。"（《影答形》）然而，就是闲居，就是沉醉，风范气势仍在："登高望云海，醉觉三山倾。"（《和陶九日闲居》）

这就是东坡：玉局风流，醉酒常有；自在运化，坡仙恒久。

问月

山头孤月耿犹在

"江畔何人初见月？江月何年初照人？人生代代无穷已，江月年年只相似。"这是张若虚的悠远哲思。其实，关于月，关于人，关于人和月，注定是一个永恒话题，更是一个常谈常新话题。

　　就东坡而言，其寄情于月、对月抒怀、因月幽思，一如其归乡、归老、归去一样，一生之中，反复游赏，反复吟咏，反复追问，仿佛此生只为月而生，以至于将月当作一个关乎人生命运的永恒主题，通过诗词，歌之咏之；通过文章，记之叙之：在华光里聆听，在清幽间思索，在孤寂中升华，在沉静处悟道。可以说，月令东坡痴迷沉醉，月更令东坡感怀多愁、文思泉涌、精品迭出。即使不能说是月成就了东坡，至少，离了月，则东坡必定不再是东坡，东坡会黯然失色，而中华文化宝库也将缺憾多多。当然，明月在东坡，并非一个明艳透亮温婉的所在，而是一个邈远神秘、折射残缺人生、直指悲欢离合、无可回避却又无可如何的望不断、总挂碍、惹情感、乱思绪、言不尽、意无穷的人生哲学课题。而作为人生哲学课题进入东坡视域，明月起始就并非明快的。相反，却是孤寂的、清冷的、残缺的："苦寒念尔衣裳薄，独骑瘦马踏残月。"(《辛丑十一月十九日既与子由别于郑州西门之外马上赋诗一篇寄之》)、"落月淡孤灯"(《太白山下早行至横渠镇书崇寿院壁》）、"寒更报新霁，皎月悬半破。"（《病中大雪数日未尝起观虢令赵荐以诗相属戏用其韵答之》）"独穿暗月朦胧里"（《石鼻城》）、"山头孤月耿犹在，石上寒波晓更喧。"（《二十六日五更起行至硖溪未明》）而这种孤寂、清冷、残缺，似乎也就注定成为一种底色和基调，并伴随着东坡人生曲折起伏，直至生命终结。

正是因为孤寂、清冷、残缺，才使他总在渴望并从中探真谛、寻光明、找温暖、悟快乐、求解脱。当中，最为著名而令人荡气回肠的，盖为"丙辰中秋，欢饮达旦，大醉，作此篇，兼怀子由。"的《水调歌头》：

明月几时有？把酒问青天。不知天上宫阙，今夕是何年？我欲乘风归去，又恐琼楼玉宇，高处不胜寒。起舞弄清影，何似在人间！

转朱阁，低绮户，照无眠。不应有恨，何事长向别时圆？人有悲欢离合，月有阴晴圆缺，此事古难全。但愿人长久，千里共婵娟。

明月几时有？可谓千古一问！此种追问足以比肩张若虚，而且更为简洁明快、孤高旷远。胡仔《苕溪渔隐丛话》说："中秋词，自东坡《水调歌头》一出，余词尽废。"可谓推崇备至。东坡，心有飞升之愿，身无登天之资。穷极极致的追问，高超超逸的想象，孤寂清寒的描述，化作沉郁的幽思，终无挣脱尘世之力，更无弥补缺憾之灵：任凭豪饮达旦，除了借酒浇愁，纵然酩酊大醉，酒意散去，醉而清醒，亦不得不无奈面对：月圆必缺，人圆必别！悲欢离合千古事，阴晴圆缺难成全。现实回归，无奈体认：情思皆多余，离恨徒自伤；生命空烦恼，何必枉断肠。"但愿人长久，千里共婵娟。"这就是东坡追问的答案！这何曾是答案？这又何曾不是答案？无法回答、更无法破解的东坡之问，就这么延续至今，也注定后世延续，成为人类共通的追问和无以逾越的心理慰藉和精神寄托。试问，除此之外，还能有什么更好的答案吗？

如果说，此时明月，高悬苍穹，高处不胜寒，想象也无益，徒增烦恼，那么，月光下的大地，最为实在，可否找到心灵安顿之所？"夜阑风静欲归时，惟有一江明月碧琉璃。"（《虞美人·有美堂赠述古》）却又是好友将离别："使君能得几回来？便是樽前醉倒更徘徊！"相别时难见更难，伤心自是难免："娟娟缺月西南落，相思拨断琵琶索。枕泪梦魂中，觉来眉晕重……醉客各西东"。（《菩萨蛮·西湖席上，代诸妓送陈述古》）"可恨相逢能几日，不知重会是何年？"（《浣溪沙·白雪清词出坐间》）因而，"凤箫声断月明中"。（《鹊桥仙·七夕送陈令举》）"暮云收尽溢清寒，银汉无声转玉盘。此生此夜不长好，明月明年何处看？"（《阳关曲·中秋作》）除了伤感，还是伤感。该去的，留不住！欢宴总要席散，分别总有一别："簌簌无风花自堕。寂寞园林，柳老樱桃过。落日多情还照坐，山青一点横云破。路尽河回人转柁。系缆渔村，月暗孤灯火。凭仗飞魂招楚些，我思君处君思我。"（《蝶恋花·暮春别李公择》）别来"回首乱山横，不见居人只见城。谁似临平山上塔，亭亭，迎客西来送客行。归路晚风清，一枕初寒梦不成。今夜残灯斜照处，荧荧。秋雨晴时泪不晴。"（《南乡子·送述古》）无奈何，唯空叹："望断碧云空日暮。无寻处，梦回芳草生春浦……明月多情来照户。但揽取，清光长送人归去。"（《渔家傲·七夕》）岁月如梭，时光如电："长忆别时……明月如水。美酒清歌，留连不住，月随人千里。别来三度，孤光又满，冷落共谁同醉？卷珠帘，凄然顾影，共伊到明无寐。今朝有客，来从淮上，能道使君深意。凭仗清淮，分明到海，中有相思泪。而今何在？西垣清禁，夜永露华侵被。此时看，回廊晓月，也应暗记。"（《永遇乐·寄孙巨源》）

如果，如果身处僻远心寂寞，纵使元宵夜、月如霜、净无尘，也是：欢愉在人，孤寂在我："灯火钱塘三五夜，明月如霜，照见人如画。帐底吹笙香吐麝，更无一点尘随马。寂寞山城人老也，击鼓吹箫，却入农桑社。火冷灯稀霜露下，昏昏雪意云垂野。"（《蝶恋花·密州上元》）欢乐于我何有哉！

如果，如果月夜独处，更深人静时，独享一份恬然幽静，"一点明月窥人，人未寝……庭户无声，时见疏星渡河漠。试问夜如何？夜已三更，金波淡，玉绳低转。但屈指，西风几时来，又不道，流年暗中偷换。"（《洞仙歌》）谁能留住时光？谁又能留住岁月？罢，罢，罢！逝者如斯，何必多想，多想何益！何不静心，在这静寂中，聆听这夜的清音？

○　　明月如霜，好风如水，清景无限。曲港跳鱼，圆荷泻露，寂寞无人见。紞如三鼓，铿然一叶，黯黯梦云惊断。夜茫茫、重寻无处，觉来小园行遍。

○　　天涯倦客，山中归路，望断故园心眼。燕子楼空，佳人何在？空锁楼中燕。古今如梦，何曾梦觉，但有旧欢新怨。异时对、黄楼夜景，为余浩叹。（《永遇乐·彭城夜宿燕子楼》）

据南宋黄昇《唐宋诸贤绝妙词选·卷二·宋词·苏子瞻》：夜登燕子楼，梦盼盼，因作此词。后秦少游自会稽入京，见东坡，坡云："久别当作文甚胜，都下盛唱公'山抹微云'之词。"秦逊谢，坡遽云："不意别后公却学柳七作词。"秦答曰："某虽无识，亦不至是，先生之言，无乃过乎？"坡云："'销魂当此际'，非柳词句法乎？"秦惭服，然已流传，不复可改矣。又问别作何词，秦举"小楼连苑，横空下窥，绣毂雕鞍骤"，坡云："十三个字，只说得一个人骑马楼前过。"秦问先生近著，坡云："亦有一词说楼上事。"乃举"燕子楼空，佳人何在，空锁楼中燕"。晁无咎在座云："三句说尽张建封燕子楼一段事，奇哉。"这就是东坡的功力！

静，静谧！夜深人睡去，周遭了无声。景致无人见，大道自在行。鱼在水中游，荷露归来处。一叶落尘埃，微响惊心扉。何以如此？万物皆有道，周运无止息。生死自有期，亿兆同此时。自然世界自然落，有情之人情何堪？更何况，天性敏感、情思细腻、多情多感如东坡，关照自然，体悟天籁地籁之音，发现常人常规生活难以发现的另一世界并另一种美好，自是一种浸润肺腑的享受，更可叹惋世人错过了多少美妙时光——东坡爱夜游，不仅夜游承天寺，夜游石钟山，夜游东坡赤壁，可以说，但有夜趣之地，东坡无不乐于夜游，以至于：归来"敲门都不应"，也无妨东坡安享夜之空灵幽静之中的别样美妙："倚仗听江声！"夜听夜江声，心觉心不同。而这，只不过是夜之于东坡的一种意义和价值所在，却远非全部。其实，夜对于东坡还有着更加重要、更加深层的意义和价值。这就是：夜中，东坡可以暂时撇除一切世俗迷障，可以清净于毫无喧嚣嘈杂的自我世界，真正实现"复得返自然"的状态：让整个身心自然无碍地呈现，可以明月窥人人窥月，可以沐浴在皎洁的月辉中，可以漫步于无边的旷宇里，让心回归，让灵安顿，直面自我，思考人生，自我对话，抑或纵心神游，兴之所之，无所不至。意义也好，价值也罢；人生也好，命运也罢；功名也好，蹉跎也罢，除了自我，一切皆为外在。执着外在，永无安顿之所。明乎此，则：一切束缚，自是烦恼根源；一切烦恼，亦是淬励工夫。

道理如此，东坡焉能不懂！问题在于，东坡有情、多情、伤情！情感勃发，东坡难抑！情动难抑，则行于诗。《毛诗序》说："诗者，志之所之也。在心为志，发言为诗。情动于中而形于言，言之不足，故嗟叹之。嗟叹之不足，故咏歌之。咏歌之不足，不知手之舞之足之蹈之也。"东坡虽有节，何曾不如此？而且是，有感必有发：或诗词歌赋，或书画文章，率性所至，得心应手，外化其心，精当天出，常人莫及，至于神思飞扬，乘风归去，月宫起舞弄清影——只因担心表象繁华、实则高处不胜寒而作罢，而继续选择留待人间！坡仙心中苦，只对自己说！

白天多浮语，月夜独抒怀。无须虚言对众生，孤身神驰任我行。此时，世界是外在、是他在，也是内在、更是自在。白日清醒梦话多，存在多不为自我。无数虚言美语转头空，代代乐此不疲传承花样总翻新不嫌多。绝知不靠谱，意兴总不减。多少重要终不要，一世之后知何处？正如清赵翼《论诗五首》所论：

满眼生机转化钧，天工人巧日争新。

预支五百年新意，到了千年又觉陈。

李杜诗篇万口传，至今已觉不新鲜。

江山代有才人出，各领风骚数百年。

只眼须凭自主张，纷纷艺苑漫雌黄。

矮人看戏何曾见，都是随人说短长。

少时学语苦难圆，只道工夫半未全。

到老始知非力取，三分人事七分天。

诗解穷人我未空，想因诗尚不曾工。

熊鱼自笑贪心甚，既要工诗又怕穷。

然而，能领风骚数百年者，何其少哉！那是不朽，真正的不朽，绝非外在人力所能致！那里，绝无丝毫之空语虚誉，更无自我不羞而人所不齿之粉饰包装。这，就是国人的真实存在，古今一体的真实存在。对此，以东坡之心细感敏，为了现实存在需要，也不得不随俗而为。既如此，那就权当游戏吧！于是，也就每逢场必作戏，"且共肉身游戏！"而白日喧嚣之后，独处一隅，此时此地，喧嚣过后："燕子楼空，佳人何在？"虽在生活，虽为生活，虽然都生活过，来来去去不间断，去去来来无处寻。恍如梦境，梦醒缺如："古今如梦，何曾梦觉，但有旧欢新怨。"何等彻身的感受！梦里无端梦盼盼，醒来痴情说痴梦。自古情难尽，东坡不胜情！最是月夜时，故园思故人。小园独徘徊，倦客归无路。夜深情更深，落落多惆怅。无计可消除，再待月夜时。再到月夜已中秋，东坡又将怎样费思量？不用想：中秋最能惹情思，东坡更难面对。那么，就让我们伴着东坡的脚步度入中秋。这将是一种怎样的光景？至少，甚至可以绝对地说：东坡绝对做不到"几时归去，作个闲人，对一张琴，一壶酒，一溪云。"(《行香子》)那么样绝尘闲适。

○ 凭高眺远，见长空万里，云无留迹。桂魄飞来光射处，冷浸一天秋碧。玉宇琼楼，乘鸾来去，人在清凉国。江山如画，望中烟树历历。

○ 我醉拍手狂歌，举杯邀月，对影成三客。起舞徘徊风露下，今夕不知何夕。便欲乘风，翩然归去，何用骑鹏翼？水晶宫里，一声吹断横笛。(《念奴娇·中秋》)

当年，李白举杯邀明月，对影成三人。如今，东坡举杯邀月，对影成三客。四海漂泊李白尚且为主人，体制中人东坡何以成客人？须知，此乃元丰五年中秋，东坡身在黄州，尚处贬谪之中。此前，元丰三年寒食节，凄风苦雨，空庖寒菜，报国无门，故乡万里，苍凉凄惶，无望至极，东坡心冷如冰，心绪如灰，欲哭无泪，触景生悲，遂作《黄州寒食帖》。

时过近千年，读罢仍酸楚。东坡当年，何以能堪？！两年之后，极端低落心绪不再。然而，其间多少离伤难平复！又到中秋时，又是中秋夜，月圆人难圆：今夜月又圆，人圆在何时？两厢映照，分外清冷：冷浸一空秋碧！这是彻头彻尾、彻里彻外的清冷。中秋明月共孤光，把盏凄然无望！然而，心不能死，欢乐不能少。此刻，就更加需要欢乐。向死而生，为乐而存。不欢乐，毋宁死！于是，东坡"起舞徘徊风露下，今夕不知何夕"，"便欲乘风，翻然归去"。又是我欲乘风归去！总想乘风归去！沉醉，唯有沉醉。终究无奈对现实——一声吹断横笛！醉耶？梦耶？欢愉总是一时，梦境不过一瞬。对梦寻欢，更添寂寞归无计。独赏明月，吹断横笛肠更断。

然而，这一切并未终结：圆月过后月残缺！中秋圆月情难遍，缺月疏桐又如何？非得寻出答案，定当沉心家园。月夜惹情思，惆怅依旧在，不过身在禅院心头更独在！请看《卜算子·黄州定慧院寓居作》：

　　缺月挂疏桐，漏断人初静。谁见幽人独往来，缥缈孤鸿影。

惊起却回头，有恨无人省。拣尽寒枝不肯栖，寂寞沙洲冷。

宋吴曾《能改斋漫录·卷十六·东坡〈卜算子〉词》云："东坡先生谪居黄州，作《卜算子》云：'二月挂疏桐，梦断人初静。时见幽人独往来，缥缈孤鸿影。惊起却回头，有恨无人省。拣尽寒枝不肯栖，寂寞沙洲冷。'其属意盖为王氏女子也，读者不能解。张右史文潜继贬黄州，访潘邠老，尝得其详。题诗以志之：空江月明鱼龙眠，月中孤鸿影翩翩。有人清吟立江边，葛巾藜杖眼窥天。夜冷月堕幽虫泣，鸿影翘沙衣露湿。仙人采诗作步虚，玉皇饮之碧琳腴。"据此指为实事，而且言之凿凿。而"苏东坡昔守临安余曾祖作倅"的宋袁文《瓮牖闲评》卷五则实指其事："苏东坡谪黄州，邻家一女子甚贤。每夕只在窗下听东坡读书。后其家欲议亲，女子云：'须得读书如东坡者，乃可。'竟无所谐而死。故东坡作《卜算子》以记之。黄太史（注：黄庭坚）谓：'语意高妙，盖以东坡是词为冠绝也。'"

又有宋李如篪《东园丛说卷下·杂说·坡词》云："坡词《卜算子》，山谷尝谓：'非胸中有万卷诗书、笔下无一点尘气，安能道此语！'愚幼年尝见先人与王子家同直阁论文。王子家言及苏公少年时，常夜读书。邻家豪右之女，常窃听之。一夕来奔，苏公不纳，而约以登第后聘以为室。暨公既第已，别娶仕宦。岁久，访问其所适何人，以守前言，不嫁而死。其词：'时有幽人独往来，飘渺孤鸿影。'之句，正谓斯人也。'拣尽寒枝不肯栖，枫落吴江冷。'之句，谓此人不嫁而云亡也。其情意如此缱绻，使他人为之，岂能脱去脂粉、轻新如此？山谷之云不轻发也。而俗人乃以其词中有鸿影二字，便认鸿雁改后一句作'寂寞沙洲冷'：意谓沙洲，鸿雁之所栖宿者也。愚每举此一事为人言之，莫以为然。此可与深於辞翰者语，岂流俗之所能识也哉？！王子家，讳俊明，官至中大夫直祕阁。与先人道此语时，在绍兴三年，寓居于婺州兰溪县之西安寺。王公时已年七十余。苏子由之婿，也有文章书字与东坡相似。先人尝谓其字法传于东坡。王公云东坡本学徐浩书，某亦学徐浩书，偶相似耳。其言三苏故事甚多，愚幼小不能记也。"此说言之凿凿。难不成王子家还能比黄庭坚更了解东坡？宋黄昇《唐宋诸贤绝妙词选·卷二·宋词·苏子瞻》说：黄山谷云："坡在黄州作此，语意高妙，似非吃烟火食人语，非胸中有万卷书，笔下无一点尘俗气，孰能至此。"酮阳居士云："缺月，刺明微也；漏断，暗时也；幽人，不得志也；独往来，无助也；惊鸿，贤人不安也；回头，爱君不忘也；无人省，君不察也。'拣尽寒枝不肯栖'，不偷安于高位也；'寂寞吴江冷'，非所安也。"清黄氏撰《蓼园词评》则说：苏子瞻《缺月挂疏桐》，山谷云：东坡道人在黄州作此词，语意高妙，似非吃烟火人语。自非胸中有万卷书，笔下无一点尘俗气，孰能至此？鮦阳居士（《复雅歌词》）云："缺月，刺明策也。漏断，暗时也，幽人不得志也。独往来，无助也。惊鸿，贤人不安也。回头，爱君不忘也。无人省，君不察也。拣尽寒枝不肯栖，不偷安于高位也。寂寞沙洲冷，非所安也。"按此词，乃东坡自写在黄州之寂寞耳。初从人说起，言如孤鸿之冷落。第二阕，专就鸿说，语语双关。格奇而语隽，斯为超诣神品。

而观清刘熙载《艺概卷四·词曲概》云："黄鲁直跋东坡《卜算子》'缺月挂疏桐'一阕云：'语意高妙，似非吃烟火食人语，非胸中有万卷书，笔下无一点尘俗气，孰能至此！'（注：见黄庭坚〈豫章黄先生文集·卷二十六·跋东坡乐府〉）余案：词之大要，不外厚而清。厚，包诸所有；清，空诸所有也。词，淡语要有味，壮语要有韵，秀语要有骨。"二者皆可谓至当之论。而《艺概卷一·文概》则说："'远想出宏域，高步出常伦。'（笔者注：江淹《杂体诗·嵇中散康》）文家具此能事，则遇困皆通，且不妨故设困境，以显通之之妙用也。大苏文有之。"关于东坡这首词，还有其他附会故事。总之，历代众说纷纭，争论不休，无关本书主旨，不再赘述。

无论如何，"缺月挂疏桐，飘渺孤鸿影。"，真可谓"无穷出清新"（东坡《题与可画竹》），萧散见清远。行到无人处，独享孤月时。非幽人不能至此，非至情不能感此。这也是选择高洁独行而不随波逐流的必然结果。其实，自此，同时也就折射出"寂寞沙洲冷"的另一种更为内在的寒冷意味：正因声高名扬，更兼心无设防，快人直语，率性而言，直道而行，才遭小人忌害，贬谪穷远，东坡岂能不心生寒冷！——顺便说一句，正是因此经历，才使得东坡觉醒，并在黄州实现了思想观念乃至人生理念的根本性转变：心理上，尽量疏离是非难辨的政治，回归内在世界，享受自然江湖世界的天真、率性、自由和乐趣，注重自我生活的闲适与自由感受。

无人可对话，唯有独自寻——在那无人见处，在那疏桐寒枝，在那寂寞沙洲，在那深幽夜幕。一个游子，一个贬谪者，一个孤独的流浪者，一个不甘寂伤的思归客，一个永在寻找终极心灵家园归宿的梦想家，一个特立独行的思想者，就这么孑孑独行于一个又一个寂静的夜晚和寂寞的月光里。不肯轻托自我，宁做夜空孤鹤与孤鸿！为孤鹤，独自横江东来，戛然长鸣西逝去（《后赤壁赋》）；是孤鸿，独自飘渺影过，拣尽寒枝不肯栖；更向往，独自飞鸿踏雪泥，泥上偶然留指爪，鸿飞那复计东西！（《和子由渑池怀旧》）只是，只是人生多牵绊，生命多牵挂，多情东坡怎放下？因此，在一个沉沦含垢的世界，当其自我意识觉醒，深感无法挣脱之际，抑或抑郁填胸之时，东坡往往爱以孤鸿、孤鹤自许自期自待。这在东坡作品中颇多。就像仍在东坡赤壁，宋方勺《泊宅编卷六》就记有："东坡谪黄州，元丰五年，因诞日置酒赤壁高峰，与客饮，有进士李委怀笛以进，因献新曲曰《鹤南飞》，仍求诗。坡醉，信笔赠诗，有"山头孤鹤向南飞，载我南游到九疑。"之句。盖南迁之兆，已见于此，七年远谪，岂偶然哉？"这里虽然带有一种诗谶宿命论观点，但诗中，"孤鹤"再现，并非偶然，而是东坡一贯思想的延续。东坡真的放不下——人间又真的没个安排处！正是因为放不下，才纠结出名垂千古一东坡——真放下，真如佛印所愿斩断尘缘，也许，这世界，会多出一个得道高僧大道德，却注定：东坡早就随风而去无消息。这次第，流星去，问人世，谁人更识东坡面？东坡不是不想放下，东坡也想放下，只是：一时放下，放下一时，放下只在一时，放下难以一世。即如他《记游松风亭》："余尝寓居惠州嘉佑寺，纵步松风亭下。足力疲乏，思欲就亭止息。望亭宇尚在木末，意谓是如何得到？良久，忽曰："此间有什么歇不得处？"由是如挂钩之鱼，忽得解脱。若人悟此，虽兵阵相接，鼓声如雷霆，进则死敌，退则死法，当恁么时也不妨熟歇。"断然放下，解脱轻松。呵呵，何等飘迈洒脱！有此觉悟，东坡此后是否就真的放下？否，否，否！放下何曾得如愿？东坡何曾真放下？除非万事不关心！更何况，最是爱妾朝云去，六如亭上恨悠悠——《金刚经·应化非真分》曰："一切有为法，如梦幻泡影，如露亦如电，应作如是观。"而陪伴东坡后半生的王朝云，不仅生前归佛门，生命也终于归于佛门佛地：真个是一切如梦幻泡影，如露亦如电。不作如是观，只能如是观！——心在，思在；情在，苦在，烦恼更在。在在情思在，处处非安处。东坡心凄凉，无人诉衷肠，却将温暖、欢乐、光明、希望、自信乃至自由心性留给世人、留给未来。

有人将"缺月挂疏桐"一词说成是东坡在惠州时所作，质之黄庭坚《豫章黄先生文集·卷二十六·跋东坡乐府》，谓为"东坡道人在黄州时作"，故而不值一驳。不过，当东坡真的到了惠州，日子也逐渐过得逍遥之时，爱妾王朝云又故去。无疑，这对东坡是又一次重大打击。不断波折，似乎注定是东坡的命运。走过惠州与朝云凄然诀别之后暂时的平静，又被投荒儋州生死地。一切又待从头过！未来无期更无端，愁肠百结恼煞人。"于吾岂不多？何事复叹息？"（《和陶饮酒二十首其十五》）"此生太山重，忽作鸿毛遗……仕宦岂不荣，有时缠忧悲。"（《和陶诗咏三良》）更有疏广、疏受二位秉持道家思想的先贤榜样在前——"吾闻'知足不辱，知止不殆'，'功遂身退．天之道'也。今仕官至二千石，宦成名立，如此不去，惧有后悔，岂如父子相随出关，归老故乡，以寿命终，不亦善乎？"（班固《汉书·疏广传》）——："是身如委蜕，未蜕何所顾。已蜕则两忘，身后谁毁誉。我尝游东海，所历若有素。神交久从君，屡梦今乃悟。"（《和咏陶二疏》），明知"禽鱼岂知道，我适物自闲。悠悠未必尔，聊乐我所然。"（《和陶归园田居六首并引其一》），"世事非吾事，驾言归路寻。向时迷有命，今日悟无心。庭内菊归酒，窗前风入琴。寓形知已老，犹未倦登临。"（《归去来集字十首并引其五》），"寄傲疑今是，求荣感昨非……丘壑世情远，田园生事微。"（《归去来集字十首并引其十》），有心"矫首独傲世，委心还乐天。"（《归去来集字十首并引其四》），虽说"富贵良非愿，乡关归去休。"（《归去来集字十首并引其六》），乃至"役役倦人事，来归车载奔。"（《归去来集字十首并引其九》），"涉世恨形役，告休成老夫。良欣就归路，不复向迷途。"（《归去来集字十首并引其二》），向往着"觞酒命童仆，言归无复留。轻车寻绝壑，孤棹入清流。乘化欲安命，息交还绝游。琴书乐三径，老矣亦何求。"（《归去来集字十首并引其七》）甚至设想"与世不相入，膝琴聊自欢。风光归笑傲，云物寄游观。言话审无倦，心怀良独安。东皋清有趣，植杖日盘桓。"（《归去来集字十首并引其三》），"携手葛与陶，归哉复归哉。"（《和陶读〈山海经〉并引其十三》），陶渊明不过"恨不及周穆，托乘一来游"，而东坡自视甚高："我欲作九原，异世为三游。"（《和陶读〈山海经〉并引其三》），并且誓言："一随采折去，永与江湖乖。"（《和陶饮酒二十首并叙其九》），更骄傲自诩"我后五百年，清梦未易求"。（《和陶贫士七首并引其四》），却不能，始终不能行于其心，动于其意，因而就始终纠结而不得解脱——越是不得解脱，就越是渴望解脱，越是寻求解脱之道。口说归哉复归哉，就是不见东坡归去。原因何在？"我不如陶生，世事缠绵之。"（《和陶饮酒二十首其一》）"归去复归去，帝乡安可期？鸟还知已倦，云出欲何之？入室还携幼，临流亦赋诗。"（《归去来集字十首并引其八》）恋恋于心，念念于口，服膺于自身深入骨髓的儒家有为之思想。心知帝乡不可期，总望起复再用世。鸟倦必还即此时，坡心依旧还无期。苦闷无人知，赋诗自开脱。东坡之喜渊明，之和渊明，之如此频繁以诗和陶，空旷古人，绝断后世。说到底，他不是真要践行渊明之遗迹。他不过在借和陶以解心之郁结，以渊明断然归去之气魄、清流赋诗之气韵、纯心运物之精神、穷路虚己之境界、复归自然自我之人格，支撑起并指引着自我灵魂净化纯粹和圆满提升的生命历程。东坡和渊明，精神相通，抉择不同。东坡可以爱陶诗，可以和陶诗，可以沉醉于陶诗与和陶诗，可以同世内方外之人分享和陶诗——"予喜读渊明《归去来辞》。因集其字为十诗，令儿曹诵之，号《归去来集字》云。"（《归去来集字十首并引》）"闻儿子过诵渊明《归园田居》诗六首，乃悉次其韵。始，余在广陵和渊明《饮酒二十首》，今复为此，要当尽和其诗乃已耳。今书以寄妙总大士参寥子。"(《和陶归园田居六首并引》)——东坡可以走出贬谪的阴影，可以苦难也活得精彩滋润，可以自我疗治任何悲欢离合所带来的心理创伤，但东坡注定走不出其所设定的自我世界。

于是，望放下，求解脱，难割舍，总纠结。放不下，千般苦恼绕肠结！随处买田置业要安家，就是心灵在人间，没个安排处！因为，世俗生活可以随便过，随意过，率性过。就是"自笑四壁空，无妻老相如。"(《和陶和刘柴桑》)，也能随遇而安过；就是绝粮枯坐亦无妨，东坡精神绝不轻易轻安顿：他的精神太过高傲，不愿杂染丝毫尘与埃，在在试图做一个纯粹恒久之自我。于是，他的心永远在路上，他的心永远无法安顿。心不安，须平复。和陶诗，不断地和陶诗，就是在不幸遭际之时，以之尽力平复无法安顿之心，至少可以藉此而聊以自慰："东坡晚年，尤喜渊明诗，在儋耳遂尽和其诗。"(《苕溪渔隐丛话》前集卷三)，道理即在于此。——虽然事实上，东坡是陶渊明的异代知音，却根本上无法成为第二个陶渊明。

关于和陶诗，宋费衮《梁溪漫志·卷四·东坡改〈和陶集引〉》的记录，就很能说明问题："东坡既和渊明诗以寄颍滨，使为之引，颍滨属稿寄坡，自欲以晚节师范其万一也，其下云：嗟夫！渊明隐居以求志，咏歌以忘老，诚古之达者，而才实拙。若夫子瞻仕至从官，出长八州事业，见于当世，其刚信矣，而岂渊明之拙者哉！孔子曰：述而不作，信而好古。窃比于我老彭。古之君子其取于人则然。东坡命笔改云：嗟夫！渊明不肯为五斗粟一束带见乡里小人，而子瞻出仕三十馀年，为狱吏所折困，终不能悛，以陷大难，乃欲以桑榆之末景自托于渊明，其谁肯信之？虽然子瞻之仕，其出入进退犹可考也，后之君子其必有以处之矣。孔子曰：述而不作，信而好古窃比于我老彭。《孟子》曰：曾子、子思同道，区区之迹，盖未足以论士也。此文今人皆以为颍滨所作，而不知东坡有所笔削也。宣和间六槐堂蔡康祖得此稿于颍滨第三子（逊），因录以示人，始有知者。"按此，东坡不过是"欲以桑榆之末景自托于渊明"而已，而并非真的要成为陶渊明：东坡敬佩仰慕陶渊明之靖节——正如他说"我师吴季子，守节到晚周。一见春秋末，渺焉不可求。"（《和陶拟古九首其八》）一样。当然，这只是东坡慕陶的第三种境界。对于陶渊明，东坡首先是仰慕其诗才，《苕溪渔隐丛话·前集卷四·五柳先生下》东坡云："古之诗人有拟古之作矣，未有追和古人者也。追和古人，则始于东坡。吾于诗人无所甚好，独好渊明之诗。渊明作诗不多，然其诗质而实绮，癯而实腴。自曹、刘、鲍、谢、李、杜诸人，皆莫及也。吾前后和其诗凡百有九篇，至其得意，自谓不甚愧渊明。"其次是欣赏陶渊明，"诗以寄其意"："记在广陵日见东坡云：陶渊明意不在诗，诗以寄其意耳。'采菊东篱下，悠然望南山'，则既采菊，又望山，意尽于此，无余蕴矣，非渊明意也。'采菊东篱下，悠然见南山'，则本自采菊，无意望山，适举首而见之，悠然忘情，趣闲而累远。此未可于文字精粗间求之。"（宋晁补之《鸡肋集》）要以陶渊明的精神自励并效法其心态对待当下和人生的一切，要以自身的高洁

之心独立于世：身在江湖远，孤寂自高洁；"我坐华堂上，不改
麋鹿姿。"（《和陶饮酒二十首其八》）再次是："吾之于渊明，岂独
好其诗也哉？如其为人，实有感焉。渊明临终疏告俨等：'吾少
而穷苦，每以家弊，东西游走。性刚才拙，与物多忤。自量为
己，必贻俗患。僶俛辞事，使汝幼而饥寒耳。'渊明此语，盖实
录也。吾真有此病而不蚤自知，半世出仕，以犯大患，此所以
深愧渊明，欲以晚节师范其万一也。"（《苕溪渔隐丛话·前集卷
四·五柳先生下》）在陶渊明身上，东坡看到了、映照出自己的
身影。这也是东坡对自己一生的反思：和陶诗，就是在对照陶
渊明，反思自身缺失，破除刚褊，高洁心性，自然体认，与物顺
遂。而这，也同时道出了东坡的魅力之所在。

　　当年政治家曹操慨叹："月明星稀，乌鹊南飞。绕树三匝，
何枝可依？"为人才难得而殚精竭虑，渴望效法山海之虚怀，师
法周公之待贤。而东坡，仕途波折蹭蹬一文人，不必为天下而
忧心，只为自我修炼而在意，只为探寻安顿之所而忧心。日苍
苍行行重巡巡，夜茫茫寻寻复觅觅。无数个日夜，多少个岁月，
放眼无边大地，吾乡何在？扪心有限生命，归程何时？不曾苟
且，不甘沦落，愿做孤鸿，飞遍神州处处，宁愿飘荡神游：拣尽
寒枝不肯栖，只因栖止在远方。此中况味，寸心自知。寂寞沙
洲冷，实在难为外人道也。

　　也许是怜东坡太过孤寂，世人附会出一个尚未开始就已终结
的情爱故事以与东坡神思相伴——将此词虚渺背景实在化："惠
州有温都监女，颇有色，年十六，不肯嫁人。闻坡至，甚喜。

每夜闻坡讽咏，则徘徊窗下。坡觉而推窗，则其女踰墙而去。坡从而物色之，曰：吾当呼王郎与之子为姻。未几而坡过海，女遂卒，葬于沙滩侧。坡回惠，为赋此词。"（《宋十名家词·东坡词》）东坡本寂寞，此情更堪冷。凄美无迹寻，愁煞东坡也！何不运自然，生生而不息。纵使微露滴清尘，留得瞬间真情在。偶然人间过，万劫互起灭。

正是因为月的卓尔不群和孤高皎洁，应和了东坡的性格特质，因而引发了东坡对月的深沉而近乎痴迷的情思。东坡尤其喜爱幽人独自月夜行——"幽人行未归，草露湿芒屦。惟应山头月，夜夜照来去。"（《南堂五首之五》）这分明就是东坡自况。然而，东坡的幽人也好，月夜也罢，看似缥缈纯粹，其实都是深深立足于现实大地和深厚的仕途理念之中。尽管他说："我生涉世本为口，一官久已轻莼鲈。"（《四月十一日初食荔枝一首》）或者《初到黄州》："自笑平生为口忙，老来事业转荒唐。长江绕郭知鱼美，好竹连山觉笋香。逐客不妨员外置，诗人例作水曹郎。只惭无补丝毫事，尚费官家压酒囊。"就像躬耕于黄州东坡，他也是话中有话："雨洗东坡月色清，市人行尽野人行。莫嫌荦确坡头路，自爱铿然曳杖声。"东坡之心，并非平淡如水。仕途不能如愿，那就投身于生活。而生活中的东坡，一方面交友并郊游，可谓其乐融融；另方面，更多的时光，就在多情多思中变得更加空虚而易逝。而这，也就更加触痛东坡那颗敏感神经。尤其在那独处幽居的月夜，极易引发东坡的联想和对岁月的感慨："暮云收尽溢清寒，银汉无声转玉盘。此生此夜不长好，明月明年何处看？"（《中秋》）而据宋杨湜《古今词话》：
"东坡在黄州，中秋夜对月独酌，《岁时广记》无上二字。作
《西江月》词曰：世事一场大梦，人生几度新凉。夜来风叶已鸣
廊（《广记》作'琅'），看取眉头鬓上。酒贱（《广记》作'浅'）
常愁客少，月明多被云妨。中秋谁与共孤光，托（《广记》作
'把'，本集同。）盏凄凉（集作'然'）北望。坡以逸言谪居黄州，
郁郁不得志。凡赋诗缀词，必写其（《广记》无'其'字。）所
怀。然一日不负朝廷，其怀君之心，末句可见矣。《苕溪渔隐丛
话后集三十九》引《古今词话》，《岁时广记三十一》引《古今
词话》。案胡仔驳之曰：《聚兰集》载此词，注曰：寄子由，故
后句云'中秋谁与共孤光？把酒凄凉北望。'则兄弟之情，见于
句意之间矣。疑是在钱塘作，时子由为睢阳幕客。《词话》所云
则非也。"

　　撇开此词所写为何由、何时、何地、何人、何感，比如为弟
子由所写，比如纯属个人一时之感，或是二者兼而有之，具象
化的内容已经不重要了。重要的是，反映了东坡内心的孤独感：
孤光即孤月，东坡亦孤独——孤月伴孤独！愁思在眉头，鬓上
白发生！——"多情应笑我，早生华发。"实为：应笑我多情，
多情怎能不早生华发！既然立身现实，面对不堪政治环境，怎能
不忧思，怎能不多情！多情必定多感，多感必定多愁，东坡更且
如此："多情多感仍多病，多景楼中。尊酒相逢，乐事回头一笑
空。"（《采桑子》）宋神宗熙宁七年（1074 年）调任密州知州，途
经润州即今镇江，与孙巨源、王正仲会于甘露寺多景楼。孙巨

源曰："残霞晚照，非奇词不尽。"于是，东坡即兴而作。明知多情多感多病，明知欢会少、离散多，明知乐事回头一笑空，东坡总是情难禁、意相随。尤其在这好友相聚、酒意阑珊、也就意味着分别即在目前之际，多情多感的东坡内心可谓五味杂陈，别有一番伤感在心头。更兼胡琴姑娘醉脸春融，映照着江天一抹晚霞。这是多么美好比对、精致映衬啊！

然而，何人能够让美好永驻、让暂时永恒？青春易逝，美景难留。一切都行将逝去！残霞斜照无限好，只有孤寂伴我行。东坡是个热闹人，东坡乐聚喜欢会。欢会之中体哀怨，欢会之中起孤愁。就像同期所作《润州甘露寺弹筝》："多景楼上弹神曲，欲断哀弦再三促。江妃出听雾雨愁，白浪翻空动浮玉（注：浮玉，金山名）。唤取吾家双凤槽，遣作三峡孤猿号。与君合奏芳春调，啄木飞来霜树杪。"耳闻美妙神曲，心思弦既哀且欲断，更遥想江妃雨愁、三峡孤猿号！思维不断跳跃，美好美妙尽皆化作哀情伤感一片片！伤时，更须惜时；伤情，更须惜情；伤时伤情，更须惜节操。而这，才是根本——无论何时，无论何种境地，这才是东坡做人之根本。《其赠刘景文》曰："荷尽已无擎雨盖，菊残犹有傲霜枝。一年好景君须记，正是橙黄橘绿时。"

尚无

高人无心无不可

东坡看似极意潇洒，有羁绊而能超脱，遇龃龉而能超然，所谓无处而不适生、无往而不乐活者。不仅当世，更为后世无数人所敬佩所倾慕所仰止所追捧。实则：这一切，都不过是表象而已。其心灵深处，却是一种由诸多矛盾交织聚合而成的复杂集合体。极意而不极端，沉郁而不沉沦。基于自我的解脱与适应，这是东坡两个最大也最为鲜明的特质，甚至可以说构成了东坡人格魅力中最为基本的内核。东坡从未想着要战天斗地，更未试图打碎一个旧世界而建构一个新世界。东坡入世思想中，始终依循的是儒家传统的为民造福情怀：朝堂之上，奋力为民；为政一方，尽力为民；贬谪路上，顺力为民——力有所逮，黾勉为之。黄州救婴，惠州造桥，儋州挖井，言传身教，桩桩件件，看似小事一桩，更且即便要做，亦是为政者之职责所在，而与贬谪者何干？然而，东坡就是东坡：良知为基，担当为础，不以己悲，不避嫌疑，民生所需，义之所在，当仁不让，坚韧不二，勠力而为，为必功成。由此，利为民谋，功在当代，利泽一方，绵延千年，名传千古。何以如此？贵在稀缺！追溯历史，当作不作，能为不为，因循循吏，即便威赫熏天，风光一时，内核缺损，注定湮灭幻化，其被遗忘也就是必然。而东坡，则正好与之形成鲜明对照和强烈反差。由此，小事含深理，涓滴汇远流。立功润民生，立言养民心。生民有传承，东坡自不朽。

自古，一帆风顺何其少，劳而无功何其多？！多少事，哪怕是功高三皇，绩侔五帝，轰轰烈烈一时，终归云散烟消。东坡并非天人，更非完人，却是多情之人：道德其里，义善其外。智慧天成，视界高迈。触景思生，情动于衷。诗性勃发，源源不绝。这是一种诗人情怀，更是诗情的自然流露与外化。尤其是，东坡对外在的幻化流变，天生敏感。一人一事，一景一物，一切似身外，其实备于我。人我不同体，物我难区隔。这不仅是一种体认，更是一种终归指向虚无的自然历史过程。正所谓："大钧无私力，万理自森著。人为三才中，岂不以我故！与君虽异物，生而相依附。结托既喜同，安得不相语？三皇大圣人，今复在何处？彭祖爱永年，欲留不得住。老少同一死，贤愚无复数。日醉或能忘，将非促龄具！立善常所欣，谁当为汝誉？甚念伤吾生，正宜委运去。纵浪大化中，不喜亦不惧。应尽便须尽，无复独多虑。"（陶渊明《神释》）

在陶渊明那里，一切终归平淡自在：不喜亦不惧，无复独多虑。而在东坡，不仅推崇陶渊明，不断诗歌和陶，更是其精神的忠实承继者。正因此，他才能跳脱世俗，精神独立，思想自由，意识清醒，关照大千。无论他说"万事到头都是梦"，还是感叹"休言万事转头空，未转头时是梦"。或者其他任何处境、心境、语境下的苦、痛、梦、虚、空、无，他都不会自我归于悲情绝望，更不会令他人绝望无助，而总是给世人以希望，乃至以无尽的启迪与慰藉。"人有悲欢离合，月有阴晴圆缺，此事古难全。"这是一种自然现象，任何人都无能为力而变更。似乎悲剧注定：人生宿命总如此。然而，东坡却能在最为沉郁之中生发出："但愿人长久，千里共婵娟。"这不仅能启迪，能慰藉，更能引起感动——而且，这种感动超越了时空：光耀千秋，成为永恒。不仅在人生这种宏大命题上，东坡能够进行哲学追问与解答：空而不空，如老子所言："道之为物，惟恍惟惚。惚兮恍其中有象；恍兮惚其中有物。窈兮冥兮，其中有精；其精甚真，其中有信。"就是在平常生活之中，孤身独处，"燕子楼空，佳人何在？空锁楼中燕。古今如梦，何曾梦觉，但有旧欢新怨。"（《永遇乐·夜宿燕子楼，梦盼盼，因作此词。》）或者，聚会欢乐之中，不经意之间，"多情多感仍多病，多景楼中。尊酒相逢，乐事回头一笑空。"似乎人生无趣，空空如也。然而，东坡同样不会令人失望，更不会令人绝望："停杯且听琵琶语，细捻轻拢。醉脸春融，斜照江天一抹红。"（《采桑子·多情多感仍多病》）好一个"醉脸春融，斜照江天一抹红"！神来之笔，美不胜收！悲情一扫而光！美妙瞬间，就此定格，凝成永恒。

　　然而，空无总是挥之不去，如影随形，始终缠绕着、伴随着东坡。对于东坡来说，尚无，是一个漫长而曲折的心路演进过程，更是一种自我认知与回归的觉悟过程。而且，是很早就已在自身的情感、家庭和仕宦生涯的经历中油然而萌生的自然体悟。经历过后是虚无，这不仅是东坡一人之经历与体悟。从人生哲学层面而言，这也是一切人生的共同宿命。因此，一切人为而外在的塑造注定都将归于徒劳。

遥想当年,"当时共客长安,似二陆初来俱少年。有笔头千字,胸中万卷,致君尧舜,此事何难?!"(《沁园春·孤馆灯青》)少年英才,春风得意。兄弟双双释褐入公门,名动京师,前途可谓一片光明,却未料从此走上早年孤寂而越往后就越加波折动荡的为官之路。一路走来,无定,无助,无奈。好在当初,内心深处就并非一往无前,只就此一路着力、一道而行。相反,却是异常清醒,时常省思,因而是时刻在做"一颗红心,两种准备"之打算。万一仕路不通,则回归故乡、自我与生活:"用舍由时,行藏在我,袖手何妨闲处看?身长健,但优游卒岁,且斗尊前。"只是,未曾想到,现实比想象和希望要复杂得多。总想兄弟风雨对床,现实却是:"我亦漂流家万里"(《次韵李公择寄子瞻》),"觉来幽梦无人说,此生飘荡何时歇?家在西南,长作东南别。"(《醉落魄·述情》)一次次渴盼,一次次梦想,一次次努力,直至临终:天涯无处是归程!归乡不可能,卜居总无定。终定卜居所,客死孙氏馆。终归无解,终于解脱。

东坡天生一颗敏感之心,自然现象的变幻,人世况味的无常,自我心境的波动,无不触发其幽思,无不最终都指向和归于虚无。这种心理的表露,首见于《和子由渑池怀旧》之中:

人生到处知何似,应似飞鸿踏雪泥。泥上偶然留指爪,鸿飞那复计东西。

老僧已死成新塔,坏壁无由见旧题。往日崎岖还记否,路长人困蹇驴嘶。

雪泥鸿爪，无计东西。看似多么超脱，多么出尘，其实则是：潇洒其外，沉郁其里。点滴在心头，寂寞何堪道。重返渑池，孤身一人。爱弟别离，相会无期。虽然时日非长，却已是：一切都在远去，一切都在逝去——斯人不在，旧题不再。往日崎岖成记忆，今朝逶迤仍崎岖。再往后，崎岖成常态，心思总觉非。无端春风含秋意，美好思绪断肠多。但这，绝对违背了东坡的自然心性，更违逆了东坡的生命意志。因而，东坡需要挣脱，需要释放，需要减压，需要纾解，需要追问。由此，探究天人之际，着力灵际沟通，不断自我对话，不断寻求破解之道。

其中，乌台诗案是一个标志，一种转折。此前，虽有不顺不如意，即如丧母丧妻丧父之人生大痛，以至于"十年生死两茫茫"，毕竟属于人生常态常有现象。经历乌台诗案牢狱之灾之后，"自笑平生为口忙，老来事业转荒唐"。这种荒唐之感，源于深沉的凄然之境：

世事一场大梦，人生几度秋凉？夜来风叶已鸣廊，看取眉头鬓上。

酒贱常愁客少，月明多被云妨。中秋谁与共孤光，把盏凄然北望。(《西江月》)

当年，陈子昂登幽州台，慷慨悲歌："念天地之悠悠，独怆然而泣下！"而东坡呢，要理性得多，也就更能自持。所谓：

乐而不淫，哀而不伤；悲而有度，怨而有节。而这，也就是为何东坡《于潜僧绿筠轩》中断然而言："可使食无肉，不可居无竹。"因为，"无肉令人瘦，无竹令人俗。人瘦尚可肥，士俗不可医。"而这，绝不足为俗人道也："旁人笑此言，似高还似痴。若对此君仍大嚼，世间那有扬州鹤。"而东坡，境界阔大，思想通达，故而能消忧愁于无形，能解苦痛于无声。虽喜外在探究，更多修心覃思。情思勃发为诗词，任心匠运成文章。酒友酬酢解愁闷，山水寄情生逍遥。人生虽不堪，生活得继续："休对故人思故国，且将新火试新茶。诗酒趁年华。"（《望江南·超然台作》）

积极仕宦路不通，自省性情益旷放。洒脱心灵更超然，得失成败壁上观。人生如棋局，谁弱又谁强？"着时自有输赢，着了并无一物。"（《东坡志林·题李岩老》）何必在意于一时？何苦较真于一事？何须固着于一境？重要的是保持自我，守而勿失——哪怕孑然而独立，哪怕孤鸿而无所："拣尽寒枝不肯栖，寂寞沙洲冷。"此中况味乃无穷，此中真意唯自知。达则兼济，穷则独善。孤栖守节，了然慎独。明月照彻暗夜，标格跃然凸显。

更何况，归根到底，东坡深知，人生易逝，时光短暂："我生如寄良畸孤。"（《鹤叹》）"亦知人生要有别，但恐岁月去飘忽。"（《辛丑十一月九日》）"与君各记少年时，须信人生如寄。"（《西江月·送钱侍制》）"俯仰四十年，始知此生浮。"（《九日次定国韵》）"回头四十二年非。"（《与王定国颜长道泛舟》）"四十七年真一梦，天涯流落泪横斜。"（《天竺寺》）"人生百年如寄耳，七十朱颜能有几？"（《清远舟中寄耘老》）"人生如朝露，白发日夜催。"（《登常山绝顶广丽亭》）历经人世种种，行踪动荡无定，飘蓬感触多多：虽然渴望"人生安为乐"（《湖上夜归》），却是"人生如逆旅，我亦是行人。"（《临江仙》）"是生如浮云，安得限南北。"（《送小本禅师赴法云》）"吾生一尘，寓形空中。"（《和陶答庞参军六首其一》）"此身江海寄天游，一落红尘不易收。"（《次韵王定国倅扬州》）"过眼枯荣电与风，久长那得似花红。上人宴坐观空阁，观色观空色即空。"（《吉祥寺僧求阁名》）"世间万事寄黄粱，且与先生说乌有。"（《赠李兕彦威秀才》）

人生短暂，人生浮脆。"东风未肯入东门，走马还寻去岁春。人似秋鸿来有信，事如春梦了无痕。"（《正月二十日与潘郭二生出郊寻春忽记去年是日同至女王城作诗乃和前韵》）正因此，人生真如梦，迷惘何其多！"梦中了了醉中醒。只渊明，是前生。走遍人间，依旧却躬耕。昨夜东坡春雨足，乌鹊喜，报新晴。雪堂西畔暗泉鸣。北山倾，小溪横。南望亭丘，孤秀耸曾城。都是斜川当日境，吾老矣，寄余龄。"（《江城子》）"初惊鹤瘦不可识，旋觉云归无处寻。三过门间老病死，一弹指顷去来今。存亡惯见浑无泪，乡井难忘尚有心。"（《过永乐文长老已卒》）见多浑不惊，习惯成自然。何妨"雨洗东坡月色清，市人行尽野人行。莫嫌荦确坡头路，自爱铿然曳杖声。"（《东坡》）这不仅是一种超越，更是一种真诚的超然澹定。而这在东坡，并非是偶然的心绪奋发，而是觉悟之后的生活态度和存在方式。就像"三月七日，沙湖道中遇雨，雨具先去，同行皆狼狈，余独不觉"。不是东坡对雨水无感，而是能够从容雨中行，别样趣味多："莫听穿林打叶声，何妨吟啸且徐行。竹杖芒鞋轻胜马。谁怕？一蓑烟雨任平生。料峭春风吹酒醒，微冷，山头斜照却相迎。回首向来萧瑟处。归去，也无风雨也无晴。"（《定风波》）

阴晴风雨天之常，何能尽如人之意？无论自然，还是人生，变动不居天之道，生命其中何渺小！生老病死大关节，万古长空一羽毛。即如东坡，早岁就感叹："人生百年寄鬓须，富贵何啻葭中莩……下视官爵如泥淤，嗟我何为久踟蹰。岁月岂肯为汝居，仆夫起餐秣吾驹。"（《将往终南和子由见寄》）而这，在《泗州僧伽塔》中表述得更为透辟："我昔南行舟击汴，逆风三日沙吹面。舟人共劝祷灵塔，香火未收旗脚转。回头顷刻失长桥，却到龟山未朝饭。至人无心何厚薄，我自怀私欣所便。耕田欲雨刈欲晴，去得顺风来者怨。若使人人祷辄遂，告物应须日千变。我今身世两悠悠，去无所逐来无恋。得行固愿留不恶，每到有求神亦倦。退之旧云三百尺，澄观所营今已换。不嫌俗士污丹梯，一看云山绕淮甸。"而更为彻底的觉悟，则是《吉祥寺僧求阁名》："过眼荣枯电与风，久长那得似花红。上人宴坐观空阁，观色观空色即空。"既作如是观，人生如寄耳。"惟有人生飘若浮。"（《和蔡准郎中见邀游西湖三首其一》）"我生飘荡去何求？"（《龟山》）"高人无心无不可，得坎且止乘流浮。"（《和蔡准郎中见邀游西湖三首其二》）

后来暂居惠州，也是时时如寄："吾绍圣元年十月二日，至

惠州，寓居合江楼。是月十八日，迁于嘉祐寺。二年三月十九
日，复迁于合江楼。三年四月二十日，复归于嘉祐寺。时方
卜筑白鹤峰之上，新居成，庶几其少安乎？"（《迁居并引》）其
实，"我生天地间，一蚁寄大磨……澹然无忧乐，苦语不成些。"
（《迁居临皋亭》）人生即逆旅，无定是常态：

前年家水东，回首夕阳丽。　去年家水西，湿面春雨细。

东西两无择，缘尽我辄逝。　今年复东徙，旧馆聊一憩。

已买白鹤峰，规作终老计。　长江在北户，雪浪舞吾砌。

青山满墙头，髣髴几云鬟。　虽惭《抱朴子》，金鼎陋蝉蜕。

犹贤柳柳州，庙俎荐丹荔。　吾生本无待，俯仰了此世。

念念自成劫，尘尘各有际。　下观生物息，相吹等蚊蚋。

不必执着，无须执着。这就是东坡，何等之逍遥，何等之
空灵！东坡仕宦如逆旅，从来未见苦钻营。用舍行藏多随意，
潇洒官事了几许。能如此，则："恶衣恶食诗愈好，恰似霜松啭
春鸟。苍蝇莫乱远鸡声，世上谁如公觉早。八年看我走三州，
（元丰八年予赴登州，元祐四年赴杭州，今赴扬州。）月自当空水
自流。人间扰扰真蝼蚁，应笑人呼作斗牛。"[《次韵徐仲车（仲
车耳聋。)》]能如此，必定能够宠辱不惊，"胜固欣然，败亦可
喜。优哉游哉，聊复尔耳。"（《观棋》）能如此，即情而为景，
兴至无不可："夜饮东坡醒复醉，归来仿佛三更。家童鼻息已雷
鸣。敲门都不应，倚杖听江声。"能如此，就是偏僻天涯，常人

难堪，情状蹉跎，也能够：

○　　春牛春杖，无限春风来海上。便与春工，染得桃红似肉红。

春幡春胜，一阵春风吹酒醒。不似天涯，卷起杨花似雪花。

（《减字木兰花·立春》）

美景如画，往事千年，依然历历在目；东坡高致，超世卓立，至今光彩动人。

东坡何以能够如此？觉悟心性，顺道而行。"人苟知道，无适而不可，初不计得失也。"（《与千之侄》）无论是黄州："所谓道者，何曾梦见……藤既美风土，又少诉讼，优游卒岁，又复何求？某亦甚乐此，安土忘怀，一如本是黄州人，元不出仕而已。"（《与赵昶晦之四首之三》），惠州："罗浮山下四时春，卢橘黄梅次第新。日啖荔枝三百颗，不妨长作岭南人。"（《食荔枝》），还是海南："我本海南民，寄生西蜀州。忽然跨海去，譬如事远游。平生生死梦，三者无劣优。知君不再见，欲去且少留。"（《别海南黎民表》）因为，"先生年来六十化，道眼已入不二门。"（《花落复次前韵》）

人生如寄，人生如梦，人生虚无，这是人生的根本样式，是人生的终极哲思。而东坡的高妙之处，却在于：从不悲观，更不绝望。因为，人生从来不无趣：此中从来有真意。世俗不俗，只有俗人。同样一个社会，却有着极端不同的人生：什么样的人，就有什么样的社会，就会有什么样的人生。就是面对同样的社会，乃至身处同样境况，也会产生出不同的人生态度，走出不一样的人生之路。东坡的可贵之处，也是其超凡脱俗之处，就在于：面对虚无，悟透虚无——勘破人生乃至世间万象虚无本质，却不沉沦于虚无。乐活虚无，虚而不空，无而有为。因而，从不自怨自艾，从不怨天尤人，更不消极悲观，而是顺遂生活，营造适意人生，更能于平淡庸常的生活之中，以其高妙诗思，于不经意间酝酿出绵绵不绝的诗意人生。这不仅构成东坡的生活，建构出与众不同的人生样式，更为后世树立了一种趣味无穷、意味无限的安身立命的范式。

身在凡尘，俗气弥漫。渴望安居，人之常情。就东坡而言，宦海风波，颠沛流离，迁移不断，贬谪不止。年齿增长，居境况下。理想与现实，反差超乎寻常。因此，不仅感受较常人更为深刻，也就越加渴望安居。于是，无定之中，总在卜居，不断卜居，甚至不断试图就地扎根，却总与安顿无缘，总无安顿之所，总是处于飘荡之中。正如陶渊明所谓"人生无根蒂，飘入陌上尘。分散逐风转，此已非常身"。可以说，东坡在太多方面和陶渊明有太多相似之处。可以说，东坡和陶潜，生不同时，心心相通。东坡《与苏辙书》说："吾于诗人，无所甚好，独好渊明之诗。"他甚至说："只渊明，是前生。"至于晚年，东坡不断醉心于和陶诗。实质上，这既是一种逆境落寞中的自我心理解脱和精神慰藉，更是借助陶渊明这面镜子，靖节师范，自我映照，内省鉴戒，修养心性，从而在虚无的大地上，激发出精神支撑、生存勇气和对未来的希望。

正如苏辙《子瞻和陶渊明诗集引》所说：东坡先生谪居儋耳，葺茅竹而居之，日淡茶芋，而华屋玉食之念不存于胸中。平生无所嗜好，以图史为园囿，文章为鼓吹，至此亦皆罢去。独喜为诗，精深华妙，不见老人衰惫之气……书来告曰："古之诗人有拟古之作矣，未有追和古人者也。追和古人，则始于东坡。吾于诗人，无所甚好，独好渊明之诗……然吾于渊明，岂独好其诗也哉？如其为人，实有感焉。渊明临终，疏告俨等：'吾少而穷苦，每以家贫，东西游走。性刚才拙，与物多忤，自量为己必贻俗患，黾勉辞世，使汝等幼而饥寒。'渊明此语，盖实录也。吾今真有此病而不早自知，半生出仕，以犯世患，此所以深服渊明，欲以晚节师范其万一也。"

由此，苏辙感叹道："嗟夫！渊明不肯为五斗米一束带见乡里小人，而子瞻出仕三十余年，为狱吏所折困，终不能悛，以陷于大难，乃欲以桑榆之末景，自托于渊明，其谁肯信之？虽然，子瞻之仕，其出入进退，犹可考也。后之君子，其必在以处之矣。"

苏辙《和子瞻雪浪斋》诗云："人生出处固难料，流萍著水初无根。"这不仅道出兄弟二人的一生境况，其实这种判断亦同样适合每个人。只是，对东坡而言，飘荡无定，迁移不断，卜居不居，终老异乡，尤其异于常人。

那么，人生逆旅之中，常人如何对待？先来看两首词：

寒蝉凄切，对长亭晚，骤雨初歇。都门帐饮无绪，留恋处，

兰舟催发。执手相看泪眼，竟无语凝噎。念去去，千里烟波，
暮霭沉沉楚天阔。

多情自古伤离别，更那堪、冷落清秋节。今宵酒醒何处？
杨柳岸，晓风残月。此去经年，应是良辰好景虚设。便纵有千
种风情，更与何人说！

这是柳永的《雨霖铃》。离愁之深，别恨之苦，更当残月
破碎，清秋冷落，黯然神伤，失魄无奈，相会无期，凄楚无限。
不忍卒读，不堪之至！

其二是宋末元初陈允平的《西平乐慢·泛梗飘萍》：

泛梗飘萍，入山登陆，迢递雾迥烟賒。漠漠蒹葭，依依杨
柳，天涯总是愁遮。叹寂寞尘埃满眼，梦逐孤云缥缈。春潮
带雨，鸥迎远溆，雁别平沙。寒食梨花素约，肠断处，对景暗
伤嗟。

晚钟烟寺，晨鸡月店，征褐萧疏，破帽欹斜。忆几度、微
吟马上，长啸舟中，惯踏新丰巷陌，旧酒犹香，憔悴东风自岁
华。重忆少年，樱桃渐熟，松粉初黄，短楫欢呼，日日江南，
烟村八九人家。

全词上下阕，灌注其间，萦怀绕心，寂寞风尘，好梦杳逝，
人在天涯，总是愁伤与憔悴！而结句重忆少年美好时光，两极对
照，愈加彰显出当下境况的悲苦无尽之感——除了悲苦，还是

悲苦！

而东坡，相较于柳永、陈允平，乃至于其他诸多失落失意之人，人生顿挫，有过之而无不及。东坡也有苦无数，东坡也常倒苦水。其《西江月·世事一场大梦》曰：

○　　世事一场大梦，人生几度秋凉。夜来风叶已鸣廊，看取眉头鬓上。

　　　酒贱常愁客少，月明多被云妨。中秋谁与共孤光？把盏凄然北望。

凄然之中有期许：人生如梦，一樽还酹江月。多少思绪，尽在不言之中。现实再无奈，总有希望在——哪怕友情深重，一时别离，潸然泪下，秋雨时晴泪不晴；纵然兄弟情深，几年难见，感激情涌，悲从中来，不能抑制："丙辰中秋，欢饮达旦，大醉"，亦无非是分别在一时，终有相见日。况且，同在一个星球，举头望明月，千里共婵娟。至于夫妻情深，却阴阳相隔，永生暌违，柔脆不忍触，梦见情何堪？

○　　十年生死两茫茫。不思量，自难忘。千里孤坟，无处话凄凉。纵使相逢应不识，尘满面，鬓如霜。

　　　夜来幽梦忽还乡。小轩窗，正梳妆。相顾无言，惟有泪千行。料得年年肠断处，明月夜，短松冈。

　　这就是东坡的《江城子·乙卯正月二十日夜记梦》。绝唱千古，悲情永在。

　　不过，综观东坡一生，悲情绵绵，挫折连连，孤寂多有，苦痛常在，却极少沉于绝望之境。往往，看似路绝心灰，终能自我转圜：心灰意不冷，苦痛不虚无。因为，东坡虽多情，理性能自制。这种理性源于他对大千世界的深刻洞察。因为，哲思视域，静观万物，"废兴成毁，相寻于无穷"。立于凌虚台，无论秦穆之祈年、橐泉，汉武之长杨、五柞，还是隋之仁寿、唐之九成，一时之盛，宏杰诡丽。似乎坚不可摧，然而，数世之后，破瓦颓垣，荆棘丘墟，无复存者，欲求其仿佛而不得。更不用说，人事得丧，或来或往，夸饰自足，无以足恃。宏阔宇宙之中，"百年里，浑教是醉，三万六千场"。人生何等渺小！"思量能几许？忧愁风雨，一半相妨。又何须，抵死说短论长？！"故而，"幸对清风皓月，苔茵展、云幕高张。江南好，千钟美酒，一曲《满庭芳》"。(《满庭芳》)透辟悟道，天地浩荡。

　　何况，东坡圆融儒佛道，以出世之心入世，故而能够潇洒为人，坦荡行事，率性生活。更兼，学而不厌，博通经史，贯通古今，骋怀多艺。凡所涉猎，皆成大观：出类拔萃，高乎尘世；超越时空，积为精粹。这既是其情怀，更是其立言、立德、立功从而成就其三不朽的卓越人生之路。固然，世人喜爱东坡，喜爱东坡的言、德、功，然而，世人更喜爱东坡虽沉郁、却超然的人生态度。以"凡物皆有可观。苟有可观，皆有可乐"之心处世，于是，"哺糟啜醨皆可以醉；果蔬草木，皆可以饱。推此类也，吾安往而不乐？"以至于，"斋厨索然，日食杞菊。人固疑余之不乐也。处之期年，而貌加丰，发之白者，日以反黑"。可见，这种达观与痛快，并非虚言。在他人，则全然以为苦，至少，在常人，"则可乐者常少，而可悲者常多"，而东坡何以能够快乐如此？"彼游于物之内，而不游于物之外……是以美恶横生，而忧乐出焉，可不大哀乎！"游于物外，静观自足，苦难于我何有哉，更于我何伤哉？游于物外，自在充盈。无欲无求，静观自得。物虚无，我自在。由此，人亦不堪其忧，而东坡却不改其乐，更能乐其所乐。即如其梅花诗所言：

○　　春风岭上淮南村，昔年梅花曾断魂。岂知流落复相见，蛮风蜑雨愁黄昏……海南仙云娇堕砌，月下缟衣来扣门。酒醒梦觉起绕树，妙意有在终无言。

东坡咏松风亭梅花诗有三首。其二曰："先生索居江海上，悄如病鹤栖荒园。先生独饮勿叹息，幸有落月窥清樽。"其三曰："人间草木非我对，奔月偶桂成幽昏……先生年来六十化，道眼已入不二门。多情好事馀习气，惜花未忍终无言。留连一物吾过矣，笑领百罚空罍樽。"

当其一贬黄州，再贬惠州之时，可谓失意之后再失意。——这对于出仕为官者，可谓打击沉重。在常人，必定是愤懑、怨恨、失落、忧愁。而在东坡，却从未见其有这种常人之常情。相反，倒是不断自我反省以及反省之后的清醒解脱。这种解脱，处处可见。在此，仅举《答陈季常书》一例为证：

　　轼罪大责薄，圣恩不赀，知幸念咎之外，了无丝发挂心，置之不足复道也。自当涂闻命，便遣骨肉还阳羡，独与幼子过及老云并二老婢共吾过岭。到惠将半年，风土食物不恶，吏民相待甚厚。孔子云："虽蛮貊之邦行矣。"岂欺我哉！……自失官后，便觉三山踸步，云汉咫尺，此未易遽言也。

　　不仅如此，在东坡，未见有丝毫失意思绪，却更能从中体味出无尽的妙意幽趣。因为，知止能定，定而能静，静而能安，安而能虑，虑而有得。静观自得，乐在其中。他在《与王庆源三首其二》中说："人生悲乐，过眼如梦幻，不足追，惟以时自娱为上策也。"《与千之侄》则说："人苟知道，无适而不可，初不计得失也。"《和蔡准郎中见邀游西湖三首其二》则说得更为透辟："高人无心无不可，得坎且止乘流浮。"由此，"我行无南北，适意乃所祈。"（《发洪泽中途遇大风复还》）以至于"平生慕独往，官爵同一屣"。（《园中草木十一首·自仙游回至黑水见居民姚氏山亭高绝可爱复憩其上》）就连最为世人所重的仕途官爵都可以弃之如履，还有什么值得无端执着而不能放下呢？"良辰乐事古难并，白发青衫我亦歌。"（《次韵杨褒早春》）这是何等洒脱！

　　至于处贫安居乃至放歌，更是不在话下。《答徐得之二首其一》说："某到惠已半年，凡百粗遣，既习其水土风气，绝欲息念之外，浩然无疑，殊觉安健也。""余迁惠州一年，衣食渐窘，重九将近，樽俎萧然。乃和渊明《贫士》诗七首，以寄许下、高安、宜兴诸子侄，并令过同作。"（《和贫士七首》）思想恬淡纯粹乃能如此！故而，惠州所营新居，斋名曰思无邪。随遇而安，安于当下。就是到了更为僻远的儋州，"初至，僦官屋数椽，近复遭迫逐"。（《与程全父推官书》）"东坡居士谪于儋耳，无地可居，偃息于桄榔林中，摘叶书铭，以记其处。"其铭曰：

九山一区，帝为方舆；神尻以游，孰非吾居。百柱贔屃，万瓦披敷；上栋下宇，不烦斤铁。日月旋绕，风雨扫除；海氛瘴雾，吞吐吸呼。蝮蛇魑魅，出怒入娱；习若堂奥，杂处童奴。东坡居士，强安四隅；以动寓止，以实托虚。放此四大，还于一如；东坡非名，岷峨非庐。须发不改，示现毗卢；无作无止，无欠无余。生谓之宅，死谓之墟；三十六年，吾其舍此，跨汗漫而游鸿濛之都乎？

这就是东坡被逐出官屋之时所作的《桄榔庵铭》。栖身无所，旷然无累，比肩庄子，神驰天地间，逍遥物外游。苏辙《东坡先生墓志铭》："昌化非人所居，食饮不具，药石无有，初僦官屋以庇风雨，有司犹谓不可。则买地筑室，昌化士人畚土运甓以助之，为屋三间。人不堪其忧，公食芋饮水，著书以为乐，时从其父老游，亦无间也。"东坡潇洒，一以贯之。顿挫蹉跎，无改其心。内重自省，外适归根。正如其《和陶怨诗示庞邓》所云："当欢有余乐，在戚亦颓然。渊明得此理，安处故有年。嗟我与先生，所赋良奇偏。人间少宜适，惟有归耘田。我昔堕轩冕，毫厘真市廛。困来卧重裀，忧愧自不眠。如今破茅屋，一夕或三迁。风雨睡不知，黄叶满枕前。宁当出怨句，惨惨如孤烟。但恨不早悟，犹推渊明贤。"而其《独觉》诗则更说："瘴雾三年恬不怪，反畏北风生体疹……回首向来萧瑟处，也无风雨也无晴。"时间既久，物我相融。境境无分别，所在皆主人。且听东坡自己说：

○　　《与赵昶晦之四首其三》："所谓道者，何曾梦见……某亦甚乐此，安土忘怀，一如本是黄州人，元不出仕而已。"

○　　《与程辅提刑二十四首之二十一》："某睹近事，已绝北归之望。然中心甚安之。未话妙理达观，但譬如元是惠州秀才，累举不第，有何不可。"

○　　《别海南黎民表》则说："我本儋耳民，寄生西蜀州。忽然跨海去，譬如事远游。平生生死梦，三者无劣优。知君不再见，欲去且少留。"

○　　《与郑靖老二首其二》："某鬓发皆白，然体力原不减旧，或不即死，圣泽汪洋，更一赦，或许归农，则带月之锄，可以对秉也。本意专欲归蜀，不知能遂此计否？蜀若不归，即以杭州为家……然外物不可必，当更临时随宜，但不即死，归田可必也……水到渠成，亦不须预虑也。此生真同露电，岂通把玩耶！"

○ 《临皋闲题》："临皋亭下八十数步，便是大江，其半是峨嵋雪水，吾饮食沐浴皆取焉，何必归乡哉！江山风月，本无常主，闲者便是主人。"

"溪山好处便为家。"（《临江仙》）"盛衰哀乐两须臾，何用多忧心郁纡。溪山处处皆可庐，最爱灵隐飞来孤。"（《游灵隐寺得来诗复用前韵》）而且，东坡十分享受这种境界："归来扫一室，虚白以自怡。游于物之初，世俗安得知。"（《送张安道赴南都留台》）

就是晚年，被贬惠州，王朝云病逝，此时东坡，孤独可谓无以复加。然而，东坡不仅能写悼亡诗词，还能写《纵笔》："白头萧散满霜风，小阁藤床寄病容。报道先生春睡美，道人轻打五更钟。"东坡非无情，东坡实多情。东坡历经忧患，也正因历经忧患，悟透虚无本质，才能坦然对待一切：

○ 《与宋汉杰二首其一》说："三十余年矣，如隔晨耳，而前人凋丧略尽，仆亦仅能生还。人世一大梦，俯仰百变，无足怪者。"

○ 《次前韵寄子由》，即次《行琼儋间肩舆坐睡梦中得句云千山动鳞甲万谷酣笙钟觉而遇清风急雨戏作此数句》："我少即多难，邅回一生中。百年不易满，寸寸弯强弓。老矣复何言，荣辱今两空。泥丸尚一路，（古语云，十方薄伽梵，一路涅盘门。）所向余皆穷。似闻崆峒西，仇池迎此翁。胡为适南海，复驾垂天雄。下视九万里，浩浩皆积风。回望古合州，属此琉璃钟。离别何足道，我生岂有终？渡海十年归，方镜照两童。还乡亦何有，暂假壶公龙……指点昔游处，蒿莱生故宫。"

《庄子·外篇·知北游》曰："人生天地之间，若白驹之过隙，忽然而已。注然勃然，莫不出焉；油然寥然，莫不入焉。已化而生，又化而死。生物哀之，人类悲之。解其天韬，堕其天袠。纷乎宛乎，魂魄将往，乃身从之。乃大归乎！不形之形，形之不形，是人之所同知也，非将至之所务也，此众人之所同论也。彼至则不论，论则不至；明见无值，辩不若默；道不可闻，闻不若塞：此之谓大得。"至于东坡，同样会心有得："吾道无南北。"（《迁居之夕闻邻舍儿诵书欣然而作》）"算当年、虚老严陵。君臣一梦，今古空名。但远山长，云山乱，晓山青。"（《行香子·过七里濑》）而《行香子·述怀》则更是觉悟出潇洒，澹然不劳神：

　　清夜无尘，月色如银。酒斟时、须满十分。浮名浮利，虚苦劳神。叹隙中驹，石中火，梦中身。

　　虽抱文章，开口谁亲？且陶陶、乐尽天真。几时归去，作个闲人。对一张琴，一壶酒，一溪云。

可以说，这是对庄子《知北游》最为恰切的诠释。无垠天地间，生命何短暂！知止适意即是乐，虚苦劳神多烦恼。人生本多苦，何妨自放下?！放下即逍遥。"人生识字忧患始……何用草书夸神速，开卷惝怳令人愁。我尝好之每自笑，君有此病何年瘳。自言其中有至乐，适意无异逍遥游。近者作堂名醉墨，如饮美酒销百忧……兴来一挥百纸尽，骏马倏忽踏九州。我书意造本无法，点画信手烦推求。"（《石苍舒醉墨堂》）说的虽是书法，实则是人生态度。可谓无招胜有招，无法化境即有法。至于常规人生，最能体现东坡知止适意、放下逍遥特质者，恐怕莫过于《记游松风亭》：此间有甚么歇不得处？当恁么时也不妨熟歇。

多情不为情所累，觉悟解脱总释然。兴废相随恒常道，有无相生不纠结。多情却被无情恼，生死行止不思量。"余生未知所归宿，且一切信任，乘流得坎，行止非我也。"（《答苏伯固》）"且趁闲身未老，须放我、些子疏狂。"（《满庭芳》）能如此，则："人事无涯生有涯，逝将归钓汉江槎。乘桴我欲从安石，遁世谁能识子嗟。日上红波浮碧巘，潮来白浪卷青沙。清谈美景双奇绝，不觉归鞍带月华。"（《次韵陈海州乘槎亭》）"夏潦涨湖深更幽，西风落木芙蓉秋。飞雪暗天云拂地，新蒲出水柳映洲。湖上四时看不足，惟有人生飘若浮。"（《和蔡准郎中见邀游西湖三首其一》）

生命何其美，倏忽人已老。"晚凉沐浴罢，衰发稀可数……废兴何足吊，万世一仰俯。"（《宿临安净土寺》）"寄蜉蝣与天地，渺沧海之一粟。哀吾生之须臾，羡长江之无穷；挟飞仙以遨游，抱明月而长终；知不可乎骤得，托遗响于悲风。"（《前赤壁赋》）自然规律，莫可奈何。时间绵延，且将自我"放乎中流，听其所止而休焉。"（《后赤壁赋》）如此，即便直面死亡，亦无可畏惧，而足以释怀："岭海万里不能死，而归宿田野，遂有不起之忧，岂非命也夫！然生死亦细故耳，无足道者。"（《与径山长老惟琳二首之二》）

东坡远去，已近千年。一切郁结，烟云消散。挣脱了名利缰索，物质羁绊，超越了时空界限，其生命连同其精神，早就深深地融入民族文化之中，不仅成为其中的文化要素，更成为其中厚重且闪耀着多重光芒的绚烂篇章。由此，生命逝去，精神永存。超拔出尘，东坡不朽。

追梦

世事徐观真梦寐

东坡多梦。如果说，"日有所思，夜有所梦"，那么，其《仇池笔记·卷下·梦韩魏公》则可谓此类："夜梦登合江楼，月色如银，韩魏公跨鹤来，曰：'被命同领剧曹，故来相报。'他日北归中原，当不久也。"此时，东坡被贬儋州已久。尽管随着时间推移，他对儋州也是情感与日俱增；尽管东坡每到一地，都会以在地即为家之心态做长久打算，但其内心深处，却是：故乡归无计，总思归何处。这也是为官者的命运。既入公门，身不由己。除非致仕，永无归日。况且，当时儋州，尚属蛮荒之地，绝非中原可比。尽管形式上，东坡已将儋州视作终老之地——未到海南，已做最坏最后打算："某垂老投荒，无复生还之望，昨与长子迈诀，已处置后事矣。今到海南，首当作棺，次便作墓。乃留手疏与诸子，死则葬海外。"（《与王敏仲书》）其间，《行琼儋间肩舆坐睡梦中得句云千山动鳞甲万谷觉而遇清风急雨戏作此数句》，由自然景物之变，却联想到"喜我归有期，举酒属青童"，可见其归心依旧在，意念难压抑。此梦，无疑正如行琼儋间肩舆坐睡而梦一样，属于归去之梦：潜意识中，渴望归去的意念展现。尽管后来，即将真正归去之际，东坡可以动情而且更令海南人动情而自豪的说法是："我本儋耳民，寄生西蜀州。"（《别海南黎民表》）"馀生欲老海南村，帝遣巫阳招我魂。"(《澄迈驿通潮阁二首其二》)"九死南荒吾不恨,兹游奇绝冠平生。"(《六月二十日夜渡海》),我们不要忘了:东坡多情,东坡是个多情人,东坡更是一个心灵始终无法真正安顿之人。

东坡一生,始终是人在逆旅,动荡难定。永远在路上,这句话用在东坡身上再合适不过。其间,就必然缺憾多多。多情而又多缺憾,思绪郁结,感怀难免。其中,首当其冲就是亲情缺憾。东坡心苦,而最深沉的苦必定是积淀于内心最深处的情所致。——正如后世元好问《摸鱼儿·雁丘词》所述:"问世间,情为何物?直教生死相许!"暂时分别,总有相会时;永久逝去,岂能不伤心?!更何况,如果这是尽孝谨肃、知书敏敬、知人有识、规劝有度的结发之妻的去世,怎能不令到东坡这样一个多情、重情、惜情之人的魂牵梦绕?!其无法弥补、无法愈合的伤痛,在东坡《亡妻王氏墓志铭》中的两个"呜呼哀哉!"的悲叹中,就能深刻感知。纵然不幸年轻而逝,毕竟,"君得从先夫人于九泉",尚可尽孝于另一个世界,而"余不能!""余永无所依怙!"尘缘已绝,爱情无尽,哀思无垠。远隔千山万水,阴阳隔绝无路。种种因由,梦中相见。记忆重拾,生死茫茫。回首往事,十年时光。美梦幻灭,孤单凄凉。这是梦,更是痛!

时为宋神宗赵顼熙宁八年,即公元 1075 年,距王弗去世的宋英宗赵曙治平二年(1065 年),已达十年之久。何以十年两茫茫,一夜入梦来?确是不可解。但是,我们不能忽视此时的社会背景这个要素。此时正处于熙宁变法时期。对于此次变法,东坡有自己的看法。起始,"时安石创行新法,轼上书论其不便"。继之，"见安石赞神宗以独断专任，因试进士发策，以'晋武平吴以独断而克，苻坚伐晋以独断而亡，齐桓专任管仲而霸，燕哙专任子之而败，事同而功异。'为问，安石滋怒，使御史谢景温论奏其过，穷治无所得，轼遂请外，通判杭州。"（《宋史·苏轼传》）接着，"时新政日下，轼于其间，每因法以便民，民赖以安。徙知密州。司农行手实法，不时施行者以违制论。轼谓提举官曰：'违制之坐，若自朝廷，谁敢不从？今出于司农，是擅造律也。'提举官惊曰：'公姑徐之。'未几，朝廷知法害民，罢之。"可见，对于变法，东坡既不属于王安石的激进改革派，也不属于司马光的保守反对派，而是属于独立理性派。两边都不靠，两边不讨好。于是，独立性，就成为孤立性；独立派，就是孤立派。

熙宁四年正月，苏轼状奏《议学校贡举状》；二月，《上（神宗）皇帝书》，"言者三，愿陛下结人心、厚风俗、存纪纲而已"，"罢制置三司条例司"这一改革统筹领导机构；四月，《再上皇帝书》，直指"所行新政，皆不与治同道。立条例司，遣青苗使，敛助役钱，行均输法，四海骚动，行路怨咨……自古存亡之所寄者，四人而已，一曰民，二曰军，三曰吏，四曰士，此四人者一失其心，则足以生变。今陛下一举而兼犯之。青苗、助役之法行，则农不安；均输之令出，则商贾不行，而民始忧矣。并省诸军，迫逐老病，至使成兵之妻，与士卒杂处其间，贬杀军分，有同降配，迁徙淮甸，仅若流放，年近五十，人人怀忧，而军始怨矣。内则不取谋于元臣侍从，而专用新进小生，外则不责成于守令监司，而专用青苗使者，多置闲局，以摈老成，而吏始解体矣"。凡此种种，等于否定改革新政。虽然东坡不同于司马光一派，有他的理性分析和应对之策，但根本上、客观上还是走向改革的反对派一面。不仅运用诗化语言反对——宋方勺《泊宅编卷一》曰："公尝云：王介甫初行新法，异论者譊譊不已。尝有诗云：'山鸟不应知地禁，亦逢春暖即啾啾。'又更古诗'鸟鸣山更幽'作'一鸟不鸣山更幽'。"更是言辞激烈尖锐，刺痛了改革派——正是被他目为"新进小生"者，造成了后来的"乌台诗案"。政论不合，六月通判杭州，离开纷争不断的朝廷。到地方，不仅耳根清净，更可以为百姓做实事。其间，也是东坡诗词创作的丰盛期。过了三年相对平静期，熙宁七年九月差知密州、十一月至密州。这是东坡首次执掌一个地方大政。虽然职务上提升了，但密州相较于杭州，可谓别如天壤。这从东坡在密州首过上元节所写《蝶恋花·密州上元》就可见一斑：

灯火钱塘三五夜。明月如霜，照见人如画。
帐底吹笙香吐麝，此般风味应无价。
寂寞山城人老也。击鼓吹箫，乍入农桑社。
火冷灯稀霜露下，昏昏雪意云垂野。

密州不仅经济落后，东坡甫一上任，就不得不面对一个更加严峻的形势。请看《论河北京东盗贼状》所述："河北、京东比年以来，蝗旱相仍，盗贼渐炽。今又不雨，自秋至冬，方数千里，麦不入土。窃料明年春夏之际，寇攘为患，甚于今日。"东坡可谓忧心忡忡。尤其是"所领密州，自今岁秋旱，种麦不得，直至十月十三日，方得数寸雨雪，而地冷难种，虽种不生，比常年十分中只种得二三。窃闻河北、京东，例皆如此"。灾情既重，不加核实，税赋依然按照政策规定不减而照收。如此，必然导致灾户流离失所。"寻常逃移，犹有逐熟去处，今数千里无麦，去将安往？但恐良民举为盗矣。"

过去，通判杭州，上有太守，自己不过作为副手协助。而今，首次主政，且是刚刚到任，就要面对如此错综复杂局面，千钧重担一肩挑，无人可依靠，无人可商量，东坡岂能不忧心如焚，怎能不孤单孤寂？因此，即使是元宵佳节，东坡又怎能安心欢度佳节？当日，就在去年，还是繁华杭城人如画，帐底吹笙香吐麝。这是怎样一段滋润逍遥、闲情惬意好时光！今年，却是"火冷灯稀霜露下，昏昏雪意云垂野"。欢乐是他人的。怎能不寂寞？

正是延续了这种孤寂，并在他人欢乐、寂寞无助——而想当初，却有一个好帮手、贤内助："轼有所为于外，君未尝不问知其详。曰：'子去亲远，不可以不慎。'日以先君之所以戒轼者相语也。轼与客言于外，君立屏间听之，退必反覆其言，曰：'某人也，言辄持两端，惟子意之所向，子何用与是人言。'有来求与轼亲厚甚者，君曰：'恐不能久，其与人锐，其去人必速。'已而果然。将死之岁，其言多可听，类有识者……始死，先君命轼曰：'妇从汝于艰难，不可忘也。'"——的煎熬中，五天之后，定是多年郁积、多重重压、多端悲苦、多般情绪，聚合纠结，竟成千古一梦：

○　十年生死两茫茫。不思量，自难忘。

千里孤坟，无处话凄凉。

纵使相逢应不识，尘满面，鬓如霜。

夜来幽梦忽还乡。小轩窗，正梳妆。

相顾无言，惟有泪千行。

料得年年肠断处，明月夜，短松冈。

这就是《江城子·乙卯正月二十日夜记梦》。绵绵哀思，字字泣血。"有声当彻天，有泪当彻泉。"东坡无助之时，没有呼天喊娘，而是梦寻亡妻：曾经有你在，左右叮铃忙；而今我艰难，无人话衷肠。无处话凄凉，惟有泪千行。逝者无知矣，生者多凄怆！

旱、蝗灾害相连，尽管错不在我，毕竟主政一方，职责所在，百姓命运所系，东坡心情沉重而愧疚：

○　秋禾不满眼，宿麦种亦稀。永愧此邦人，芒刺在肤肌。

平生五千卷，一字不救饥。方将怨无襦，忽复歌缁衣。

堂堂孔北海，直气凛群儿。朱轮未及郊，清风已先驰。

何以累君子，十万贫与羸。滔滔满四方，我行竟安之。

何时剑关路，春山闻子规。

　　这就是《和孔郎中荆林马上见寄》。同期还有《雪夜书北台壁二首》。其二曰："遗蝗入地应千尺，宿麦连云有几家。老病自嗟诗力退，空吟冰柱忆刘叉。"足见当时东坡无力无奈心境，足见东坡当时压力山大。这，完全出乎东坡意料和愿望。因为，东坡之所以知密州，乃是希望能与弟弟苏辙就近好相见。苏辙《超然台赋》序说："子瞻通守余杭，三年不得代。以辙之在济南也，求为东州守。既得请高密，五月乃有移知密州之命。"本来，东坡精神就是沉郁的，欢乐永远是表象，这也是其基本性格所致所在。这次赴密州上任，也是如此，没有一丝新官上任而且是职位提升的成就感、欣喜感、荣耀感。关于此点，他的《沁园春·孤馆灯青（赴密州，早行，马上寄子由。）》，很能说明问题：

　○　　孤馆灯青，野店鸡号，旅枕梦残。渐月华收练，晨霜耿耿；云山摛锦，朝露漙漙。世路无穷，劳生有限，似此区区长鲜欢。微吟罢，凭征鞍无语，往事千端。

　○　　当时共客长安，似二陆初来俱少年。有笔头千字，胸中万卷；致君尧舜，此事何难？用舍由时，行藏我，袖手何妨闲处看。身长健，但优游卒岁，且斗尊前。

霜冷天气，形单影只，行走在赶赴密州的旅途。回想当年，兄弟二人就像陆机、陆云兄弟一样，青春年少，诗书满腹，春风得意，想着致君尧舜，不在话下。这是多大的气魄、多美的梦想！而今，宦海历练，往事如烟。人到中年却似秋，立足现实多感慨：世路无穷，劳生有限，似此区区长鲜欢。既如此，那就淡定心态，用舍行藏，闲时一杯酒，悠游度时光。就这样，寂寞人在旅途，转眼已达密州。东坡赴密州，愿望终达成。但是，没曾想，现实为政压力大：救灾和缉盗，一个都不能少。生活清苦自不待言。其《后杞菊赋并叙》说："予仕宦十有九年，家日益贫。衣食之奉，殆不如昔者。及移守胶西，意且一饱。而斋厨索然，不堪其忧。日与通守刘君廷式循古城废圃求杞菊食之。扪腹而笑。然后知天随生之言可信不谬。作《后杞菊赋》以自嘲，且解之云……人生一世，如屈伸肘。何者为贫，何者为富？何者为美？何者为陋？或粮核而瓠肥，或粱肉而墨瘦。何侯方丈，庾郎三九。较丰约于梦寐，卒同归于一朽。吾方以杞为粮，以菊为糗。春食苗，夏食叶，秋食花而冬食根，庶几乎西河南阳之寿。"可见，东坡并不以为苦，反而以为乐。何哉？闲时多感复伤神，劳烦自然心充实。从繁华钱塘，至胶西僻壤，"始至之日，岁比不登，盗贼满野，狱讼充斥；而斋厨索然，日食杞菊，人固疑余之不乐也。处之期年，而貌加丰，发之白者，日以反黑。余既乐其风俗之淳，而其吏民，亦安予之拙也。于是，治其园圃，洁其庭宇，伐安邱、高密之木，以修补破败，为苟完之计。而园之北，因城以为台者旧矣，稍茸而新之。时相与登览，放意肆志焉"。

可见，极短时间，政绩焕然，吏民安堵。虽然东坡谦虚，却可见其为政能力超乎寻常。而对于东坡来说，其人生哲学中，作为现实人生追求，最高境界就是超脱世俗，放逸肆志，超然物外。然而，东坡性格，艰难困苦全不怕，就怕闲适无事时。一旦压力不再，身心放松，东坡思维极易回归沉郁，黯然多思——东坡的愁多是闲出来的。东坡是一个极怕孤寂之人，一个因怕孤寂而极爱欢乐之人。于是，闲散之际，东坡必定会寻其所乐：或游，或酒，或诗词，或文章。当然，作为一名杰出建筑设计大师，东坡也因其建筑作品而青史留名。如果说，当初，在凤翔府签判初为官之第二年，东坡就小试技艺，建造了喜雨亭。第三年，应太守陈公弼之求为其所筑凌虚台作记。从此，凌虚台因东坡雄豪之文而名扬天下。在《凌虚台记》中，东坡极尽幻灭之能事。真是一点面子都不给。不过，彼一时也，此一时也。尤其是在密州这样一个贫穷之地，一种孤寂笼罩之中，东坡需要超脱自我和超然物外。现实往往不尽人意，不如人愿。痛苦多于乐：烦恼多，欢愉少。当此之境，如何看待自我、看待外物、看待物我关系？"凡物皆有可观，苟有可观，皆有可乐，非必怪奇玮丽者也。哺糟啜醨，皆可以醉；果蔬草木，皆可以饱。推此类也，吾安往而不乐夫所为求福而辞祸者，以福可喜而祸可悲也。人之所欲无穷，而物之可以足吾欲者有尽，美恶之辨战乎中，而去取之择交乎前。则可乐者常少，而可悲者常多，是谓求祸而辞福。夫求祸而辞福，岂人之情也哉物有以尽

之矣。彼游於物之内，而不游於物之外：物非有大小，自其内
而观之，未有不高且大者也。彼挟其高大以临我，则我常眩乱
反覆，如隙中之观闘，又焉知胜负之所在？是以美恶横生，而
忧乐出焉，可不大哀乎。"（《超然台记》）这既是超然台命名的由
来——"名其台曰'超然'，以见余之无所往而不乐者，盖游于
物之外也"——更是东坡思考人生之后给出的答案。

那么，如此神思，如此名台，是否意味着东坡从此就超然？
东坡到密州转眼已三年，和弟弟分别至今已过七年，和弟弟相
见希望却依然无期无望。其间，东坡一方面忙于救灾、恢复生
产，一方面极力释放心理压力，更且建造超然台，撰写《超然台
记》，试图让自己超然物外。然而，情感终归压抑不住。而且，
越是压抑，其内生的抑郁力就越大、爆发力就越强。终于，这
种情感，这种压抑，在熙宁九年中秋达于极致：兄弟情深，欢会
无期，心意难平，"欢饮达旦，大醉，作此篇，兼怀子由"，《水
调歌头》横空出世。这既是对兄弟别离已久所导致的心理情感
持久压抑的一次大爆发、大释放，更是对自我人生乃至自我存在
及其存在状态的深刻反思与探究。这是一个终极人生话题，一
个人的极为有限的生命意志所无法摆脱的人生宿命。来于何处，
归于何方？何能圆满，何能永恒？有终极话题，却注定没有终极
答案！哪怕兄弟如愿相会又如何？去年中秋仍别离，今年中秋如
愿会。东坡又会怎样感想？《水调歌头·安石在东海》的文前说
明："余去岁在东武，作《水调歌头》以寄子由。今年子由相从
彭门居百余日，过中秋而去，作此曲以别。余以其语过悲，乃

为和之。其意以不早退为戒，以退而相从之乐为慰云耳。"梦想
很美好："一旦功成名遂，准拟东还海道"，梦想难实现："雅志
困轩冕，遗恨寄沧洲……岁云暮，须早计，要褐裘。故乡归去
千里，佳处辄迟留。我醉歌时君和，醉倒须君扶我，惟酒可忘
忧。一任刘玄德，相对卧高楼。"何曾醉酒可忘忧？何曾相对
卧高楼？"一点浩然气，千里快哉风。"（《水调歌头·黄州快哉亭
赠张偓佺》）不曾真超然，浩然也难得。东坡更多浩叹之气！欲
超越而无法超越，想超然而无法超然。于是，唯有浩叹一声：
人生如梦！人生如寄！"银海（道家语：目也）光宽，何处是超
然？"（《江神子·冬景》）

是梦境，必短暂；是梦境，必漫灭。而现实也迟早漫灭：

○ 东武城南，新堤固。涟漪初溢。隐隐遍，长林高阜，卧红
堆碧。枝上残花吹尽也，与君更向江头觅。问向前，犹有几多
春，三之一。

官里事，何时华。风雨外，无多日，相将泛曲水，满城争
出。君不见兰亭修锲事，当时坐上皆豪逸。到如今，修竹满山
阴，空陈迹。

这就是《满江红·东武会流杯亭》，这就是东坡思维：指向
毁灭、向死而生。在东坡这种思维视域中，一切都缺乏真实感、
实在感，一切都只是短暂的、即时的。归根到底，人生如梦，
人生如寄，人生荒谬。正因如此，即便当下正在欢乐，正在欢

乐之中，东坡也是："人事凄凉，回首便他年。"（《江城子·前瞻马耳九仙山》）"此生此夜不长好，明月明年何处看？"（《阳关曲·暮云收尽溢清寒》）"不如留取，十分春态，付与明年。"（《雨中花》）因为，"恐异时，杯酒忽相思，云山隔。浮世事，俱难必，人纵健，头应白。何辞更一醉，此饮难觅。"（《满江红·正月十三日送文安国还朝》），更惧怕"又不道，流年暗中偷换"！（《洞仙歌·冰肌玉骨》）这就是东坡人生哲学的实质所在——尽管偶然之中，他可以"老夫聊发少年狂……千骑卷平冈……亲射虎……会挽雕弓如满月，西北望，射天狼"。（《江城子·密州出猎》）并且，《与鲜于子骏书》中，颇为自得于一时的豪放："近却颇作小词，虽无柳七郎风味，亦自是一家。呵呵，数日前，猎于郊外，所获颇多。作得一阕，令东州壮士抵掌顿足而歌之，吹笛击鼓以为节，颇壮观也。"当然，这其中，更多的，则是想象——怎能千骑卷平冈？是气势，是沉闷于心的壮志情怀，更是现实中难以实现的人生之梦！

而在《东坡志林·梦寐》中，记梦尤多：记梦参廖茶诗、记梦赋诗、梦中作记春牛文、梦数人论《左传》、梦中作靴铭、梦南轩。奇特的是：人在黄州，梦至西湖，梦中亦知其为梦。数人论《左传》之梦，梦中人所云："以民力从王事，当如饮酒，适于饥饱之度而已。若过于醉饱，则民不堪命，王不获没矣。"分明就是东坡自己治国理政思想。最不可思议的，是下面这个梦："宣德郎、广陵郡王完大小学教授眉山任伯雨德公，丧其母吕夫人，六十四日号踊稍间，欲从事于佛。或劝诵《金光明经》，具言世所传本多误，惟咸平六年刊行者最为善本，又备载张居道再生事。德公欲访此本而不可得，方苦卧枢前，而外甥进士师续假寐于侧，忽惊觉曰：'吾梦至相国寺东门，有鬻姜者云："有此经。"梦中问曰："非咸平六年本乎？"曰："然。""有《居道传》乎？"曰："然。"此大非梦也！'德公大惊，即使续以梦求之，而获睹鬻姜者之状，则梦中所见也。德公舟行扶枢归葬于蜀，余方眨岭外，遇吊德公楚、泗间，乃为之记。"

梦这一现象，颇为神奇而不可解。人对梦的探究、解读和解析也从未停止。其成因，也是众说纷纭，至今也未有定论。

一般而言，人的经历会形成记忆。记忆的不断叠加，就会逐步形成独特的思维模式。思维模式对外在事物和现象会产生"模式筛选"效应：不仅会对外在事物和现象产生出特定的应激和应对反应，更会对其"模式筛选"下的意涵进行特定解读，并且会对这种解读深信不疑，还会以这种解读去界定、认知、理解这种事物或现象。模式筛选有正向和负性两种。正向模式筛选，更多着眼于事物和现象的积极面；负性模式筛选，则着眼于事物和现象的消极面。人生的不安不定、不可自控、不可预知以及世事难如愿乃至事与愿违，这是任何人都注定必有的经历。人生道路上，任何人都会不得不面对难以计数的波折和挫败，由此就不可避免生发出无聊、无奈、失落、空虚、孤寂、悲离甚至仇恨情绪。面对难以控制的当下和更加难以捉摸的未来，焦虑、沉郁等负性心理情绪在所难免。尤其是事与愿违，希望落空，美梦幻灭，其所对人的打击与摧折，无疑是巨大的。正向模式筛选者，虽然也会经历挫折乃至不幸，但能积极理解和积极应对，从而自主克服其对自身所产生的负性影响。而负性模式筛选者，则因为筛选偏好，不仅导致直接的负性心理，更会将其储集于记忆之中。而这种记忆，会随着这种负性记忆的增加而不断叠加，就会形成一种越来越强烈、越来越稳定的负性思维模式。而这种负性思维模式一旦形成，面对外在事物和现象，就会产生"负性模式筛选"现象。而且，这种负性筛选模式，具有强烈的主观性，以至于，对于视域之中的事物和现象，本来无关，也会解读出有关；本来无意义，也会解读出意义；本来没有这种意义，也会解读出这种意义。而且，往往不由自主就会将外在事物和现象同自身关联起来，乃至解读为是对自身的某种暗示。多愁善感，多思敏感，孤寂沉郁，是这一类型者的典型特征。《红楼梦》中的林黛玉，就属于这一类型。大诗人杜甫，也属于此类人，因此，"感时花溅泪，恨别鸟惊心。"

东坡呢，无疑也属于这一类型之列，而且是更加典型的一类，是典型中的典型。因为，东坡特别敏感。因此，他的敏感，使得外在一切都对他产生出"暗示意义"，从而看见和感知出常人根本无法看见和觉知的"意义"。而这种意义反过来会刺激影响深化其负性心理情绪，从而产生出孤寂感、梦幻感、毁灭感、虚无感——欢乐之中也多愁！这就是东坡"多情多感仍多病。多景楼中，尊酒相逢，乐事回头一笑空。"的根本原因所在。而其现实的愿望选择，就是对当下境况的逃离或者渴望逃离。而这种逃离，只能是临时的、短暂的。因为，现实就是由无数个

"当下"所构成——每一个"当下",根本上讲,相互之间没有根本区别和区隔,而是一个贯通一体的过程,一种"绵延":任何人都无法断定、无法保证这一个当下或者下一个当下完全符合自己的意愿,即与自己的思维筛选模式完全一致。而且,即便此时此地一个当下的一致,也无法使其一直延展、延续至于下一个、下下一个乃至无限的当下。而这就注定,"负性模式筛选"的思维模式,其对当下的逃离,是不现实、不可能的。因为,决定对当下感知与解读的,在于其思维模式:可能暂时实现对当下的暂时逃离,但逃不出自身的负性思维选择模式。其根本解决之道,就在于打破、破除这种负性思维选择模式,构建超越负性思维模式的新模式。

如果做不到这一点,那就不断会为这种思维模式所支配、所困扰,因而就会不断在其中苦恼、纠结、挣扎而又无奈、无助。而东坡呢,就这样,一生苦恼、纠结、挣扎而又无奈。他的一生,由于致君尧舜的政治人生之梦的破灭以及"乌台诗案"中有惊无险的生死际遇的强烈刺激,特别是贬谪黄州之后,多维度的反思、躬耕东坡的实践以及同底层世俗社会的无缝对接乃至同禅道人物的广泛而密切的交往、对禅道圣境的游赏、对禅道文化精神的精研体悟,形成了打通三教、从而儒释道圆融为一体的独特文化精神,使其能够在人生跌宕起伏中,游刃有余于可仕可隐、无适而不可的角色转换。而正是这种禅道精神及其现实运用,使其澹爽于心、潇洒于世、讨喜于人。此类事例颇多,这里仅摘录《春渚纪闻卷六·东坡事实》中三则故事,以飨读者。

其一，馈药染翰。先生自海外还至赣上，寓居水南，日过郡城，携一药囊，遇有疾者必为发药，并疏方示之。每至寺观，好事者及僧道之流有欲得公墨妙者，必预探公行游之所，多设佳纸，于纸尾书记名氏，堆积案间，拱立以俟。公见即笑视，略无所问，纵笔挥染，随纸付人。至日暮笔倦，或案纸尚多，即笑语之曰："日暮矣，恐小书不能竟纸，或欲斋名及佛偈，幸见语也。"及归，人人厌满，忻跃而散。

其二，写画白团扇。先生临钱塘日，有陈诉负绫绢钱二万不偿者。公呼至询之，云："某家以制扇为业，适父死，而又自今春已来连雨天寒，所制不售，非故负之也。"公熟视久之，曰："姑取汝所制扇来，吾当为汝发市也。"须臾扇至，公取白团夹绢二十扇，就判笔作行书草圣及枯木竹石，顷刻而尽，即以付之，曰："出外速偿所负也。"其人抱扇泣谢而出，始逾府门而好事者争以千钱取一扇，所持立尽。后至而不得者，至懊恨不胜而去。遂尽偿所逋。一郡称嗟，至有泣下者。

其三，赝换真书。先生元祐间出帅钱塘，视事之初，都商税务押到匿税人南剑州乡贡进士吴味道，以二巨卷作公名衔封至京师苏侍郎宅，显见伪妄。公即呼味道前，讯问其卷中果何物也。味道蹙而前曰："味道今秋忝冒乡荐，乡人集钱为赴省之赆，以百千就置建阳小纱，得二百端，因计道路所经，场务尽行抽税，则至都下不存其半。心窃计之，当今负天下重名而爱奖

士类，唯内翰与侍郎耳。纵有败露，必能情贷。味道遂伪假先
生台衔，缄封而来，不探知先生已临镇此邦，罪实难逃。幸先
生恕之！"公熟视，笑呼掌笺奏书史，令去旧封，换题细衔，附
至东京竹竿巷苏侍郎宅。并手书子由书一纸付示，谓味道曰：
"先辈这回将上天去也无妨。来年高过，当却惠顾也。"味道悚
谢再三。次年果登高第。还，具笺启谢殷勤，其语亦多警策。
公甚喜，为延款数日而去。

　　但在东坡身上，儒家思想始终根深蒂固：是其底色中的底
色，是深入其骨髓和灵魂的。所以，一旦有机会，他无论有权、
无权，义之所在，则见义而勇为，充分展现出儒家践履担当、入
世有为精神。当然，东坡当官也有乐趣所在。宋赵令畤《侯鲭
录·卷六》曰："余尝为东坡先生言，平生当官有三乐：凶岁检
灾，每白请行，放数得实，一乐也；听讼为人得真情，二乐也；
公家有粟，可赈饥民，三乐也……东坡笑以为然。"
　　根本之处，还是在于东坡的儒家文化精神根底，在于他忧国
忧民、为国为民的大爱情怀，在于他太清醒、太个性、太对现实
较真，以至于，只要是他认准了的有关国计民生之事，就会不
厌其烦、力推到底。正如他所说："吾侪虽老且穷，而道理贯心
肝，忠义填骨髓，直须谈笑于死生之际……虽怀坎壈于时，遇
事有可尊主泽民者，便忘躯为之，祸福得丧，付于造物。"（《与
李公择书》）就像他主政杭州时，屡次三番上奏献策赈灾和彻底
整治西湖乃至其后防治淤积的长久应对之策——哪怕是自掏腰

包，如捐黄金五十两，建安乐坊，三年医愈千人，也要干！就像他知徐州，数十日坚持一线督战指挥抗洪救灾，"庐于城上，过家不入，使官吏分堵以守，卒全其城"，还发现并采挖煤炭解决百姓生活燃料大问题。在颍州，上奏《申省论八丈沟厉害状二首》，以避水患。离开登州，不忘上奏《乞罢登莱榷盐状》《登州召还议水军状》。在黄州，上书太守禁杀婴儿，并成立救儿会；在惠州，向太守建议捐资修建惠州东、西两座铁索桥，帮助打井解决百姓饮水问题；在儋州，帮助打井，解决百姓饮水问题，更传播文化种子，亲自教化育人——其中，最为感人的就是东坡和姜唐佐的师生故事。一句话，东坡为官所到之处，无不倾力为政为善，造福百姓。在立功的同时，更是立言、立德其中。也正因此，东坡大名才能历代传扬，才能如此深受喜爱。

这是东坡人生的现实性、实在性的一面。东坡还有另一面，那就是思想的梦幻性、虚无性和他性格的柔弱性和柔韧性。东坡怕孤寂，东坡不能得清闲。东坡孤寂、清闲之时，就多思多感多愁，特别极易敏感和在意于亲友离别、时光流逝、岁月老去。因为，从中，他深刻感知到时光的易逝、美好的短促、生命的有限、人生的短暂。人生不可靠："大江东去，浪淘尽，千古风流人物"，事物难持久："废兴成毁，相寻于无穷……而况于人事之得丧，忽往而忽来者欤！"最终，毁灭，乃一切生命之归宿！有生必有死！生死相依，生死相伴，生死相继，从而产生出梦幻感、幻灭感、虚无感。东坡之梦，东坡梦幻之梦，就是这种面对毁灭或者正在走向的毁灭而无望而无奈而无助的折射：

是对极易破碎灭失的不可靠现实的逃离：醉里有独觉，梦中无杂言。更是对极易破碎灭失的不可靠现实的幻灭：休言万事转头空，未转头时皆梦。

因此，忧伤不免，尤其是在中秋、重阳这种对于中华民族特别赋予、从而具有特别意涵的传统节日里，孤单独处，就最易引发其凄然愁苦负性情绪：

世事一场大梦，人生几度秋凉。

夜来风叶已鸣廊。看取眉头鬓上。

酒贱常愁客少，月明多被云妨。

中秋谁与共孤光？把盏凄然北望。

这是《西江月》，月圆人难圆触动的情思。而《醉蓬莱》，则是重阳节引发的老去与别离的忧伤。其词曰：

余谪居黄州，三见重九，每岁与太守徐君猷会于栖霞楼。今年公将去，乞郡湖南。念此惘然，故作是词。

笑劳生一梦，羁旅三年，又还重九。华发萧萧，对荒园搔首。赖有多情，好饮无事，似古人贤守。岁岁登高，年年落帽，物华依旧。

此会应须烂醉，仍把紫菊红（一作茱）茰，细看重嗅。摇落霜风，有手栽双柳。来岁今朝，为我西顾，酹羽觞江口。会与州人，饮公遗爱，一江醇酎。

不说佳节，就是常规人生之中，东坡也是易于被触动。"梦幻去来，谁少谁多。弹指太息，浮云几何？"（《和陶停云四首其一》）"已将世界等微尘，空里浮花梦里身。"（《北寺悟空禅师塔》）"世事一场大梦，人生几度秋凉。"（《西江月·世事一场大梦》）"休言万事转头空，未转头时皆梦。"（《西江月·平山堂》）"万事到头都是梦，休休，明日黄花蝶也愁。"（《南乡子·重九涵辉楼呈徐君猷》）"人世何者非梦耶！"（《与知县十首之九》）"人世一大梦，俯仰百变，无足怪者。"（《与宋汉杰二首之一》）"世事徐观真梦寐，人生不信长坎坷。"（《送蔡冠卿知饶州》）"回头自笑风波地，闭眼聊观梦幻身。"（《次韵王庭老退居见寄二首其一》）"腰跨金鱼旌旆拥，将何用，只堪装点浮生梦。"（《渔家傲·赠曹光州》）"古今如梦，何曾梦觉，但有旧欢新怨。"（《永遇乐·明月如霜》）"人似秋鸿来有信，事如春梦了无痕。"（《正月二十日与潘、郭二生出郊寻春，忽记去年是日同至女王城作诗，乃和前韵》）东坡多梦，东坡爱说梦，东坡总说人生如梦！《侯鲭录·卷七》曰："东坡老人在昌化，尝负大瓢行歌于田间，有老妇年七十，谓坡云：'内翰昔日富贵，一场春梦。'坡然之。里人呼此媪为春梦婆。坡被酒独行，遍至子云诸黎之舍，作诗云：'符老风情老奈何，朱颜减尽鬓丝多。投梭每困东邻女，换扇唯逢春梦婆。'是日，老符秀才言换扇事。东坡云：'世言柳耆卿曲俗，非也。如《八声甘州》云：霜风凄紧，关河冷落，残照当楼。此语于诗句，不减唐人高处。'"此段记载，看似两个不相干的孤立话语，却因为东坡个人一场春梦，而紧密联系起来：正是因为他的一场遭际，才使得他的关注点才格外落在柳永的霜凄、冷落、残照上——因为这在某正程度上，正好映射了东坡的常规人生之路。这种境况，不仅属于东坡一人而已，其在很大程度上也映照出其他人，其他很多很多人，从而就带有一种普遍性意涵，就像孔尚任《桃花扇·哀江南》：

　　俺曾见金陵玉殿莺啼晓，秦淮水榭花开早，谁知道容易冰消！眼看他起朱楼，眼看他宴宾客，眼看他楼塌了……那乌衣巷不姓王，莫愁湖鬼夜哭，凤凰台栖枭鸟。残山梦最真，旧境丢难掉，不信这舆图换稿！诌一套《哀江南》，放悲声唱到老。

　　东坡的伟大之处，就在于，他虽然深刻体悟到人生乃至一切的虚无和幻灭，并进而导致深刻的孤寂感，但他并没有因此而丧失生命乃至存在的勇气。即便处于最为灰暗阴冷之心境，也总是理性始终为主导，因而清醒的理性总是能够随时自主校正负性心性和心态，从而使自身处于一种动态平衡平和之状态。这就是他的性格中的坚韧性在起作用。正是这种坚韧性，支撑起并贯穿着他的柔弱性、敏感性，使得他虽然经历多磨难、精神多痛苦、心理多挣扎、情感多悲伤，但始终向着超然物外、游于物外的超自然境界而迈进而奋进而精进。而这，在催人奋进、向上努力、卓然担当、弘道扬化、匡时济世的同时，也给世人以启迪：无论祸福穷达，都应豁达超脱、酣畅雅致、率真澹然、顺遂自然，从而让生活乃至生命张力无限、充满生机、充沛于世。

正是基于此，对于那些个人乃至人类所无法企及之事之情之处，则只能：尽人事而听天命。这在他的《念奴娇·赤壁怀古》中，就得到充分显现：

○

　　大江东去，浪淘尽，千古风流人物。

　　故垒西边，人道是，三国周郎赤壁。

　　乱石穿空，惊涛拍岸，卷起千堆雪。

　　江山如画，一时多少豪杰。

　　遥想公瑾当年，小乔初嫁了，雄姿英发。

　　羽扇纶巾，谈笑间，樯橹灰飞烟灭。

　　故国神游，多情应笑我，早生华发。

　　人生如梦，一樽还酹江月。

　　首先一个"人道是"，就意味深长：何必较真一地？！在此地，怎样？不在此地，又怎样？放眼世界，何处青山无埋骨？多少地，曾经上演过多少轰轰烈烈乃至惊心动魄大事件，然而，数十年、数百年、数千年之后，欲寻求其仿佛而不可得！——千古风流人物，都随雨打风吹浪淘尽！豪杰英雄也好，才子佳人也罢，置身于历史长河，存在于时空之间，都不过是：宇宙无穷尽，人生只一瞬！何必自作多情而执着而困扰于无法回避、从而必将毁灭的一切生命形态！梦境美好，那就人生如梦过，不做无用无意之多想多思。一樽还酹江月！这是对古人、对历史的祭奠与尊重，也是对自我思想解脱之后的理性告慰并从而以与过去告别——做好当下自我！顺便提一下，为何不说"一樽酹江月"，而是加一"还"字为"一樽还酹江月"？一切皆源于自然，最终又皆归于自然，这不就是"还"吗？引用当下一句熟语来说，就是：出来混，迟早要还的。有生必有死，乃生命宿命。有无相生，却生生不息。

道理就这么简单。再大的痛苦，也会过去；再多的苦难，也会湮灭。正如明杨慎《廿一史弹词》第三段说秦汉开篇那首《临江仙》所言：

○ 滚滚长江东逝水，浪花淘尽英雄。是非成败转头空。青山依旧在，几度夕阳红。白发渔樵江渚上，惯看秋月春风。一壶浊酒喜相逢。古今多少事，都付笑谈中。

如果借用东坡《平山堂》的话来说，那就是：

○ 三过平山堂下，半生弹指声中。十年不见老仙翁。壁上龙蛇飞动。
欲吊文章太守，仍歌杨柳春风。休言万事转头空。未转头时皆梦。

○ 人生本无事，苦为世味诱。（《夜泊牛口》）

参禅

未到千般恨不消

东坡一入公门，终生仕宦，却并未高高在上而仅仅局限于仕宦圈子之内。东坡交游甚广：不仅在官学民世俗社会之间往来频繁、渊源深厚，于禅道方外世界也是关系密切——但凡所到之处、所经之地，有山水必览，有寺观必游。其所交往的僧道众多，其所传佳话亦多脍炙人口。可以说，东坡的影响，早已超越世俗，而深入禅道。东坡本身就精研佛道，究极其理，因而于佛理道理造诣甚深。因此，东坡深受禅僧道人敬重推崇，也就不足为奇了。

东坡与佛印

　　东坡与佛门中人故事多多。其中，见于民间传说故事之多，莫过于东坡与佛印的故事。《醒世恒言·第十二卷·佛印师四调琴娘》说：谢端卿，字觉老，江西浮梁县人，幼习儒书，博古通今，进京赶考，苏轼闻其才名，相与交游，结为莫逆之交。当时大旱，宋神宗要在大相国寺举行祈雨活动。苏轼撰写祈雨文并任主持人。端卿想看神宗皇帝真容，苏轼就让他冒充工作人员。因人多拥挤看不清，又冒充端茶递水的服务员。端卿方面大耳，秀目浓眉，身躯伟岸，格外引人注目。神宗发现了，问道：你是哪里人？在寺几年了？端卿答：臣谢端卿，刚来出家。幸瞻天表，不胜欣幸。神宗见他应对明敏，大喜。又问：卿颇通经典否？端卿奏道：臣自少读书，内典也颇知。神宗道：既通内典，赐法名了元，号佛印，就此削发为僧。谢端卿本是进京科考，要建功立业，但不敢违抗圣旨，被迫做了和尚。不过，小说故事未必可信。正如东坡和佛印之间禅理斗智的诸多故事一样。这里仅摘录三则如下：

○ 　其一

苏轼和佛印在河边游览。佛印将一把东坡题诗扇子扔到河里，说："水流东坡诗（尸）！"东坡则指着岸上啃骨头的狗，道："狗啃河上（和尚）骨！"

○ 　其二

佛印做了一盘鱼，正要吃，东坡来了，忙把鱼藏在磬下。东坡说："今天闲来无事，想跟你对对子。"于是，东坡出上联：向阳门第春常在。佛印随口答道：积善人家庆有余。东坡说："既然你磬（庆）里有鱼（余），就拿出来待客吧。"佛印这才知道上当了。原来，东坡进门就闻到了鱼香，室内又没别处可藏，自然想到那只磬里可能有玄机。

○ 　其三

东坡、佛印一起参禅打坐。东坡问：你看我像什么？佛印说：我看你像尊佛。东坡说："你猜，我看你像什么？"佛印猜不出，就请东坡说。东坡说：我看你像牛粪。东坡自以为占了便宜，回家就在苏小妹前炫耀。苏小妹说：参禅之人最讲究见心见性：心中所有，眼中就有。佛印说看你像尊佛，说明他心中有佛；你说佛印像牛粪，那你心里有什么呢？答案不言自明：佛印境界远高于东坡，东坡输了！

不过，这个故事根本不可信。因为人世间，根本就没有苏小妹！

其实，关于苏小妹，还有一个著名故事，就是《醒世恒言·第十一卷·苏小妹三难新郎》。说的是苏小妹和秦观的故事。这里，同样把苏小妹描述得绝顶聪明智慧。世上本无苏小妹，何以虚构故事多？盖为世人喜爱苏东坡，是对东坡喜爱的延伸与拓展。——正如人间本无穆桂英，也无《杨家将》中的诸多故事人物，而出于对杨家爱国精神的肯定与喜爱，立足部分史实，借助小说，演绎拓展，体现和折射国人的爱国精神。

东坡没有妹妹，却有一个姐姐，名八娘：十六岁嫁与表兄程之才，十八岁病逝。苏洵《自尤并叙》有详细说明。这是一桩不幸婚姻，也因此导致苏程两家姻亲成仇。直至东坡贬惠州，程之才任广南东路提刑，两家才得以化解旧怨。《宋人轶事汇编·卷十二》引王文诰《苏诗总案注》："东坡姊八娘为程正辅妻。正辅名之才，即母夫人侄也。八娘以事舅姑不得志卒，老泉遂与正辅父子绝。东坡与子由共绝之，凡四十二年，至惠州始释憾。"又引《邵氏闻见录》曰："东坡谪惠州。绍圣执政以程之才东坡姊之夫，有宿怨，假以里节，使之甘心焉。然之才从东坡甚欢。"章惇派任程之才，目的就是利用彼此宿怨，让程之才因此置东坡于死地。东坡当时心里也没底，先派人打探程之才的态度。因时过境迁，双双成老人，且之才盖为心中亦有愧，故而不仅没有为难东坡，还和好如初，一时间还过从甚密，也算终成一段佳话。

至于佛印，倒确有其人：宋僧，与东坡也颇有交往交情。

前文中已提及东坡在惠州时，有卓契顺替佛印送信给东坡，并劝东坡"若能脚下承当，把一二十年富贵功名贱如泥土。努力向前，珍重，珍重！"意在将东坡完全引入佛门而不遂。至于题为宋苏轼撰《东坡居士佛印禅师语录问答》，所记皆为东坡与佛印往复之语，然多猥亵谑浪之词，其真实性，令人生疑。

关于佛印，倒是宋惠洪《禅林僧宝传卷第二十九·云居佛印元禅师》记述详尽。简而言之：了元，名林觉老，饶州浮梁（今江西景德镇）氏。三岁诵《论语》、诸家诗，五岁诵诗三千首，后从师学五经。因读《首楞严经》而出家。东坡谪黄州，在庐山对岸。二人诗歌唱和不断。

这里说佛印自幼自愿出家，应当可信。佛印与东坡关系深厚，《苏轼全集》中，就多有东坡与佛印书牍。《与金山佛印禅师（离黄州）》，诉说佛印邀请东坡游金山寺而未果的遗憾："见约游山，固所愿也。方迫往筠州，未即走见。还日如约，匆匆布谢。"《与佛印禅师三首之一》，则是对佛印专程派人送信问候东坡的回信："专人来，辱书累幅，劳问备至，感怍不已。腊雪应时，山中苦寒，法体清康。一水之隔，无缘躬诣道场，少闻謦款，但深驰仰。"而《与佛印禅师三首之二》，当为东坡造访佛印道场归家之后，表示感激的尺牍："萝想高风，忽复披奉，欣慰可知。但累日烦扰为愧耳。重承人船相送，益用感怍。别来法体何如？后会不远，万万保练。"而《与佛印禅师三首之三》，应在东坡幼子苏遁夭折之后，东坡对于佛印"专人来，复书教并偈"的回复："今闻秀老赴召，为众望，公来长芦，如何！如何！某方议买刘氏田，成否未可知。须更留数日，携家入山，决矣。殇子之戚，亦不复经营，惟感觉老，忧爱之深也。"从中，也可见东坡渴望与佛印相见的迫切心情。

至于《答佛印禅师》，当为东坡都城为官期间对于佛印来信的回复。其中，既感叹"老病不复往日，而都下人事，十倍于外。吁，可畏也"，想到"复欲如去年相对溪上，闻八万四千偈，岂可得哉"——彼此切磋佛学禅理而不可得的失落，同时，也表达了自己对于不能相见的伤感之情，"南望山门，临书凄断"，还在结尾部分表达了祝愿之意："苦寒，为众珍重。"可谓，文约而意丰，质朴而感人。

其实，东坡与佛印，往来远非至此。二人交往具体始于何时，众说不一。其实，这个问题并不重要。重要的是，二人虽然分属入世、出世两个不同世界，但分而不隔。东坡谪居黄州时，有《怪石供》以赠佛印，而佛印"以其言刻诸石"。东坡听闻，觉得好笑："是安所以来哉？予以饼易诸小儿者也。以可食易无用，予既足笑矣，彼又从而刻之。今以饼供佛印，佛印必不刻也。石与饼何异？"就是说，佛印，还是执着于"有形"，还是存在着分别心。出家人不应如此，而应万有一体，四大皆空：色即空，空即色，不执着，不执念。对此，另一高僧参寥子认为："然。供者，幻也。受者，亦幻也。刻其言者，亦幻也。夫幻何适而不可。"举手而对苏轼说："拱此而揖人，人莫不喜。戟此而詈人，人莫不怒。同是手也，而喜异，世未有非之者也。子诚知拱、戟之皆幻，则喜怒虽存而根亡。刻与不刻，无不可者。"苏轼大笑："子欲之耶？"于是，东坡就记下二人对话，又写了《后怪石供》。这也不过玩笑而已。玩笑归玩笑，佛界人士对东坡的关心却至诚至真。尤其在东坡落难之际，其关爱问候，无疑令东坡感佩于心。《与佛印禅老书》曰："今仆蒙犯尘垢，垂三十年。困而后知返，岂敢便点浼名山！而山中高人皆未相识，而迎许之，何以得此？岂非宿缘也哉！"

由上述对怪石的态度，是不是就能断定：参寥子修行觉悟定当较佛印、东坡为高？不能。这里实则是处于两可之间：无可无不可。东坡其意，就在于了空觉无：既然一切皆空皆无，又何必专门供奉、甚至言语刻石？东坡大笑，不过是朋友之间玩笑而已。宋朱彧《萍洲可谈》卷一记载："慈圣光献皇后尝梦神人语云：'太平宰相项安节。'神宗密求诸朝臣，及遍询吏部，无有是姓名者。久之，吴充为上相，瘰疬生颈间，百药不瘥。一日立朝，项上肿如拳，后见之告上曰：'此真项安疖也。'蒋之奇既贵，项上大赘，每忌人视之。至金山寺。僧了元，滑稽人也，与蒋相善。一日见蒋，手扪其赘，蒋心恶之。了元徐曰：'冲卿在前，颖叔在后。'蒋即大喜。"冲卿，即吴充，也是当朝大臣。蒋之奇，字颖叔，宋常州府宜兴人。僧了元即是佛印。这种玩笑举动，绝非常人行为，更非出家人所当为。可见，佛印确是爱开玩笑。

众所周知，东坡爱开玩笑。比如《与陈季常九首之八》中，他就对陈季常开玩笑说："公养生之效，岁有成绩。今又示病弥月，虽使皋陶听之，未易平反。公之养生，正如小子之圆觉,可谓'害脚法师鹦鹉禅,五通气球黄门妾也。'至祷。"那就权当笑话看:不住于心,玩笑而已。试想,东坡"且共肉身游戏"——肉身都可游戏,还有什么不能游戏?其《戏答佛印偈》说:"百千灯作一灯光,尽是恒沙妙法王。是故东坡不敢惜,借君四大作禅床。"四大作禅床,多大的气魄,多深的觉悟啊!此语非东坡不能道也。

东坡精神勃发,出世之姿,飘逸超凡,真如仙人也!关于这一点,其《金山妙高台》描述得最为详尽:"我欲乘飞车,东访赤松子。蓬莱不可到,弱水三万里。不如金山去,清风半帆耳。中有妙高台,雪峰自孤起……长生未暇学,请学长不死。"其实,说到底,金山也不必去,更无须到妙高台。因为,正如其《书破地狱偈》所说:"若人欲了知,三世一切佛,应观法界性,一切惟心造。"说到底,即心即佛,心外无佛。

东坡与佛法、佛界因缘甚深。其《南华寺》诗:"我本修行人,三世积精炼。中间一念失,受此百年谴。"而《寄吴德仁兼简陈季常》则说:"平生寓物不留物,在家学得忘家禅。"《夜直玉堂,携李之仪端叔诗百余首,读至夜半,书其后》中,则是:"暂借好诗消永夜,每逢佳处辄参禅。"甚而至于,在《答刘贡父》中,将禅理气术当成世间最为关心之事:"后会未可期,临书帐惘,禅理气术,比来加进否?世间关身事,特有此耳,愿更着鞭,区区之祷也。"事实上,东坡佛学根底深、境界高。其《赠东林总长老》:"溪声便是广长舌,山色岂非清净身。夜来八万四千偈,他日如何举似人",就充分展现出东坡高深的禅学境界。禅宗主张法遍一切境。真正的禅机，只可意会，无以言说——正如道家之"道"，老子不断以各种方法、各种说法说道、论道、释道，但最终，可说之"道"即非"道"，所谓：道可道，非恒道——恒道永在可道之上之外！或者如庄子，想尽各种方法，借用各色人物、动物、事物，讲述各种寓言，试图传达出心目中所要表达的道家之"道"，但真正的庄子之"道"，既在其可道之内，更在其可道之外：其所道者，都只是部分地向道、达道，而远非道本身——事实上，人世间，诸多事物，哪怕是最为基本的概念及其所指向的"物自体"，比如真、善、美等等，无不如此，无不最终都会陷入如此尴尬境地：所谓欲说还休，永说不休，成为永恒话题。说到底，就是有限如何链接达成无限。因此，八万四千偈，或者如恒河沙数之偈，也无法"举似人"。最终，只能靠理解、认可、接纳、觉悟、顿悟、信念、信仰来解决这类问题。最终，只能说：佛在心中，禅在心中。即心即佛，心外无佛，佛外无心。无心无佛，有心即佛。

东坡与参寥

　　禅门中人，同东坡关系密切、感情深厚者，不乏其人。其中以参寥子为之最。东坡《参寥子真赞》："维参寥子，身寒而道富。辩于文而讷于口。外尫柔而中健武。与人无竞，而好刺讥朋友之过。枯形灰心，而喜为感时玩物不能忘情之语。此余所谓参寥子有不可晓者五也。"非知心挚友，谁能言此？

　　参寥子，又称参寥，别号道潜，赐号妙总大师。陈师道《送参寥序》，誉为"释门之表，士林之秀，而诗苑之英也"。此论精当。参寥不仅佛法深通，还善诗，同东坡及当世士人交往颇多。相互之间，诗歌唱和不断，有《参寥子诗集》行于世。《诗集》中与东坡有关的诗最多：《子瞻席上令歌舞者求诗戏以此赠》《陪子瞻登徐州黄楼》《逍遥堂书事呈子瞻》《次韵子瞻饭别》《子瞻赴守湖州》《吴兴道中寄子瞻与少防同赋》《留别雪堂呈子瞻》《九江与东坡居士话别》《寄东坡昆仲》《庐山道中怀子瞻》《别苏翰林》《次韵苏端定武雪浪斋》《过彭城观陈传道知录所藏东坡公画》《读东坡居士南迁诗》《次韵东坡居士过岭》《同赵伯充防御观东坡所画枯木》《载酒堂》《东坡先生挽词》。东坡《与文与可》中，称佛印"诗句清绝，可与林逋相上下，而通了道义，见之令人萧然"。《与参寥》中，东坡说："别来思企不可言，每至逍遥堂，未尝不怅然也。为书勤勤不忘如此。"由此，也可见二人关系之深。

《参寥子诗集卷三·子瞻席上令歌舞者求诗戏以此赠》："底事东山窈窕娘，不将幽梦属襄王。禅心已作沾泥絮，肯逐春风上下狂。"这首诗，因为"子瞻席上令歌舞者求诗戏以此赠"，也被《醒世恒言》编成故事，张冠李戴算在佛印名下，名曰：《佛印师四调琴娘》。说的是，东坡因为引荐佛印见皇帝，却弄巧成拙，客观上害得佛印出家当和尚，心中愧疚。于是，就想办法让其还俗。于是，就让家中歌妓琴娘成其好事。佛印做了四句诗以铭心志：

　　传与巫山窈窕娘，休将魂梦恼襄王。

　　禅心已作沾泥絮，不逐东风上下狂。

这里所述，对照《参寥子诗集》和世传版本，只是将前两句做了修改，基本意思一致。不过，也同样不可信。

因为，首先，时间不对。这首诗当作于东坡知徐州时期，而并非如《醒世恒言》所说：哲宗皇帝元祐年间，复召为翰林学士、佛印游方转来、仍在大相国寺挂锡时期。其次，更主要的是：作者是参寥，而非佛印。同东坡关系非同一般的赵令時——初字景貺，东坡为其改字为德麟，属于宋朝宗室之后。东坡知颍州，令時为其属下，荐其才于朝。后卷入东坡案，受牵连，入元祐党籍，坐交通，罚金。——《侯鲭录卷三》记："东坡在徐州，参寥自钱塘访之。坡席上令一妓戏求诗，参寥口占一绝云：'多谢尊前窈窕娘，好将幽梦恼襄王。禅心已作沾泥絮，不逐东风上下狂。'坡云：'沾泥絮，吾得之，被老衲又占了。'"此说当可信。

佛印劝过东坡截断尘缘入佛门，参寥子也是如此。《参寥子诗集》之《逍遥堂书事呈子瞻》，就是以诗的形式劝东坡脱宦入佛：

○ 寻常卧云林，往往厌阛阓。今朝郡斋里，岑寂反可爱。曦和破帘栊，幽鸟语庭际。开门面修圃，珍木罗翠盖。萧疎旧菊丛，裛露有余态。主人事天和，万虑屏身外。劳生一断梗，何妨考根柢。安能从物役？扰扰空卒岁。脱巾每相从，颇得资傲倪。

东坡到黄州半年后，参廖派人来问候。东坡有《答参寥书》，对参廖道德、诗作都给以极高评价："到黄已半年，朋游常少，思念公不去心。懒且无便，故不奏书。远承差人致问，殷勤累幅，所以开谕奖勉者至矣。仆罪大责轻，谪居以来，杜门念旧而已。虽平生亲识，亦断往还，理故宜尔。而释、老数公，乃复千里致问，情义之厚，有加于平日，以此知道德高风，果在世外也。见寄数诗及近编诗集，详味，洒然如接清颜听软语也……笔力愈老健清熟，过于向之所见。此于至道，殊不相妨，何为废之邪？当更磨揉以追配彭泽。"此时，正当东坡落难之际，参廖派专人问候，怎能不令东坡感动？而且，前来问候者非止参廖一人。但，相同之处就在于：这些问候，都来自佛界禅境。因而，东坡大为感慨："以此知道德高风，果在世外也。"为何如此呢？出世高人，脱却了世俗利益纠葛，而纯粹出于道义和友谊的无私关心——这种孤寂之中的关心，当然深深触动了多情东坡的心。东坡一生，对佛界的亲近，根本原因就在于：这种心的慰藉，心的安放——超脱了世俗是非算计、利益纠葛、爱恨情仇，因而无须遮蔽自我，可以随时自任自适、从而无窒无压、无须设防、身心坦然，直做灵性本我。这本身就是一种陪伴，精神陪伴。这种陪伴，从黄州延续到惠州，又从惠州延展至儋州，再从儋州一路相伴，直至生命最后一刻乃至终老！东坡佛缘至深！而这种佛缘，映照出的，不仅是佛界大德高僧的道义——这种道义，足以光照千秋——，更在于从另一种视角映照出东坡的性灵高洁和人性圆融。而且，其影响从现实世界拓展至于方外世界。

参寥子《别苏翰林》，对东坡评价至高："四海窥人物，其谁似我公。论交容末契，许国见深衷。"而《庐山道中怀子瞻》，则透露出对东坡深深的怀念之情："去年今日东坡路，拄杖相将探海棠。"《次韵苏端定武雪浪斋》："孔明气宇白玉温，忠义勇决逾玉尊。葛巾羽扇传号令，塞垣彻警无尘昏。良辰往往挟将佐，射雕走马循烟村。归来饮酒坐堂上，賨从如云填防门。一朝郡圉得奇石，雪浪触眼惊神魂……兴来作诗寄台阁，雄词妙笔争考论。将军今谪穷海外，防见羲娥窥覆盆。殷勤寄与朔方客，佳致勿毁宜长存。"，则以诸葛孔明作比，称颂东坡安定边疆，武功卓著。同时，也展现了东坡作为文士的浪漫情怀。然而，就是这样一个文武兼备之人，不幸晚年衰朽之身，却贬谪荒远海外孤岛，命运堪忧。然而，他没有直接进行表达，而是通过对雪浪石的命运，通过殷勤寄语"朔方客"，善待雪浪石："佳致勿毁宜长存"，曲折表达出对东坡的深深的忧虑之情。同时，《诗集》中，称东坡为"人天大导师"，"康济在斯民"，并对东坡功业给以歌颂："大河当日决澶渊，横被东徐正渺漫。城上结庐亲指顾，敢将忠义折狂澜。"——这里，所指的是东坡领导徐州抗洪之事——"谪籍数年居瘴海，功名无分勒燕然。空余雪浪斋中石，留与邦人万古传。"

当参寥子《过彭城观陈传道知录所藏东坡公画》时，又不禁由画中"枯枝瘦石两相望"，勾起了与东坡海天相隔的怀念思绪："南北悠悠径路长"。参寥子对东坡始终真诚关心，总是对东坡境况放心不下。因此，当他读到东坡南迁，具体何地？是惠州，还是儋州？诗，具体是什么诗？参寥没有说，但无论是惠州诗，还是儋州诗，抑或二者兼而有之，至少形式上，总体上，东坡都展现出乐活怡旷、达观澹静思想。因而，当他《读东坡居士南迁诗》时，就感慨万千，就很为东坡气度所折服："居士胸中真旷夷，南行万里尚能诗。牢笼天地词方壮，弹压山川气未衰。忠义凛然刚不负，瘴烟虽苦力何施。往来惯酌曹溪水，一滴还应契祖师。"作为契友，参寥子深知东坡"一时迁客尽难堪"，坚信他"造物定知还岭北，暮年宁许丧天南"，更渴望着老友重逢，挑灯彻夜长谈："他日相逢长夜语，残灯飞烬落毵毵。"

当东坡居惠州时，参寥也曾派专人莅临探望，东坡回信并表达了安然自得的生活情境。这就是《答参寥三首之一》："专人远来，辱手书，并示近诗，如获一笑之乐，数日喜慰忘味也。某到贬所半年，凡百粗遣，更不能细说，大略只似灵隐天竺和尚退院后，却在一个小村院子，折足铛中，罨糟米饭吃，便过一生也得。其余，瘴疠病人。北方何尝不病，是病皆死得人，何必瘴气。但苦无医药。京师国医手里死汉尤多。参寥闻此一笑，当不复忧我也。故人相知者，即以此语之，余人不足与道也。"处境已够艰难，东坡还不忘拿京师国医开玩笑，以让参寥放心。不过，这种交往并未就此中断。

而其中最为感人的，是《答参寥三首之二》。参寥不放心，想亲自到惠州探访东坡。东坡复信，不仅表达了对参寥《次韵苏端定武雪浪斋》诗的感激之情，更力阻参寥冒险亲到惠州探访："雪浪斋诗尤奇伟，感激！感激！转海相访……冒此险做甚么？千万勿萌此意……切切！相知之深，不可不尽道其实尔。自揣余生，必须相见，公但记此言，非妄语也。"

而在《答参寥三首之三》中，东坡首先对于净慧琳老及诸僧为了东坡尽快还回中原而默祷于佛表示深深的谢意。其次，更是深刻剖析自我:"自揣省事以来,亦粗为知道者。但道心屡起,数为世乐所移夺,恐是诸佛知其难化,故以万里之行相调伏尔。"没有一丝对自我的担心,没有一丝烦恼的表达,更没有一丝的抱怨,而是将自身的贬谪当做是堕入红尘凡世的警示以及对于自身进道不专、道心不固的惩戒,并以此作为修业进道的门径与阶梯。再次,才是东坡表达自己的担心。不过,这并非担心自己,而是担心秦少游!"但得他老儿不动怀,其余不足云也。"最后,是东坡为了同遭贬谪的秦少游之事所做的一些细节安排——这也不是东坡首次为秦少游操心。在《答参寥二首之二》中,他就很为少游不平:"某在颍,一味适其自得也……少游近致一场闹,皆群小忌其超拔也。"今天读来,仍如在目前,感人至深,动人心魄。如此东坡,怎不令人爱戴?

然而,"他日相逢长夜语"的美好愿望,最终没能实现。九死一生之后,东坡虽然最终回到中原,却是很快走到人生终点。参寥子等来的是东坡逝世的噩耗——这让参寥子无限伤感,并作《东坡先生挽词》:"初复中原日,人争拜马蹄。梅花辞庾岭,甘溜酹曹溪。梁木倾何速,椿年竟不齐。灵輀向崧洛,行路亦凄凄。"斯人既逝,无可如何!参寥《同赵伯充防御观东坡所画枯木》诗,也充分反映出这种复杂心理情感:

经纶志业终不试,晚岁收功翰墨林。偶向僧坊委陈迹,每经风雨听龙吟。萧然素壁倚枯枝,行路惊嗟况所思。惆怅骑鲸天上去,却来人世恐无期。

就东坡来说，之所以能深得佛界人物敬重，原因非止一端。但最为根本的是东坡高深的佛学根底、造诣及其真正大彻大悟下的随缘生活态度——不滞碍于表象的对于佛门禅学规矩的遵守，而在于对其精神的真正领悟：破却形的执着，坚守神的自觉。正因此，他不拘谨局限于形式，甚至以一种形式上看来极为不敬不恭的另类谐谑，表达出真正的禅理，从而，使得本来庄严清净、顶礼膜拜之域，显得那么活泼可爱、生动有趣、亲切亲近，就像他的《禅戏颂》："已熟之肉，无复活埋。投在东坡无碍羹釜中，有何不可。问天下禅和子，且道是肉是素，吃得是吃不得是？大奇大奇，一碗羹，勘破天下禅和子。"又如《醉僧图颂》："人生得坐且稳坐，劫劫地走觅什么。今年且屙东禅屎，明年去拽西林磨。"看似有违佛门清规戒律，看似言语表述粗俗不堪，实则却体现出真正的佛旨禅理。正如东坡之词是曲子中缚不住者，东坡之禅，东坡之佛，也同样是禅佛中缚不住者。且看他的两首《如梦令》：

　　水垢何曾相受，细看两俱无有，寄语揩背人，尽日劳君挥肘。轻手，轻手，居士本来无垢。

　　自净方能净彼，我自汗流呵气，寄语澡浴人，且共肉身游戏。但洗，但洗，俯为人间一切。

　　本来无垢何以洗？"本来无垢洗更轻！"这就是其《宿海会寺》诗给出的答案。肉身尚且可游戏，何界不能游与戏？这其中的禅理觉悟，足以媲美于禅宗六祖慧能的那首名偈：

> 菩提本无树，明镜亦非台。本来无一物，何处惹尘埃？

可见，东坡身在佛门外，心在佛门中，是真正的觉悟，而非一时一事的偶然顿悟。其《髑髅赞》可谓诗话语言，表达觉悟之心：

> 黄沙枯髑髅，本是桃李面。而今不忍看，当时恨不见。
> 业风相鼓转，巧色美倩盼。无师无眼禅，看便成一片。

王十朋《集注分类东坡先生诗序》说："东坡先生之英才绝识，卓冠一世，平生斟酌经传，贯穿子史，下至小说、杂记、佛经、道书、古诗、方言，莫不毕究。"《风月堂诗话》卷上亦云：辩才大师，梵学精深，戒行圆洁，为二浙归重。一天，忽和参寥寄秦少游诗，其末云："台阁山林本无异，想应文墨未离禅。"此语用于东坡，亦何尝不是！

可以想见，东坡每到一寺游观，必定带来清新与欢快，必定会令人耳目一新，必定深受欢迎，乃至造成平日寂静的佛门清净之地整体轰动。正如《东坡志林·记游庐山》所记：

> 初入庐山，山谷奇秀，平生所未见，应接不暇，遂发意不欲作诗。已而见山中僧俗，皆云："苏子瞻来矣！"不觉作一绝

云："芒鞋青竹杖，自挂百钱游。可怪深山里，人人识故侯。"
既自哂前言之谬，又复作两绝……旋入开先寺，主僧求诗，因
作一绝……往来山南地十馀日，以为胜绝，不可胜谈。择其尤
者，莫如漱玉亭、三峡桥，故作此二诗。最后总老同游西林，
又作一绝云："横看成岭侧成峰，到处看山了不同。不识庐山真
面目，只缘身在此山中。"余庐山诗尽于此矣。

　　一句"皆云：'苏子瞻来矣！'"，可见东坡在庐山僧俗两界
的名望和影响有多么的大——庐山谁人不识君！而正是看到自
己如此受欢迎，才促使东坡忘却而自食前言：本来只是一门心思
游山观景不作诗，而且看景都来不及——因为景色太多太美太
好，应接不暇！——却由于"苏粉"众多且热情满满，多情东
坡深受感染激励，于是就情不自禁、情不能遏地食言作诗！而且
是，十余日之间，一作而不可收，连连食言作诗，直至情绪至于
极致，抑或终于情绪平静，精神宁静，在对庐山的多维度游览、
多层面感知、多视角思考之后，产生出对庐山的总体印象。同
时，作为一个游览者、旁观者、思想者，东坡更是跳出庐山看庐
山，进而对庐山以及人与庐山的关系，作出哲学思考，从而吟诵
出了一首千古名篇：《题西林壁》。而这，不仅成为西林寺至宝，
成为庐山骄傲，更成为中华传统文化中一颗富含哲理的璀璨文化
明珠！

　　《题西林壁》，不仅是一首诗，更是一首禅偈，其中蕴含着
无限禅机和智慧！这里的"庐山"，是庐山，却也远非仅仅只是

庐山！庐山，不就是灵山，不就是佛，不就是禅吗?！"庐山"只有一个，但"庐山"也有无数——人人心中，无不有"庐山"；人人心中，"庐山"各不同！就是同一个人，对于"庐山"，何尝不是"横看成岭侧成峰，到处看山了不同（或曰：远近高低各不同）"? 对于"庐山"，切不可固执一端！否则，就是"不识庐山真面目，只缘身在此山中。"而且是，深深沉沦于尘埃之中：尘缘深重，俗气多多，慧根乌有，灵气缺如，不能自拔。既如此，何能识得"庐山"真面目？那样，也就与佛无缘了。

东坡与辩才

　　东坡与佛界的另一段佳话，那就是他和"龙井茶鼻祖"辩才的交往。辩才，俗姓徐，名无象，法名元净，曾任杭州上天竺寺主持。据说东坡首访辩才不遇，便留诗一首《书辩才白云堂壁》："不辞清晓叩松扉，却值支公久不归。山鸟不鸣天欲雪，卷帘惟见白云飞。"支公，字道林，又称支遁、林公，晋代高僧，《世说新语》中多有其言行记载。因其精研《庄子》，深通佛法，与当世社会高层名流交往频繁而深厚，深受世人尊重。后世往往以其名指代高僧。东坡这里就是以支公指代并称颂辩才——善说法义之才能。

　　东坡与辩才的因缘，不仅在于一般的交往，更在于其次子苏迨的病症因为辩才摩顶施治而痊愈。至于具体怎么摩顶，则不得而知。当然，其所为人施治而病愈者非止一人。由东坡出面请苏辙所撰《龙井辩才法师塔碑》曰："浙江之西，有大法师，号辩才。以佛法化人，心具定慧，学具禅律……予兄子瞻中子迨，生三年不能行，请师为落发摩顶祝之，不数日能行如他儿。"

这个辩才不简单!

这是奇迹,更是契机——于佛,东坡心灵更近;于辩才,彼此关系更深。东坡为此而作诗《赠上天竺辩才禅师》:"南北一山门,上下两天竺。中有老法师,瘦长如鹳鹄。不知修何行,碧眼照山谷。见之自清凉,洗尽烦恼毒……我有长头儿,角颊峙犀玉。四岁不知行,抱负烦背腹。师来为摩顶,起走趁奔鹿。"多方医治无效,东坡无奈,只得将苏迨送进寺庙权且落发为僧——"儿子竺僧名迨于观音前剃落,权寄缁褐"。后来,因为病好,且荫庇授而官,所以东坡《与辩才禅师三首之二》说:"去岁明堂恩,已奏授承务郎,谨与买得度牒一道,以赎此子。今附赵君斋纳,取老师意,剃度一人,仍告于观音前,略祝愿过。"

东坡与辩才,彼此尺牍联系不断。《与辩才三首之一》,就是东坡为久未问候辩才而致歉意:"久不奉书,愧仰增深。"而《与辩才禅师》,则诉说分别思念和问候之意:"别来思仰日深,比来道体何如?……思企吴越诸道友及江山之胜,不去心……惟千万保爱。"

关于东坡与辩才,最为有名的故事是辩才送别东坡的破例行为。辩才晚年,年迈体衰,便从上天竺退居南山龙井寿圣院安养。客人来访,一般送客不过虎溪。一次,东坡来访,相谈甚欢。东坡临别,辩才亲自送客。二人边走边聊,不知不觉中,辩才竟然忘了送客不过虎溪水的规矩。左右侍者惊呼:"远公(注:远公,指晋代高僧慧远,居庐山东林寺,德高望重,在佛

界影响很大，世人称为远公，也被后人尊为净土宗初祖。对他
僧称远公，也是一种尊称，相当于称大师。），又过虎溪了！"辩
才笑着说："杜甫不是说过吗：'与子成二老，来往亦风流。'"

关于此次分别，东坡记载如下：辩才老师，退居龙井，不
复出入。轼往见之，常出至风篁岭。左右惊曰："远公复过虎溪
矣！"辩才笑曰："杜子美不云乎：'与子成二老，来往亦风流。'"
因作亭岭上，名曰过溪，亦曰二老。谨次。辩才韵赋诗一首。
眉山苏轼上。日月转双毂，古今同一丘。惟此鹤骨老，凛然不
知秋。去住两无碍，天人争挽留。去如龙出山，雷雨卷潭湫。
来如珠还浦，鱼鳖争骈头。此生暂寄寓，常恐名实浮。我比陶
令愧，师为远公优。送我还过溪，溪水当逆流。聊使此山人，
永记二者游。大千在掌握，宁有离别忧。

东坡赋诗，是对辩才赋诗的次韵。关于此次送别，辩才在
岭上建造一座亭子，名为"过溪亭"，也曰"二老亭"。辩才因
此而赋诗，就是《龙井新亭初成诗呈府帅苏翰林》：

政暇去旌旆，策杖访林邱。人惟尚求旧，况悲蒲柳秋。
云谷一临照，声光千载留。轩眉狮子峰，洗眼苍龙湫。
路穿乱石脚，亭蔽重岗头。湖山一目尽，万象掌中浮。
煮茗款道论，莫爵致龙优。过溪虽犯戒，兹意亦风流。
自惟日老病，当期安养游；愿公归庙堂，用慰天下忧。

"云谷一临照，声光千载留。"辩才此论，可谓至论。"愿公

归庙堂，用慰天下忧。"方外辩才，深知东坡，寄予厚望。而东坡却远超时代，成为一种典范，用慰天下心，更为天下爱。辩才诗存世不多，但都纯净空灵，清心沁脾，卓异世表。如《风篁岭》："风篁荫修岭，挺节含虚心。悠悠往还客，孰不聆清音。"《归隐桥》："谢讲竺峰寺，归隐新此桥。院幽结林表，身老寄烟霄。"《寂室》："心寂寂自绝，此意焉思说。寒云散空庭，独有月照雪。"而其《心师铭》则更显辩才心之静、性之空、悟之彻：

咄哉此身，尔生何为？资之以食，覆之以衣；处之以室，病之以医。百事将养，一时不亏。殊不知恩，反生怨违。四大互恼，五藏相欺。此身无常，一息别离。此身不净，九孔常垂。百千痛疽，一片薄皮。此身可恶，无贪惜之。当使此身，依法修持。三种净慈，十六思维。一行不退，安养西归。成无上知，是为心师。元祐六年中秋寂室书与怀益。

而东坡《答参寥二首之一》，则曰："辩才遂化去，虽来去本无，而情钟我辈，不免凄怆也。今有奠文一首，并银二两，托为致茶果一奠之。"可见，辩才化去后，东坡仍不忘怀，并深情祭奠。辩才有知，当慧心含笑。

辩才未必优远公，东坡不必愧陶令（陶渊明）。离愁别苦何足忧？日月双转烟云过。无碍天心自在运，莲花禅定一身休。二老声音依旧在，千年无垢溪潺潺。

东坡与禅修

世上难有绝对出世与清净。方外世界总是与现实世界存在着千丝万缕的联系，总会受到现实社会的深刻影响。就像辩才，也曾被世俗力量排挤出上天竺寺。后来，他又在僧俗两界共同努力下，重新回到上天竺寺。对此，东坡有诗《闻辩才法师复归上天竺以诗戏问》以赠：

道人出山去，山色如死灰。白云不解笑，青松有余哀。忽闻道人归，鸟语山容开。神光出宝髻，法雨洗浮埃。想见南北山，花发前后台。寄声问道人，借禅以为诙。何所闻而去，何所见而回。道人笑不答，此意安在哉。昔年本不住，今者亦无来。此语竟非是，且食白杨梅。

真是禅意十足！东坡不愧是东坡：无事不可入禅，无意不可入禅，生活处处是禅，以至生活本身就是禅！请看二颂：

○　　其一，《油水颂》

水在油中，见火则起。油水相搏，水去油往。湛然光明，不知有火。在火能宝，内外净故。若不经火，油水同定。非真定故，见火复起。

○　　其二，《食豆粥颂》

道人亲煮豆粥。大众齐念《般若》。老夫试挑一口，已觉西家作马。

观此二颂，禅理深蕴，迥非凡俗，非大德不能道也！东坡对禅如此着迷，或者说如此自然体禅性，以至于在他的眼中，就是一个普通鱼枕冠，也可由鱼及物，由物及我，我而非我，因果相因，终将归无——《答孔子君颂》：道无深浅，亦无远近。见物失空，空未尝灭。物去空现，亦未尝生。应当正远，作如是观。——清净欢喜，通达悟彻，禅意无穷：

○　　莹净鱼枕冠，细观初何物。形气偶相值，忽然而为鱼。不幸遭纲罟，剖鱼而得枕。方其得枕时，是枕非复鱼。汤火就模范，巍然冠五岳。方其为冠时，是冠非复枕。成坏无穷已，究竟亦非冠。假使未变坏，送与无发人。簪导无所施，是名为何物。我观此幻身，已作露电观。而况身外物，露电亦无有。佛子慈闵故，愿爱我此冠。若见冠非冠，即知我非我。五浊烦恼中，清净常欢喜。

而其《答子由颂》，则同样意味隽永：子由问："'五蕴皆非四大空，身心河岳尽圆融。病根何处容他住，日夜还将药石攻。'不知黄檗如何答？"老僧代云：'有病宜须著药攻，寒时火烛热时风。病根既是地容处，药石还同四大空。'"

其他如纪念亡妻王闰之所作《释迦文佛颂并引》《观世音菩萨颂并引》《十八大阿罗汉颂》《石恪画维摩颂》等等，无不展现出东坡深厚的佛学思想及其对佛的虔敬之心。佛教从来讲缘。同样信佛的苏辙，因缘际会，偶得三颗如来舍利，而无以安置。而济南长清真相院建有十三层砖塔，却无以为葬。东坡经过，回忆过去父母性仁行廉，崇信三宝，去世时，曾将遗物布施佛寺做功德，就想将如来舍利供奉于此。并拿出一两金、六两银以助供，并作铭："如来法身无有边，化为舍利示人天……愿持此福达我先，生生世世离垢缠。"这就是《齐州长清县真相院释迦舍利塔铭并引》。

东坡对其母所遗留簪珥纪念物，也做了交代："眉山苏轼敬舍亡母蜀郡太君程氏，遗留簪珥，命工胡锡采画佛像，以荐父母冥福。"他还专门创作《阿弥陀佛颂》，以表其心意："佛以大圆觉，充满河沙界。我以颠倒想，出没生死中。云何以一念，得往生净土。我造无始业，本从一念生。既从一念生，还从一念灭。生灭灭尽处，则我与佛同。如投水海中，如风中鼓橐。虽有大圣智，亦不能分别。愿我先父母，与一切众生，在处为西方，所遇皆极乐。人人无量寿，无往亦无来。"这是典型的佛门中语说佛门中事。东坡《与辩才禅师三首之三》，还记述了兄弟二人舍绢一百疋，烦劳辩才帮忙，为父母造地藏菩萨一尊并座及侍者二人，以便安放师寺中供养。

而《答宝月禅师三首之三》，则记述了另一件供佛心愿："有吴道子绢上画释迦佛一轴，虽颇损烂，然妙迹如生，意欲送院中供养。如欲得之，请示一书，即为作记，并求的便附去。可装在板子上，仍作一龛子。"吴道子墨宝，虽残损，价亦高。东坡却主动提出，欲为佛供养物件。东坡还有《舍幡帖》："祖母蓬莱县太君史氏绣幡二，其文曰'长寿王菩萨'、'消灾障菩萨'。祖母没三十余年，而先君中大夫孝友之慕，至老不衰，每至忌日，必捧而泣。今先君之没，复二十四年矣。某以谓宝藏于家，虽先君之遗意；而归诚于佛，盖祖母之本愿。乃舍之金山以资冥福。"由此可见，东坡对佛的虔敬之心非同寻常。

不仅如此，《与程辅提刑二十四首之十五》，则让我们看到一个竭己能而向佛、尽己力而行善的东坡形象——资佛资僧不过是达成其心愿的一种媒介：

向所见海会长老，甚不易得。院子亦渐兴葺。已建法堂甚宏壮，某亦助施三千缗足，令起寝堂，岁终当完备也。院旁有一陂，诘曲群山间，长一里有余。意欲买此陂，属百姓见说数十千可得。稍加葺筑，作一放生池。囊中已竭，辄欲缘化。老兄及子由各出十五千足，某亦竭力共成此事。所活鳞介，岁有万数矣。老大没用处，犹欲作少有为功德，不知兄意如何？

　　须知，这个程辅提刑正是东坡表兄兼曾经的姐夫程之才。此前，因为东坡姐姐早逝导致苏程两家结怨成仇长达四十二年之久。此时，苏程两家刚刚释怨不久，东坡即为了寺庙建放生池之事，请他出资，而且是十五千——这可不是个小数目。而东坡自己也并不富裕，常常捉襟见肘，而于佛事却是无条件尽心竭力。这次化缘，结果如何，已不可考，但足以说明东坡佛缘深厚且心地至诚。坡心思佛，坡心似佛。

　　东坡与佛门交往，始终不绝。其中，当其南迁，结缘南华寺，同住持长老重辩禅师礼拜禅宗六祖，作诗《南华寺》。其中有言："我本修行人，三世积精链。中间一念失，受此百年谴。"颇为耐人寻味，甚至透露出某种神秘性。东坡还应重辩所请作《卓锡泉铭》并引。机缘巧合的是，东坡表弟程德孺，贬官后，正寄居于南华寺。东坡为此作《苏程庵铭并引》：

　　程公庵，南华长老辩公为吾表弟德孺作也。吾南迁过之，更其名日苏程，且铭之日："辩作庵，宝林南。程取之，不为贪。苏后到，住者三。苏既住，程则去。一弹指，三世具。如我说，无是处。百千灯，同一光。一尘中，两道场。齐说法，不相妨。本无通，安有碍。程不去，苏亦在。各遍满，无杂坏。"此铭深蕴佛理禅意，从中也可见出东坡极高的禅修境界。

　　东坡离开后，重辩多次派专人致意问候。东坡至少有五次回信，即《答南华辩师五首》。其一曰："窜逐流离，愧见方外人之旧。达观一视，延馆加厚，洗心归休，得见祖师，幸甚！人来，辱书，具审法体佳胜，感慰兼集。某到惠已二百日，杜门养疴，凡百粗遣，不烦留意念。"既对能够参拜六祖真身表示幸运，又对重辩派人致信问候表达感激，还就自身情况做了简要报告，以让重辩放心。其二曰："专人远来，获手教累幅，具审法履佳胜，感慰兼集。又蒙远致筠州书信，流落羁寓，每烦净众，愧佩深矣。承惠及罂粟盐豉等，益荷厚意。泉铭模刻甚精。某此凡百如宜，不烦念及。未由瞻谒，怀想不已。热甚，惟万万为众自爱。"其三曰："所要写柳碑，大是。山中阙典，不可不立石。已辍忙，挥汗写出，仍作一小记。成此一事，小生结缘于祖师不浅矣。荒州无一物可寄，只有桃榔杖一杖，木韧而坚，似可采，勿笑！"其四曰："净人来，辱书，具审法体胜常，深慰驰仰。至此二年，再涉寒暑，粗免甚病……已置圃筑室，为苟完之计，方斫木陶瓦，其成当在冬中也。"

五封回书，足见东坡与重辩友谊深厚。重辩请东坡书写柳碑，即柳宗元《曹溪第六祖赐谥大鉴禅师碑记》。东坡不仅书写了碑文，还撰有《书柳子厚大鉴禅师碑后跋》。东坡应重辩所请书写好碑记并撰后跋。重辩将碑记镌刻于石碑后，又想请东坡书写王碑、刘碑，即：王维撰《六祖能禅师碑铭》、刘禹锡撰《六祖大鉴禅师第二碑》。东坡《答南华辩师五首之五》："近苦痔疾，极无聊，看书笔砚之类，殆皆废也。所要写王维、刘禹锡碑，未有意思下笔。又观此二碑格力浅陋，非子厚之比也。"可见，东坡身体欠佳之至，又对王碑、刘碑不以为然，故婉拒书此二碑。当然，仅书一碑，已是一件大功德，更是闻言知心、明心见性，鉴照出东坡自然无碍、言行不二的澄澈心性。这本身就于点滴之中展现出东坡顺遂自然的人生哲学思想，更体现出东坡对于自己认定的原则的坚定性和坚持性——这种坚定性和坚持性，不因人而异，不因物而异，不因环境而异，不以境况而异，而是始终体现出连续性和一贯性。

东坡与佛界人物结缘交往，远非上述数人而已。据《东坡志林·付僧惠诚游吴中代书十二》，"吴、越多名僧，与予善者常十九。"东坡不仅深受佛教影响，也深刻影响了佛教。东坡与佛结缘，是一个漫长过程：起始于家庭熏陶，继续于人生挫折，归结于生命终点。

东坡祖父苏序，虽未有信佛确证——倒是传说他在一次大醉之中，将一座寺庙中的一尊佛像打得粉碎——却是宅心仁厚，天性纯朴善良，荒年里，将家中积粮分给饥困乡亲。父母笃信佛教。这种信仰的家庭氛围，耳闻目睹中，无疑会产生出启蒙性影响，而苏轼、苏辙——《试院唱酬十一首次前韵三首》："老去在家同出家，《楞伽》四卷即生涯。"《次韵子瞻与安节夜坐三首》："目断家山空记路，手披禅册渐忘情。"——兄弟都和佛界有着甚深因缘本身就印证了这一点。在《十八大阿罗汉颂》中，东坡不仅叙说了外祖父身遇奇事而供阿罗汉："轼外祖父程公，少时游京师，还，遇蜀乱，绝粮不能归，困卧旅舍。有僧十六人往见之，曰：'我，公之邑人也。'各以钱二百货之，公以是得归，竟不知僧所在。公曰：'此阿罗汉也。'岁设大供四。公年九十，凡设二百余供。"更由在海南偶得名家所画十八阿罗汉像，惊异于某种未知因缘而加以供奉并题颂："蜀金水张氏，画十八大阿罗汉。轼谪居儋耳，得之民间。海南荒陋，不类人世，此画何自至哉！久逃空谷，如见师友，乃命过躬易其装标，设灯涂香果以礼之……困厄九死之余……获此奇胜，岂非希阔之遇也哉？乃各即其体像，而穷其思致，以为之颂。"由此，也引起东坡对过往家中所供十六罗汉像产生奇迹的回忆："轼家藏十六罗汉像，每设茶供，则化为白乳，或凝为雪花桃李芍药，仅可指名。或云：罗汉慈悲深重，急于接物，故多现神变。傥其然乎？"傥其然乎？这是在表达一种疑问：如果是这样呢？如果是真的呢？而且，纵观东坡一生，这个疑问隐藏于心已久，更兼暮年在海南的遭际，实际上，东坡心理上更加倾向于其真实性，更加相信某种灵性的存在。因此，他才将其授予弟弟苏辙，以期弟弟夫妇能够得到福报："今于海南得此十八罗汉像，以授子由弟，使以时修敬，遇夫妇生日，辄设供以祈年集福，并以前所作颂寄之。子由以二月二十日生，其妇德阳郡夫人史氏，以十一月十七日生。是岁中元日题。"顺便说一句，东坡不经意间提起弟弟夫妻的生日。这种极不起眼的细节的偶然提及，却反映出东坡对弟弟的关爱和所知，是多么的细致入微。

东坡继室王闰之和侍妾王朝云均好佛。东坡曾在王闰之生日买鱼放生为其祝寿，并作《蝶恋花·同安生日放鱼取金光明经救鱼事》词云："放尽穷鳞看围困，天公为下曼陀雨。"《阿弥陀佛赞》："苏轼之妻王氏，名闰之，字季章，年四十六，元祐八年八月一日卒于京师。临终之夕，遗言舍所受用，使其子迈、迨、过为画阿弥陀像。绍圣元年六月九日，像成，奉安于金陵清凉寺。"其赞云："但当常作平等观，本无忧乐与寿夭……此心平处是西方，闭眼便到无魔娆。"王闰之去世后，东坡又遵从亡妻遗愿，特请著名画家李公麟（号龙眠居士）绘释迦牟尼及十大弟子供奉京师丛林。而王朝云，不仅虔诚学佛，皈依佛门，更在弥留之际诵《金刚经》"一切有为法，如梦幻泡影，如露亦如电，应作如是观"四句偈而绝世。东坡遵从其遗愿将其葬于孤山栖禅寺旁，并在墓前建六如亭以资纪念。在《朝云墓志铭》中，东坡称赞她"浮屠是瞻，伽蓝是依。如汝宿心，惟佛之归"，并作《悼朝云》诗云：

　　伤心一念偿前债，弹指三生断后缘。

　　归卧竹根无远近，夜灯勤礼塔中仙。

　　从中，亦可见东坡纯真的佛教情结。不仅如此，在先前儿子苏迨结缘佛教而病愈之后，其久病不愈的孙子孙女也因结缘药师琉璃光佛而痊愈。这种奇迹，理所当然令东坡宽心感动铭记。故而写下《药师琉璃光佛赞（并引）》：

　　佛弟子苏箪，与其妹德孙，病久不愈。其父过，母范氏，供养祈祷药师琉璃光佛，遂获痊损。其大父轼，特为造画尊像，敬拜稽首，为之赞曰：

我佛出现时，众生无病恼。 世界悉琉璃，大地皆药草。

我今众稚孺，仰佛如翁媪。 面颐既圆平，风末亦除扫。

弟子龠与德，前世衲衣老。 敬造世尊像，寿命仗佛保。

从小就受佛教氛围浓郁的家乡和家庭熏陶的东坡，多次说自己前世为禅僧戒和尚，甚至尚未出生，便与佛僧有着不解之缘。惠洪《冷斋夜话卷七·梦迎五祖戒禅师》，就记载了东坡是戒和尚的不可思议的神奇故事。而且，东坡本人似乎也相信自家前生就是戒和尚，而今就是戒和尚转世。东坡黄州时期，曾作《五祖山长老真赞》云："问道白云端，踏着自家底。"《冷斋夜话卷七·苏轼衬朝道衣》又曰："哲宗问右珰陈衍：'苏轼衬朝章者何衣？'对曰：'是道衣。'哲宗笑之。及谪英州，云居佛印遣书追至南昌。东坡不复答书，引纸大书曰：戒和尚又错脱也。后七年复官，归自海南，监玉局观。作偈戏答僧曰：'恶业相缠卅八年，常行八棒十三禅。却着衲衣归玉局，自疑身是五通仙。'"

类似不可思议且有佛缘之事，也见于宋何薳撰《春渚纪闻卷六·东坡事实·寺认法属黑子如星》："钱塘西湖寿星寺老僧则廉言：先生作郡倅日，始与参寥子同登方丈，即顾谓参寥曰：'某生平未尝至此，而眼界所视，皆若素所经历者。自此上至忏堂，当有九十二级。'遣人数之，果如其言。即谓参寥子曰：'某前身，山中僧也。今日寺僧，皆吾法属耳。'后每至寺，即解衣盘礴，久而始去。则廉时为僧雏待仄，每暑月袒露竹阴间，细视公背，有黑子若星斗状，世人不得见也。即北山君谓颜鲁公曰'志金骨，记名仙籍'是也。"这里，益发将东坡与佛链接并加以神话。

　　至于明张岱《西湖梦寻卷一·智果寺》所记东坡故事，除了与上述内容基本一致的记录外，更有东坡托梦修葺智果寺之异事："东坡守杭，参寥卜居智果，有泉出石罅间。寒食之明日，东坡来访，参寥汲泉煮茗，适符所梦。东坡四顾坛墠，谓参寥曰：'某生平未尝至此，而眼界所视，皆若素所经历者。自此上忏堂，当有九十三级。'数之，果如其言，即谓参寥子曰：'某前身寺中僧也，今日寺僧皆吾法属耳，吾死后，当舍身为寺中伽蓝。'参寥遂塑东坡像，供之伽蓝之列，留偈壁间，有：'金刚开口笑钟楼，楼笑金刚雨打头，直待有邻通一线，两重公案一时修。'后寺破败。崇祯壬申，有扬州茂才鲍同德字有邻者，来寓寺中。东坡两次入梦，属以修寺，鲍辞以'贫士安办此？'公曰：'子第为之，自有助子者。'次日，见壁间偈有'有邻'二字，遂心动立愿，作《西泠记梦》，见人辄出示之。一日至邸，遇维扬姚永言，备言其梦。座中有粤东谒选进士宋公兆禴者，甚为骇异。次日，宋公筮仕，遂得仁和。永言怂恿之，宋公力任其艰，寺得再葺。"

　　如果说外人记述，有失真乃至神话编造可能——这种情况，古今不绝，后世必有！——那么，东坡自己怎么看？其《答陈师仲书》曰："轼于钱塘人有何恩意，而其人至今见念，轼亦一岁率常四五梦至西湖上，此殆世俗所谓前缘者。在杭州尝游寿星院，入门便悟曾到，能言其院后堂殿山石处，故诗中尝有'前生已到'之语。"而且，似乎东坡与杭州特别有缘。《和张子野见寄三绝句·过旧游》云："前生我已到杭州，到处长如到旧游。"《去杭州十五年，复游西湖，用欧阳察判韵》云："还从旧社得心印，似省前生觅手书。"《海月辩公真赞（并引）》则曰："余在黄州，梦至西湖上，有大殿榜曰弥勒下生，而故人辩才、海月之流，皆行道其间。"《东坡志林·记梦》："予在黄州，梦至西湖上，梦中亦知其为梦也。湖上有大殿三重，其东一殿题其额云'弥勒下生。'梦中云：'是仆昔年所书。'众僧往来行道，太半相识，辩才、海月皆在，相见惊异。仆散衫策杖，谢诸人曰：'梦中来游，不及冠带。'既觉，亡之。"而且，就同在《东坡志林》，还记有异事一桩："余在惠州，忽被命责儋耳。太守方子容自携告身来，且吊余曰：'此固前定，可无恨。吾妻沈素事僧伽谨甚，一夕梦和尚告别，沈问所往，答云："当与苏子瞻同行。后七十二日，当有命。"今适七十二日矣，岂非前定乎！'余以谓事之前定者，不待梦而知。然余何人也，而和尚辱与同行，得非夙世有少缘契乎？"诸如此类，真的是不可思议。至少，足以说明东坡佛缘甚深！

东坡佛缘故事甚多，无须再多赘言。那么，东坡何以孜孜于佛？在《海月辩公真赞（并引）》中，他如是说："余方年壮气盛，不安厥官。每往见师，清坐相对，时闻一言，则百忧水解，形神俱泰。因悟庄周所言东郭顺子之为人，人貌而天虚，缘而葆真，清而容物，物无道正，容以悟之，使人之意也消，盖师之谓也欤？"从中，至少可见东坡有两点亲佛修佛之进益：一是，可使身心安静，"百忧水解，形神俱泰"，从而解脱并远离世俗烦扰；二是，启迪自我不断修为，在更高层界上，涤荡灵魂心性。

然而，一时话好说，其实事难为！思想可以超然，人生必须面对现实，必须经历、处理、解决现实中诸多问题、矛盾和烦恼。红尘滚滚，利益纠葛，诉求各异，意念参差，要真正做到"门如市，心如水"，委实难得，至少非常人所能达到。而且，即使觉悟甚高，能否一直不动心，能否一以贯之心如止水而无丝毫波澜涟漪？这是而且永远是一个需要面对考验、需要得到现实见证的大问题。

自古，有那么多的隐逸高士，总以传说为多。现实中，往往处境不堪，更是难以为继——虽然道义上、口头上、文字上可以无数次不厌其烦地被追捧、被歌颂，基本都是绝世而独立、独一而无二！许由洗耳，不受尧帝禅让，隐居山林而终。务光清德，不受商汤让位，沉水自溺而亡。伯夷、叔齐，不食周粟，饿死首阳。屈原"举世皆浊我独清，众人皆醉我独醒"，不能"淈其泥而扬其波""哺其糟而歠其醨"，馋而见疏，迭遭流放，自沉汨罗。延陵季子，三让权位，徐墓挂剑，践行心诺，高风流传——同时却坏了"兄终弟及，依次相传"的政治规矩，只引得家族内乱，骨肉相残，终致国灭。陶弘景潇洒出世，伴山中清风、赏岭上白云，还不忘幽齐高帝萧道成一默：只可自怡悦，不堪持赠君。陶渊明可以不为五斗米折腰，但那是一种怎样不堪的生活啊！生活无着无助至于乞食于人："饥来驱我去，不知竟何之。行行至斯里，叩门拙言辞。"如此境地，如此难堪，国人向来注重和讲究的面子都丧失殆尽，何能保持心性宁静？一个严子陵，汉光武帝同学，不为高权所动，耕于富春山，终老于家，《后汉书》将其列入《逸民列传》。当然，几千年的文明史，总可以找到诸如此类"不动心"者身影，但注定为数稀少。更主要的是，他们都是榜样，足以鉴照民族心灵，却无一具有真实而宽泛的现实示范效应——无一例外，都是孤品！

就像近两千年间，基本上一直被国人尊崇的圣人孔子、亚圣孟子，也没能做到在世而不动心——尽管孟子在回答学生"公孙丑问曰：'夫子加齐之卿相，得行道焉，虽由此霸王不异矣。如此，则动心否乎？'"时，毅然决然说自己是"我善养吾浩然之气"，"我四十不动心。"告子更厉害："告子先我（孟子）不动心。"特别有意味的，是《孟子·公孙丑章句下》所记"孟子去齐"一事："千里而见王，是予所欲也；不遇故去，岂予所欲哉？予不得已也。予三宿而出昼，于予心犹以为速。王庶几改之。王如改诸，则必反予。夫出昼而王不予追也，予然后浩然有归志。予虽然，岂舍王哉？王由足用为善。王如用予，则岂徒齐民安，天下之民举安。王庶几改之，予日望之。予岂若是小丈夫然哉？谏于其君而不受，则怒，悻悻然见于其面。去则穷日之力而后宿哉？"不是断然断舍离，而是宿于昼地，且是三宿而出昼！明知齐王不靠谱，明知自己无用武之地，明知千里至齐必定劳而无功，明知循循善诱而齐王不会纳谏而行，硬是凭着"如欲平治天下，当今之世，舍我其谁也？吾何为不豫哉？"的一腔自信，希望破灭，仍不死心，仍在等待，等待着明知没有结果的结果——尽管道理、道义上讲，其愿望、理论、理想、梦想是那么的高尚而可行——，孟子真的动心了！尽管没有后续的记录，孟子所受挫折和打击可想而知。

至于孔子，周游列国十四年，知其不可为而为之，不仅说明动心而不能忍性，更是汲汲以求：不能说是再战再败、屡战屡败，只能说是再败再战、屡败屡战。当然，十四年在路上，这也就同时开创了儒家积极担当、勇于用世之先河。其间，多有狼狈：畏于匡，困于陈蔡之间，直至"累累若丧家之狗"——《史记卷四十七·孔子世家》："孔子适郑，与弟子相失，孔子独立郭东门。郑人或谓子贡曰：'东门有人，其颡似尧，其项类皋陶，其肩类子产，然自要以下不及禹三寸。累累若丧家之狗。'"这个郑人委实了得：能知"其颡似尧，其项类皋陶，其肩类子产，然自要以下不及禹三寸"！除非天人神人，否则可笑至极！仅此而论，信史也未必全可信。当然，并非没有明白人。但是，有明白人，又能如何？"楚狂接舆歌而过孔子，曰：'凤兮凤兮，何德之衰！往者不可谏兮，来者犹可追也！已而已而，今之从政者殆而！'孔子下，欲与之言。趋而去，弗得与之言。"如果，如果接舆不去，孔子能有机会与之言且能畅所欲言，又能怎样？又能有何结果？

《史记卷四十七·孔子世家》还记载：定公十四年，孔子年五十六，由大司寇行摄相事，有喜色。门人曰："闻君子祸至不惧，福至不喜。"孔子曰："有是言也。不曰：'乐其以贵下人'

乎？"灵公老，怠于政，不用孔子。孔子喟然叹曰："苟有用我
者，期月而已，三年有成。"孔子行。一喜一叹，折射出孔子的
得色与失落。当然，孔子最注重正名、道义、原则、底线。然
而，《论语·阳货篇》中的两则记述，则使我们看到了孔子的另
一面：

○　其一

　　公山弗扰以费畔，召，子欲往。子路不说，曰："末之也
已，何必公山氏之之也？"子曰："夫召我者而岂徒哉？如有用
我者，吾其为东周乎！"

○　其二

　　佛肸召，子欲往。子路曰："昔者由也闻诸夫子曰：'亲于
其身为不善者，君子不入也。'佛肸以中牟畔，子之往也，如之
何？"子曰："然，有是言也。不曰坚乎，磨而不磷；不曰白乎，
涅而不缁。吾岂匏瓜也哉？焉能系而不食？"

　　须知，这两次事件，都是不合于礼且背礼而行的政治事件。
孔子一直为了实现政治抱负而不能，可谓压抑至极。现在虽属
偶然，终于有了机会，尽管名不正、言不顺——按照孔子自己
的说法是：名不正，则言不顺；言不顺，则事不成——，其结
果也很可能劳而无功。然而，孔子却真的动心了！政治抱负一
直无缘施展，孔子等待得太久！公山弗扰和佛肸这两个叛臣给

了他这样一个机会，他就急迫愿意想前往，不仅说明定力不够，政治意识不坚定，甚至于连一点矜持都缺如，完全没了圣人的尊严。

其实，也不能责备孔子。孔子时代，早已礼坏乐崩，社会秩序已然失序：整个周朝天下，正处于大分化、大争战、大动荡、大整合时期。陪臣执国命、家臣屡叛乃至专政，尤其频繁出于秉承周礼最为完备的鲁国——这不仅是对周礼制度本身的极大讽刺，也彰显出周礼的最终实质性失效。所以，退一步说，即便孔子真的应邀助公山弗扰或者佛肸施展抱负于费或者中牟，而且就是失败了，也无须承担太多太大的政治后果：鲁国留不住，照样游列国。那么，后世呢？孔子以降，孟子处处推销自己的主张，同样不遗余力——不过，身处战国时代，没有立竿见影富国强兵的实效，再美妙的指向未知未来的梦想仁政，也注定难为任何诸侯国当政者所认可、所接纳、所推行。没有现实的实力做基础，尚德主张只能是空想——尤其是当整个社会固化而统治者自身都普遍失德之时，却设想令整个社会尚德而不尚力，都能遵德而行，这本身就是痴人说梦。

权力当前，哪个是超然？后世疏广疏受叔侄，辞官归养，韬晦处世，备受后世推崇。然而，世人都故意遗忘其中的前提条件和这一切之所以发生的根由：惧祸——《汉书·疏广传》：广谓受曰："吾闻'知足不辱，知止不殆'，'功遂身退，天之道'也。今仕至二千石，宦成名立，如此不去，惧有后悔，岂如父子归老故乡，以寿命终，不亦善乎？"广遂上疏乞骸骨，上以其年笃老，皆许之。

其后，二疏归乡散财，同样是惧富而生怨、多财招祸，故而得其寿终，更得其美名。大约三百年后，陶潜路过二疏故里，赋五言《咏二疏》："大象转四时，功成者自去。借问衰周来，几人得其趣？游睇汉庭中，二疏复此举。"呵呵，二疏同样没有实效性示范作用！时间到了北宋鼎盛时期，看看东坡路过金陵、见王安石时怎么说："轼戏曰：'今之君子，争减半年磨勘，虽杀人亦为之。'安石笑而不言。"所谓"轼戏曰"，看似玩笑，却是大实话——是在大实话中说出了当世的社会常态。

当然，东坡是"人须是知行一不义，杀一不辜，得天下弗为"的。东坡学佛向佛，其目的如《答毕仲举书》所说："学佛老者，本期于静而达"，这种静达，绝非一般人的一时善念善行而已。东坡说《净因净照臻老真赞》："喜甲怒乙，虽子犹贼。"这是一种无分别心的彻底静达，正如他所说："人生到处知何似？应似飞鸿踏雪泥。"身处于八风自运、八万四千尘弥漫的污浊俗世，毫尘不染，何其难哉！更何况，在东坡心目中，终极而论，"仙山与佛国，终恐无是处"。联系到临终弥留之际，东坡至死不肯皈依佛门，可见：东坡学佛向佛亲佛供佛，既是表达一种善良美好极致的生活希望和带有生命终极关怀的梦想，更是一种达成不断清洗为尘埃所污染的心灵污垢的手段和一种可以暂时遗忘尘世烦恼、从而给心灵带来暂时宁静与慰藉的生活方式而已。东坡在佛中，可以发现纯真纯粹的本我存在。各种版本的东坡前世为僧的传说故事，其实都不过是现世东坡本我的真实展现而已。——当然，这不过是东坡内在心性的一种佛家视域的充分展现。除此而外，东坡内在心性，还有儒家和道家视域的展现，而且都是充分展现。这就是东坡的纯粹性。其儒家心性的展现，就是以民为本、积极有为：有权要为，无权亦为！就像他在黄州救婴，就像他在惠州造桥、甚至为广州市民吃水问题而操劳献策，就像他在儋州挖井解决百姓吃水问题，等等。地域不同，事迹各异，道理相同：其中，无不闪耀出超越世俗功利的人性光辉。其道家视域的心性展现，归根结底，就是不碍于物、不滞于心、去欲修养、顺遂自然。

东坡凡事总是立足现实，解决现实问题：儒家视域，解决的是民生问题，更多指向的是社会大众、芸芸众生；佛家和道家视域，解决的是自身问题，更多指向的是自我及自家。正因他的多重视域叠加的多重修养，使得他能够坦然泰然淡然安然以对任何艰难处境：在黄州，"黄州滨江带山，既适耳目之好，而生事百须，亦不难致，早寝晚起，又不知所谓祸福果安在哉？"（《答毕仲举书》）；在惠州，"报道先生春睡美，道人轻打五更钟。"（《纵笔》）；在儋州，"谪居澹无事，何异老且休。虽过靖节年，未失斜川游。春江渌未波，人卧船自流。我本无所适，泛泛随鸣鸥。中流遇洑洄，舍舟步层丘。有口可与饮，何必逢我侪。过子诗似翁，我唱儿辄酬。未知陶彭泽，颇有此乐不。问点尔何如，不与圣同忧。问翁何所笑，不为由与求。"（《和陶游斜川》）在《答毕仲举书》中，他说："所云读佛书及合药救人二事，以为闲居之赐甚厚。佛书旧亦尝看，但暗塞不能通其妙，独时取其粗浅假说以自洗濯，若农夫之去草，旋去旋生，虽若无益，然终愈于不去也……学佛老者，本期于静而达，静似懒，达似放。学者或未至其所期，而先得其所似，不为无害。仆常以此自疑，故亦以为献。来书云处世得安稳无病，粗衣饱饭，不造冤业，乃为至足。三复斯言，感叹无穷。世人所作，举足动念，无非是业，不必刑杀无罪，取非其有，然后为冤业也。"

这里，最能反映出东坡修佛的根本目的。紧紧立足现实，解决自我问题，去除杂念，消解恶业，净化心性，向善为善。就像猪肉可饱腹，而不刑杀无罪，不取其非有。自然，红尘纷纷，欲望时起，杂念重生，注定修炼不能一蹴而就、一步到位、一劳永逸，必须不断重复这一修炼进程，从而不断增益坚固自我。佛之于东坡，只是一种去欲手段，一种清除杂念的方法，一种净静心灵的生活方式。正因此，尽管不断为世事所困扰——东坡一生，特别是乌台诗案之后，此类世事太多，无法例举。这里仅录《东坡志林》数事为证："吾无求于世矣，所须二顷田以足饘粥耳，而所至访问，终不可得。岂吾道方艰难，无适而可耶？抑人生自有定分，虽一饱亦如功名富贵不可轻得也？"；"感物凄然，有不胜怀"；"本省不得往来，可叹也"；"今年吾当请广陵，暂与子由相别。至广陵逾月，遂往南郡，自南郡诣梓州，溯流归乡，尽载家书而行，迤逦致仕，筑室种果于眉，以须子由之归而老焉：不知此愿遂否？言之怅然也"；"顾影颓然""张师厚久已死，今年子立复为古人，哀哉！""原父既没久矣，尚有贡父在，每与语，今复死矣，何时复见此俊杰人乎？悲夫"；"退之诗云：我生之辰，月宿直斗。乃知退之磨蝎为身宫，而仆乃以磨蝎为命，平生多得谤誉，殆是同病也"；"吾昔谪黄州，曾子固居忧临川，死焉。人有妄传吾与子固同日化去……今谪海南，又有传吾得道，乘小舟入海不复返者，京师皆云，儿子书来言之。今日有从黄州来者，云太守何述言吾在儋耳一日忽失所在，独道服在耳，盖上宾也。吾平生遭口语无数。"世事难如愿，人言不可止。所能自持自恃者，修身养心而已。能如此，东坡才能"无事以当贵，早寝以当富，安步以当车，晚食以当肉"，才能"安分以养福，宽胃以养气，省费以养财"，才能"粗缯大布裹生涯，腹有诗书气自华"，才能"当恁么时，也不妨熟歇"，才能无事漫无目的随心所适而夜游而适生。

东坡立足现实，却又总是不安现实，总在试图超越现实，总是希望透过表象直指本真和本质，总是着眼并住力于此，并进而于此苦痛烦扰的娑婆世界而达至无有分别苦痛的精神涅槃之境界。即如他的《骷髅赞》所说："黄沙枯骷髅，本是桃李面。而今不忍看，当时恨不见。业风相鼓转，巧色美倩盼。无师无眼禅，看便成一片。"由此，"芍药樱桃俱扫地，鬓丝禅榻两忘机。凭君借取法界观，一洗人间万事非"。(《和子由四首送春》)故而，分别何益？有分别心，甚至回护恶业，则是与佛相悖，就难以觉悟，就是自欺欺人——正如《东坡志林·僧文荤食名》所说："僧谓酒为'般若汤'，谓鱼为'水梭花'，鸡为'钻篱菜'，竟无所益，但自欺而已，世常笑之。人有为不义而文之以美名者，与此何异哉！"正是觉悟如此，他不仅超越了佛界门派之分别及其门限滞障；在个案个相之上，了悟出生死法性的同一性："地狱天宫，同一念头；涅盘生死，同一法性。"(《水陆法像赞·下八位·一切人众》)；更于儒佛道三教圆融——"孔老异门，儒释分宫，又于其间，禅律相攻。我见大海，有北南东。江河虽殊，其至则同。"(《祭龙井辩才文》)——之中，进入一个即念即通、自证自觉、万法归一、法性一体的自由世界。

因此，大小，多少，好坏，虚实，得失，苦乐，爱恨，物我，等等，等等，诸如此类，一有是心，则无佛心。反之，"散我不平气，洗我不平心。我心空无物，斯文定何间。君看古井水，万象自往还。""是身如虚空，万物皆我储。胡为强分别，百金买田庐……游于无何有，一饭不愿余……何以遗子孙，此身自蘧蒢。"(《赠袁陟》)"此身真佛祖，何处不羲轩。船稳江吹坐，楼空月入樽。"(《和蒋发运》)"俯仰尽法界，逍遥寄人寰。"(《南都妙峰亭》)而《书光明经后》，既是对儿子苏过的教导，更是更为详尽的心声表达："佛乘无大小，言亦非虚实。顾我所见何如耳。万法一致也。我若有见，寓言即是实；语若无所见，实寓皆非。故《楞严经》云：如一众生未成佛，终不于此取涅槃。若诸菩萨急于度人，不急于成佛，尽三界众生皆成佛已，我乃涅槃。若诸菩萨，觉知此身无始以来，皆众生相，冤亲拒受，内外障护，即卵生相；坏彼成此，损人益己，即胎生相；爱染流连，附托有无，即湿生相；一切物变，为己主宰，即化生相。此四众生相者，与我流转，不觉不知，勤苦修行，幻力成

就，则此四相伏我诸根，为涅槃相，以此成佛，无有是处。此
二菩萨，皆是正见。乃知佛语非寓非实。今汝若能为流水长者，
以大愿力象，取无碍法水，以救汝流浪渴涸之鱼，又能观诸世
间，虽甚可爱，而虚幻无实，终非我有者，汝即舍离……如萨
埵王子施虎。行此施舍，如饥就食，如渴求饮，则道可得，佛
可成。"

　　总之，乃知法界性，一切惟心造。大小虚实，唯是一心。
不昧本心，即归佛心。唯具佛心，才能自度度人。而在东坡，
儒佛道家，看似分别，道理如一；游于其间，融会贯通。苏辙
《东坡先生墓志铭》曰："公之于文……不为空言。既而读《庄
子》，喟然叹息曰：'吾昔有见于中，口未能言，今见《庄子》，
得吾心矣。'……后读释氏书，深悟实相，参之孔、老，博辩无
碍，浩然不见其涯也。"苏辙所论，东坡为文如此。而在东坡，
文为心声，是心之外化，是自然心灵的自然流露。东坡如是说，
东坡亦如是行。言与行，指向善。如有义，勇于行。这就是东
坡，这就是东坡居士。苏辙《东坡先生墓志铭》概而言之，就
是："其于人，见善称之，如恐不及，见不善斥之，如恐不尽，
见义勇于敢为，而不顾其害。用此数困于世，然终不以为恨。
孔子谓伯夷、叔齐古之贤人，曰：'求仁而得仁，又何怨。'公实
有焉。"苏辙之于东坡，既是兄弟，更是知己。

悟道

也无风雨也无晴

东坡一生，自入仕途，宦海体制，身不由己，四海为家，行踪难定。总是试图寻觅确定归宿，随时渴望安居至终老，却始终出没风波泛梗飘萍。一面呈现出洒脱飘逸之姿，一面内心冲突矛盾不断，却能于纠结之中，自觉使二者之间趋于一种动态平衡状态。可谓豪放其外，温婉其内，矛盾其中。其《和蔡准郎中见邀游西湖三首其一》就充分展现出这种三合一的身心状态：

　　夏潦涨湖深更幽，西风落木芙蓉秋。飞雪暗天云拂地，新蒲出水柳映洲。湖上四时看不足，惟有人生飘若浮。解颜一笑岂易得，主人有酒君应留。君不见钱塘宦游客，朝推囚，暮决狱，不因人唤何时休。城市不识江湖幽，如与蟪蛄语春秋。试令江湖处城市，却似麋鹿游汀洲。高人无心无不可，得坎且止乘流浮。公卿故旧留不得，遇所得意终年留。君不见抛官彭泽令，琴无弦，巾有酒，醉欲眠时遣客休。田间决水鸣幽幽，插秧未遍麦已秋。相携烧笋苦竹寺，却下踏藕荷花洲。船头斫鲜细缕缕，船尾炊玉香浮浮。临风饱食得甘寝，肯使细故胸中留。君不见壮士憔悴时，饥谋食，渴谋饮，功名有时无罢休。

　　逆旅人生，有谁容易？与其后世李清照不同的是，东坡时时寻觅，却不孤寂无望。因为，在历经种种逆境之后，终于觉悟出：高人无心无不可，此心安处是吾乡！正因觉悟，所以顺遂。不作无力之叹，总为有为之事。不做清高之徒，率性生活其中。纵使身处逆境，也要活出精彩。由此，生发出无比强大的内在韧性和无尽张力。

这既是一种觉悟认知，一种自觉行为，更是悟道之后的大彻大悟和灵魂的通透澄澈。东坡兴于儒，融于佛，归于道。圆融儒释道，品性自高洁。东坡于道，缘分甚深。他的启蒙老师就是道士。《东坡志林·卷二·道士张易简》自述道：

　　吾八岁入小学，以道士张易简为师。童子几百人，师独称吾与陈太初者。太初，眉山市井人子也。余稍长，学日益，遂第进士制策，而太初乃为郡小吏。其后余谪居黄州，有眉山道士陆惟忠自蜀来，云："太初已尸解矣。蜀人吴师道为汉州太守，太初往客焉。正岁旦，见师道求衣食钱物，且告别。持所得尽与市人贫者，反坐于戟门下，遂卒。师道使卒舁往野外焚之，卒骂曰：'何物道士，使吾正旦舁死人！'太初微笑开目曰：'不复烦汝。'步自戟门至金雁桥下，趺坐而逝。焚之，举城人见烟焰上眇眇焉有一陈道人也。"

这里通过道士陆惟忠所述其同学陈太初的去世方式，非常人常态，可谓奇异之至。在道言道，情理之中；死法怪异，常理之外。姑妄听之，存而不论。而东坡，首先而且始终是一个常人，一个既来之、则安之的常人，一个热爱生活和交游的常人。无论如何超脱豪迈，始终割不断、放不下极其强烈的根的意识。一方面，他总是不断渴望着对故乡的归根情结——这一点，在其艰困之时，尤其易于流露——这是传统文化中最为根本的哲学思想，也是他多情并展现出他最为内在和柔弱的生命情思的一面；另方面，历史和现实都启迪他不得不理性处世：情感丰富不等于就能感情用事。否则，不仅事与愿违，甚至可能招致对自我的否定。人生需要思考，但人生首先需要生活。生命总是有限，但这并不能构成悲观的理由。"人生代代无穷已，江月年年只相似。"人生是短暂的，重要的是，要活得充实而精彩。孟子说：充实之谓美。这种充实，这种美感，体现于每一个当下。正是每一个当下，构成了人生的完整链条和完整的人生。人生都是暂时的。但是，要把暂时当成永恒过。因此，每到一地，东坡都做长远打算，都望以之为终老之地，都积极营建房舍，广交朋友，乐活生活。其中，他最为希望的，是能够安定生活。当然，他的这种希望，总是为现实政治所左右、所幻灭，以至于其处境愈变而愈不如意。而这，也促使他不断反思，甚至追问自我人生的一个带有普适性的问题：人生是否有定分。在《人生有定分》中，他说："吾无求于世矣，所须二顷田以足饘粥耳，而所至访问，终不可得。岂吾道方艰难，无适而可耶？抑人生自有定分，虽一饱亦如功名富贵不可轻得也？"其实，这既是一种追问，也是一种呐喊，一种因不断被阻遏而对阻遏者的委婉指斥：从中，也可见东坡的宽厚与高明——相较于张九龄的系列顾影自怜式的感遇，什么"草木有本心，何求美人折"，什么"江南有丹橘，经冬犹绿林。岂伊地气暖，自有岁寒心。可以荐嘉客，奈何阻重深！运命唯所遇，循环不可寻。徒言树桃李，此木岂无阴"，什么"孤鸿海上来，池潢不敢顾。侧见双翠鸟，巢在三珠树。矫矫珍木巅，得无金丸惧。美服患人指，高明逼神恶。今我游冥冥，弋者何所慕"，东坡境界，显然高出甚多。

当然，这并非说东坡没有憋屈和痛苦。东坡有憋屈，东坡也痛苦，东坡也能忍受痛苦，但他不能长期在痛苦中生活。化解痛苦，才能幸福生活，才能活得有滋味、有意义。东坡深得其中三昧。于是，他广交朋友，他诙谐幽默，他享受美食，他探幽径、访美景，他吟诗作赋、挥毫泼墨，他兴趣广泛、爱好多多。即使绝世独立、形影自处，他也能心平气和，享受着大自然的本真之美，保有一份超脱凡尘的宁静念想：既然敲门都不应，可以倚杖听江声；纵然小舟从此逝，尚能江海寄余生。

东坡这种在逆境绝境中把生活过得有滋有味、让人生不失其应有价值的功夫，是一种态度，一种精神，更是一种境界。当然，也每每因此而使他绝处逢生，而且生命勃发，一次又一次冲破权力的藩篱和孤寂的迷障，乐活而生，更将他的智慧、他的快乐、他的达观感染并激发他人。因此，每到一地，东坡不仅很快就适应并扎根当地生活，更会因其魅力集聚而很快形成一个以他为核心的生活圈、朋友圈、文化圈。当然，东坡也因此而同所在之地形成强烈的情感链接，以至于那些情非得已、得而不

愿之地：刚来之，欲归去；居久之，难别离！即如最为僻远的
儋州，曾给东坡带来多少酸楚。不说其他，单单一首《和陶怨
诗示庞邓》："如今破茅屋，一夕或三迁。风雨睡不知，黄叶满
枕前。"从此，就足知其初到海南时的窘境。因此，就是由梦境
而联想到北归中原，就心生喜悦。其《行琼儋间肩舆坐睡梦中
得句云千山动鳞甲万谷酣笙钟觉而遇清风急雨戏作此数句》中，
就很典型地描述了这种无望之中而希望、而欲归去的急迫心境：
"登高望中原，但见积水空。此生当安归，四顾真途穷……喜我
归有期，举酒属青童。"也正由此，而重新振作了精神，并因而
一扫一直压抑心中的雾霾。不快消散，心情大好。阴风成笙钟，
雷电化妙声："急雨岂无意，催诗走群龙。梦云忽变色，笑电亦
改容。应怪东坡老，颜衰语徒工。久矣此妙声，不闻蓬莱宫。"
三年之后，真要离去，东坡却又难以割舍："我本海南民，寄生
西蜀州。忽然跨海去，譬如事远游。平生生死梦，三者无劣优。
知君不再见，欲去且少留。"（《别海南黎民表》）这种情感的根本
转折性变化，就源于其情感链接所产生的归属感。如果说，绍
圣四年（1097 年），东坡被贬为琼州别驾、昌化军安置，行至梧
州，听闻三年未见的弟弟苏辙也自筠州贬为化州别驾、雷州安
置，即刻追赶面见——吾谪海南，子由雷州，被命即行，了不
相知。至梧，乃闻其尚在藤也。且夕当追及，作此诗视之。兄
弟同沦落，天涯各一方，而作《苍梧道中寄子由》："莫嫌琼雷
隔云海，圣恩尚许遥相望。平生学道真实意，岂与穷达俱存亡。
天其以我为箕子，要使此意留要荒。他年谁与舆地志，海南万

里真吾乡。"

这里，东坡说海南万里真吾乡。在穷途沉重中，依然道心未改，充分展现出东坡不因穷达而悲喜的旷达无碍情怀以及不忘初心的自持和定力。不过，这是一种前途无定之时的自我宽慰，更是一种对弟弟的劝慰和激励。那么，三年之后，却对海南产生出无限的眷恋之情和斯人不忍割舍之情——《澄迈驿通潮阁》："余生欲老海南村，帝遣巫阳招我魂。杳杳天低鹘没处，青山一发是中原。"此前经历的一切苦难，在即将诀别之际，也是突然变得那么美好而动人——《六月二十日夜渡海》："参横斗转欲三更，苦雨终风也解晴。云散月明谁点缀，天容海色本澄清。空余鲁叟乘桴意，粗识轩辕奏乐声。九死南荒吾不恨，兹游奇绝冠平生。"而且，这还不是一般的美好，那是绝对的美好：兹游奇绝冠平生！

此时东坡，垂垂老矣！然而，东坡得出此种感叹，并非真的是老糊涂了，或者只是一种虚语美言。可以说，这既是他遇赦而使得长期以来遭受政治打压所致的心理重压和苦闷郁积彻底去除之后的彻底心理轻松释然，更是历经磨难之后大彻大悟、从而心归平淡所带来的轻松感、满足感、幸福感，进而对过往境遇重新梳理、重新发现所产生的惊异感、美好感。正所谓简单即美好，知足总长乐。而关于这一点，在东坡刚刚获知朝廷颁诏元祐年间被贬官员都回迁内地居住之时，已然心平如镜，而不像沉郁的杜甫，闻知大好消息而漫卷诗书喜欲狂。多情多感的东坡，面对大好消息，虽有雄豪之气，却异常宁静：东坡老矣，但求一口饱饭，足矣。其《儋耳》诗说："霹雳收威暮雨开，独凭栏槛倚崔嵬。垂天雌霓云端下，快意雄风海上来。野老已歌丰岁语，除书欲放逐臣回。残年饱饭东坡老，一壑能专万事灰。"

最有意味的是，当东坡回到内地，路经金山寺，《自题金山画像》："心似已灰之木，身如不系之舟。问汝平生功业，黄州惠州儋州。"

世人往往解读为东坡心灰意懒、意志消沉、思想颓废，以至于反讽自我、更同时在反讽和妄议朝廷。如果真的这么理解东坡，则说明其心和东坡何止相隔十万八千里之遥，而是根本阻隔而不通。因为，其实，这是对东坡的误读，而且误解深矣远矣！事实却大谬不然。何以言之？《宋史·苏轼传》中有关苏轼对《庄子》的感叹，有助于拨开迷雾、廓清根由："比冠，博通经史，属文日数千言，好贾谊、陆贽书。既而读《庄子》，叹曰：'吾昔有见，口未能言，今见是书，得吾心矣。'"可见，成年苏轼对《庄子》的发现和惊异，就充分说明其天性本我之中和庄子心相应通。就是说，道家思想，在东坡，可谓根深蒂固。贾谊、陆贽，绝对入世。庄子之人，绝对出世。其所分别代表的不过是世人及其思想的两极。入世太深多悲剧，出世太过多消极。而东坡呢，可谓两者兼而有之，却又能中和和合，不走极端，因而兼具不悖：当为能为则为，反之，则无可无不可——可也可，不可也可。

读《庄子》之书，知庄子之言，赏庄子之节，却未必能行庄子之志。庄子，对多数人而言，不过是心向往之而行不能至。

至多不过是作为失意之时的一种人生参照系和心理慰藉剂而已。
这自然有着深刻的历史背景和社会根由。

传统文化中，修身、齐家、治国、平天下，这是国人普适性
的人生终极目标。虽然治国，尤其是平天下对于绝对多数人而
言，绝对是遥不可及。然而，这并不妨碍这种思想的代代相传
灌注，以及其对几乎所有国人的励志作用。事实上，这种思想，
不仅由来已久，而且根深蒂固。而更为现实的，潜心读书、应
试科举、入仕从政，这至少也是自隋唐开科取士以来国人最为主
要的人生目标和发展路径。至于苏轼出生年代的公元 1037 年，
在宋代，已经历太祖赵匡胤、太宗赵炅、真宗赵恒而到了仁宗赵
祯朝。此时，不仅北宋建国已过一个甲子有余，社会稳定，经
济繁荣。为了社会的长治久安，宋真宗御制并大力倡导的《劝
学诗》或者说《励学篇》——富家不用买良田，书中自有千钟
粟。安居不用架高堂，书中自有黄金屋。出门莫恨无人随，书
中车马多如簇。娶妻莫恨无良媒，书中自有颜如玉。男儿欲
遂平生志，六经勤向窗前读。——成为当时社会主流人生价值
观，早已深入人心，早已成为读书人的金科玉律。苏轼当然不
能例外，也必须顺着这条既由父亲苏洵预定、更由主流社会主导
设定的道路前进。宦海多风波，其中，观念有同异，谋略有高
下，时势有顺逆，权力有争夺，利益有纠葛，情感有好恶。因
而，诸多不定因素的交互杂糅，就决定了官场存在着太多的偶然
性、不定性、风险性——甚至是等闲平地起波澜。这是一条既
能带来富贵荣耀、也会导致摧悲因而变幻莫测、动荡不定、命运

浮沉、祸福难料的崎岖之路。无论何人，踏入仕途，就注定身不由己，除非师法陶潜断舍离。苏轼当然也不能例外。而纵观其一生的从政为官之路，虽然身处和平稳定发展时期，却是坎坷蹉跎多，顺心肆志少。其最为得志之时，当是宋神宗驾崩、哲宗继位而由太皇太后高氏垂帘听政的元祐初在朝为官的三、四年时光。

　　仕途多不顺，身常在逆旅——在路上，这就是东坡的命运。但是，哪怕自身再怎么不如意，东坡始终念兹在兹，总想有所作为：用之则行，并且尽力而行。这种作为思想，早已深入灵魂。因此，就是举手投足之中，不经意间都可能做出大的作为。就像东坡刚渡过琼州海峡，到琼州府报到，暂居琼郡（海口）城东驿站。停留不过十日，因见百姓引用污浊河水，即留心考察地形，指导民众在城东北角开挖了相距咫尺的双泉。由此，当地百姓终于喝上了甘甜的泉水。此时，东坡前途未卜，却早将渡海前的悲伤抛置脑后，而不作王勃式无益虚感慨、空长叹："天高地迥，觉宇宙之无穷；兴尽悲来，识盈虚之有数……嗟乎！时运不齐，命途多舛。冯唐易老，李广难封……君子见机，达人知命。"他在《洞酌亭诗并引》中说："琼山郡东，众泉觱发，然皆冽而不食。丁丑岁六月，轼南迁过琼，始得双泉之甘于城之东北隅，以告其人，自是汲者常满，泉相去咫尺而异味。庚辰岁六月十七日，迁于合浦，复过之。太守承议郎陆公，求泉上之亭名与诗。名之曰洞酌，其诗曰：洞酌彼两泉，挹彼注兹。一瓶之中，有渑有淄。以瀹以烹，众喊莫齐。自江徂海，浩然无私。岂弟君子，江海是仪。既味我泉，亦哜我诗。"如今，其一被毁，双泉只剩下一浮粟泉，还保留在海口五公祠内，被誉为"海南第一泉"。这口泉，正如东坡品质，始终如一；正如东坡影响，千年不绝。对此奇观，到此游客，无不称奇，无不感叹东坡眼光独到而长远。

反之，舍之则藏，淡定而藏。用之也好，舍之也罢，不过是仕途之中的两种状态而已。就像当年，令尹子文，三仕为令尹，无喜色；三已之，无愠色。所谓有来必有往，有上必有下，此乃自然之理也。东坡大智，历来遵道而行，总是顺心而存。不为欲望所牵绊，不为得失而绝望。当他说"心似已灰之木，身如不系之舟"。不过是在用庄子之言，道出自身的淡泊宁静。而且，"人能虚己以游世，其孰能害之？！"（《庄子·山木篇》）过往人生，正因没有虚己游世，才身受忌害遭贬谪。总想有所作为，以至欲"挽雕弓，如满月，西北望，射天狼"，终归不过烟云消散："问汝平生功业，黄州惠州儋州。"——梦想为国作为，现实贬谪老去。仕途蹉跌，太多太久。蓦然回首，无论何地，倾心而作，努力为政，福泽一方，问心无愧，亦可无憾矣！北归在垂老，烈士已暮年。已灰之木心如水，不系之舟任去留。当此之际无所恨，展望未来何所惧？

垂暮东坡，大彻大悟。再也不用逆心而生，再也不愿逆志而行。无欲烦恼除，无怨痛苦消。虚静得安宁，焕然生光彩。仰望星空有大美，放下自我返自然。真正放下自我，不系之舟自由超脱；真正不滞外物，游世无碍羁绊无存。当此之时，东坡思想回归庄子，已达最高境界——唯至人乃能游于世不避，顺人而不失己。（《庄子·杂篇·外物》）就像当年的庄子："周将处乎材与不材之间。材与不材之间，似之而非也，故未免乎累。若夫乘道德而浮游则不然，无誉无訾，一龙一蛇，与时俱化，而无肯专为；一上一下，以和为量，浮游乎万物之祖，物物而不物于物，则胡可得而累邪！……若夫万物之情，人伦之传，则不然。合则离，成则毁；廉则挫，尊则议，有为则亏，贤则谋，不肖则欺，胡可得而必乎哉！"（《庄子·外篇·山木》）

可以说，这也是东坡对自己内心的真正回归。持心自足，不待于物，烟云灿烂。破却迷障，大道自在，灵魂静寂。一世风浪都平静，极目舒怀大化中。种种束缚，外在驱使，自沉烦苛重如山；自由意志，内敛自足，无求自然一身轻。无所用心并非难，无所摧折无挫折。劳神身困心不展，归根包容天地宽。其实，当其在海南，就已经借庄子之言以抒怀，而且是在思考天地人生和反思自我之中，就已经破除了内外之分、物我之别，得以实现灵魂升华。身在海外，心已归一："子瞻谪居昌化，追和渊明《归去来辞》，盖以无何有之乡为家，虽在海外，未尝不归云尔……归去来兮，吾方南迁安得归。卧江海之濒洞，吊鼓角之凄悲。迹泥蟠而愈深，时电往而莫追。怀西南之归路，梦良是而觉非。悟此生之何常，犹寒暑之异衣。岂袭裘而念葛，盖得帱而丧纻。我归甚易，匪驰匪奔。俯仰还家，下车阖门。藩垣虽阙，堂室故存。把我天醴，注之洼樽。饮月露以洗心，餐朝霞而眩颜。混客主以为一，俾妇姑之相安。知盗窃之何有，乃掊门而折关。廓圜镜以外照，纳万象而中观。治废井以晨汲，瀹百泉之夜还。守静极以自作，时爵跃而鲲桓。归去来兮，请终老于斯游。我先人之敝庐，复舍此而焉求。均海南与漠北，挈往来而无忧。畸人告余以一言，非八卦与九畴。方饥须粮，已济无舟。忽人牛之皆丧，但乔木与高丘。惊六用之无成，自一根之反流。望故家而求息，曷中道之三休。已矣乎，吾生有命归有时，我初无行亦无留。"因此，其《自题金山画像》，不过是其在儋州思考的延续与最终实现。

当然，儋州思考，亦非其始。如果将思绪再次前移，那么，黄州时期，东坡居士的横空出世，就是一次人生及其境界的巨大蜕变与超越。曹丕《善哉行》说："人生如寄，多忧何为？今我不乐，岁月如驰。汤汤川流，中有行舟。随波转薄，有似客游。"东坡《前赤壁赋》则借客之口道出人世间普遍之缺憾："寄蜉蝣于天地，渺沧海之一粟。哀吾生之须臾，羡长江之无穷。挟飞仙以遨游，抱明月而长终。知不可乎骤得，托遗响于悲风。"须知，乌台诗案，苏轼已死；黄州东坡，苏轼再生。对于东坡来说，黄州是再生之地。再生东坡，境界廓大，自在遨游。在此，他实现了对于凡尘的绝大超越：物我理如一，造物无尽藏。清风明月总相随，物各有主任东西。此在宋神宗元丰五年"壬戌之秋，七月既望"（1082 年）。不过三月之后的"是岁十月之望"，同样是在明月之夜，再临黄州赤壁，则"曾日月之几何，而江山不可复识矣"。先是"霜露既降，木叶尽脱，人影在地，仰见明月，顾而乐之，行歌相答"。过程之中，"悄然而悲，肃然而恐"。放舟中流，任止而休。"四顾寂寥……适有孤鹤，横江东来……梦一道士，羽衣翩跹……开户视之，不见其处。"（《后赤壁赋》）。看似先乐后悲，心情沉郁，实则人生似梦，多悲无益。随心所适，无往不乐。挣脱固执，释然澄澈。江水不竭，岁月无垠。倾心自然，虚己达道。独步当时，迪化后世。

而写于宋神宗元丰六年（1083年）的《记承天寺夜游》，则不仅继续着东坡的虚静思想，更是修炼层积，如入化境。心如止水，静气闲适。无心超然，却超然物外："元丰六年十月十二日夜，解衣欲睡，月色入户，欣然起行。念无与为乐者，遂至承天寺寻张怀民。怀民亦未寝，相与步于中庭。庭下如积水空明，水中藻荇交横，盖竹柏影也。何夜无月？何处无竹柏？但少闲人如吾两人者耳。"寥寥数语，空灵纯粹。澹然沉静，意境悠远。细细品味，隽永无穷。

至于东坡之于海南，其更大的作为，则在于他的文化化育。当时海南，孤悬海外，绝属蛮荒之地，环境极其恶劣，生活极其艰苦："海外穷独，人事断绝，莫由通问……黎、蜑杂居，无复人理，资养所给，求辄无有。初至，僦官屋数椽，近复遭迫逐，不免买地结茅，仅免露处，而囊为一空。困厄之中，何所不有，置之不足道也，聊为一笑而已。"（《答程全父推官六首之一》）"此间海气郁蒸，不可言，引领素秋，以日为岁也。"（《答程全父推官六首之二》）"流转海外，如逃深谷……穷困日甚，亲友皆疏绝矣。"（《答程全父推官六首之三》）"老病百事皆废"。（《答程全父推官六首之四》）"目昏心疲，不能自苦"。（《答程全父推官六首之五》）《与程秀才书》则云："此间食无肉，病无药，居无室，出无友，冬无炭，夏无寒泉，然亦未易悉数，大率皆无耳。"从《与元老侄孙书之二》中，我们知道了："老人（东坡自谓也）与过子（幼子苏过）相对，如两苦行僧耳，然胸中亦超然自得，不改其度。"

这就是东坡刚到海南时的困窘之状。在《和连雨独饮二首》前叙中，则说："吾谪海南，尽卖酒器以供衣食。"困窘之中，东坡甚至想到要辟谷。其法如何？请看东坡于元符二年四月十九日所记《辟谷说》："洛下有洞穴，深不可测。有人堕其中不能出，饥甚，见龟蛇无数，每旦辄引首东望，吸初日光咽之，其人亦随其所向，效之不已，遂不复饥，身轻力强……辟谷之法以百数，此为上……元符二年，儋耳米贵，吾方有绝粮之忧，欲与过子共行此法，故书以授之。"生活无着，一至于此，甚至以为难以生还："东坡自海外归，谢表云：'七年远谪，不意自全；万里生还，适有天幸。'"（南宋陈鹄《耆旧续闻卷五》）

苦难来临，东坡也有恐惧、凄苦、忧伤、无奈，却难见他抱怨、空叹、自弃、绝望。相反，他总是接受现实，低调处世，旷然放心，达观自适，自得其乐，积极思维，坦荡为人，广泛交游，主动融入生活，融入所在环境。呵呵，东坡是一个热爱生活的人，一个有故事的人，一个总是能在平凡生活中活出故事活出精彩的人。其所到之处，皆能留下精彩故事传说：立身权位，积极有为，造福一方，泽及后世；放逐江湖，超然放达，自生利他，造化久远。因而，他的这种生活和圆融，并非如常人权去影响无、势消功归零、身离名即逝。相反，不仅一切没有随风而去，一切都能成为故事，成为民族记忆，并不断穿越历史时空，与时而俱进，历久而弥新，以至于积淀出一个独一无二的"不朽东坡现象"：东坡故事，老生常谈常常谈，世人津津乐道常常道。《左传·襄公二十四年》记春秋时鲁国大夫叔孙豹到访晋国时回答晋大夫范宣子问什么是死而不朽时说："太上有立德，其次有立功，其次有立言，虽久不废，此之谓三不朽。"即此三不朽而论，东坡庶几得之矣！虽然东坡临暮年自海南返还而重游金山寺题《自题金山画像》，似乎政治功业消乏，大有心灰意懒之叹。须知，身处国家末世，万事衰歇转蓬。即便"烈士暮年，壮心不已"，又有何用？！东坡非不为也，非不愿为也，实在是何处可为？颠沛流离，西东南北；风雨兼程，垂垂老矣！东坡思考的是：暮年仍飘荡，身心寄何处？总想有为，无处可为。只能自嘲，无为而为！此中个体悲哀，实则国家民族悲剧：非东坡个人悲剧，而是当世整个国家民族的绝大悲剧。

后 记

　　红尘滚滚，何以视之？物欲横流，何以临之？社会纷繁，何以处之？生命遭际，何以度之？古往今来，多少世人已迷失，多少道理已失效，多少说教成笑谈，多少梦想成梦魇，多少理想成空想！抽象的义利之辨和分野早已丧失意义，口头的道德规范尽皆虚浮苍白。无尽的欲望冲动，在抑或高昂激荡、抑或沉郁烦闷的社会多极多元冲突以及由此不断演进至于纠缠博弈之中，已经并将继续演绎出无尽的得失成败的绵绵纠葛因而离合悲欢的渴望有情却多无情并进而趋于遗忘和湮灭的故事。无论外在时空怎样虚骄啸傲暄腾，迷思和迷失都注定成为一种普遍的社会与人生特性。利益纠葛，心理纠结，会于和谐真正成为常态社会与人生之前漫长的不可避免的必然存在状态。

　　其间，多少无常，多少沉沦，多少悲剧，多少无奈，多少伤感，多少难以言说的痛！然而，人生在世，终要生存。人心不同，各有活法。雁过留声声消逝，人过存名名难存。因此，遗臭万年也好，流芳百世也罢，一样绝大不易。自然，两者相较，合于道德人心者，总会备受推崇，并成为其所在社会乃至历史长河之中绚丽的风景、文化和精神。综观中华文明，苏轼就是其中的典范代表。

　　苏轼一生，是一颗伟大心灵自我观照、自我展现的伟大光辉人生，更是一种变化多彩、幻灭无常的人生。而就其内在心灵而言，洒脱快乐都不过是表象——一种转瞬即逝的表象，内心冲突与纠结才是伴随其终生的主线。无论如何，积极主动，或者消极被动，儒道释三种理念、思想、行为、人生，相互交织，融合共生，从而建构出一种独特的超乎寻常以至标格千古丰厚无尽的曼妙人生。其中，儒家思想及基于儒家思想的入世仕途无疑是基本的、主要的、主导的。当其仕途阻隔乃至失落之际，释道思想则担负起最后的兜底人生作用乃至成为抚平心理创伤、展现潇洒豪放、归于生活宁静的基本精神力量之源。

　　苏轼一生，儒家用世精神、独立人格，佛家诸法皆空、万物圆融智慧，道家清静自然、超然物表理念，出入其中，融通其外，构建出一种顺遂自我、而以外部客观条件具备与否为辅助性要素的可隐可仕、无适而不可的自然人生哲学，这种人生哲学使他更理智、更自如地超越世俗的功名利禄、得失成败，以一种静观自得的审美态度审视当下、对待人生。因而，愉悦之情油然而生，超然之性自然而现。即如其《定风波·莫听穿林打叶声》所说："三月七日，沙湖道中遇雨。雨具先去，同行皆狼狈，余独不觉。已而遂晴，故作此词。"好一个"同行皆狼狈，余独不觉"！虽为生活偶遇之小事，却于常处见奇景：旷达超凡，脱俗清新；气韵生动，意境深邃。

请看：

莫听穿林打叶声，何妨吟啸且徐行。竹杖芒鞋轻胜马，谁怕？
一蓑烟雨任平生。

料峭春风吹酒醒，微冷。山头斜照却相迎。回首向来萧瑟处，
归去，也无风雨，也无晴。

常人狼狈怨声起，东坡烟雨任平生。对苏轼而言，入世与出
世，相互转换，彼此融通，知其所止，定静其心，顺势而为，随遇
而安，思虑有得，如渊泉之勃发，似流云之飘逸，既能乐身自好，
更能滋养众生，此正《大学》所谓："知止而后有定，定而后能静，
静而后能安，安而后能虑，虑而后能得。物有本末，事有终始，知
所先后，则近道矣。"于是，当下不仅成为一种人生存在状态，更成
为一种普适人生标杆。"高山仰止，景行行止。"其趣之所在，润泽
多方；味之所好，滋育众生。其足迹所至，皆化逸事而流传；其笔
墨所成，均为文化而增光。回首历史，独一无二；放眼未来，空前
绝后。其对自我关照，已然超越个体，泽被影响所及，进而成为关
照后世、充盈中华文明宝库的人生哲学范式。

苏轼的人生定位以至人生之路，其基本路径和基调，是对中华
民族传统中儒家用世仕进这一主流人生价值观的遵从与个性化延续，
同传统社会读书人的理想追求并无二致。《大学》所反复阐述和倡导
的修身、齐家、治国、平天下，同样也是苏轼的基本人生目标追求。

虽然其人生不断遭遇挫折，不断跌宕起伏，以至于其思想不断在儒道释之间转换，然而，只要其复归于主流体制之中，或者只要有利于家国黎民，则无不诚心竭力奋发有为，以期裨益于当世。纵然人生时常不能如意，但天下为己任的情怀和作为体制中人的身份定位就已经注定：除了母亲逝世而奔丧和扶父亲与发妻王弗之椟而归葬两次例外之情，一旦随父亲进京应试，离开家乡，踏上科举功名之途，只能在体制所决定的宦海飘荡中四海为家，故乡就成为再也回不去的梦幻之地。正如他在《亡妻王氏墓志铭》中所感叹的那样："君得从先夫人于九原，余不能。呜呼哀哉！余永无所依怙。"这就是苏轼的命运。

就人生目标而论，苏轼的视域中，有为君、为官、为人三个维度。三个维度，对应着三种人生样式。每一种人生样式，绝非线性刻板而阻滞区隔，相反，却是生动多姿而趣味无穷。生命没有任何预设，生活自在自然闲适。儒释道三家圆融于一炉，命心行三观包罗于一体。悲天悯人真君子，多情亦可称豪杰。大道至简行将去，无恨有爱世称颂。

苏轼一生，屡遭贬谪。虽贬谪而伤悲，而苦闷，而沉郁，却依然不归隐退却、不消极避世，相反，却始终秉持一种关照自我、直面现实、正视痛苦、处之泰然、待之淡然、笑看人生、积极有为的人生态度。所谓"不是在被贬谪的路上，就是在被起复的路上"。其正视痛苦，笑看人生的处世态度，不能不令后世倾谈。之所以能够如此，就在于他把原始儒学的独立精神人格与道家庄子的超然物外思想以及释家宁静淡泊的生活心态融为一体，建立了一种以自我为中心、以外部客观条件具备与否为辅助性前提的可仕可隐、无适而不可的自然人生哲学，这种人生哲学使他更理智、更自如地超越世俗的功名利禄，以一种超然的审美和达观态度对待人生。凡此种种，无不令后世敬佩感服。失意之时不悲观，痛苦之时不消极，顺遂之时不张扬，能为之时总有为。一举一动，造福当代、泽及后世；一言一行，雨露文坛、增传佳话。

这种超然与达观，令其卓立尘世，飘逸俊迈，云心鹤鸣，浪漫物外，境界高远，虽然身在尘世，却远超辞去官职、归隐茅山、悠游林泉的陶弘景。因为，在陶弘景，《诏问山中何所有赋诗以答》，即齐高帝萧道成问："山中何所有？"回答不过是："岭上多白云。"白云多则多矣，遗憾的是："只可自怡悦，不堪持赠君。"（《太平广记》卷 202 引宋代庞元英《谈薮》）语言清奇，高则高矣，仍不脱凡夫俗子之常情常态。而在东坡，白云可怡悦，更能相持赠。请看东坡自己说：

○　　余自城中还，道中，云气自山中来，如群马奔突。以手揽开，笼收其中。归家，云盈笼。开而放之，作《攓云篇》：

○　　物役会有时，星言从高驾。道逢南山云，欻吸如电过。
　　竟谁使令之，袞袞从空下。龙移相排拶，凤舞或额亚。

散为东郊雾，冻作枯树稼。或飞入吾车，偪仄碍肘胯。

扶取置笥中，提携返茅舍。开缄乃放之，掣去仍变化。

云今汝归山，无使达官怕。

对此，宋周密《齐东野语·卷七·赠云》叹曰："然则云真可以持赠矣。"仅此一例，陶弘景已难以望其项背矣。赠云，未曾见于他人他处。东坡，可谓世间赠云第一人！试想，非是东坡，谁能为此？东坡真具仙人风度气韵也。世人目东坡为坡仙，东坡可谓得之矣！东坡之不同而高迈于常人之处，所在皆是。《渔隐丛话后集·卷第二十七·东坡二东坡》云："'无事静坐，便觉一日似两日，若能处置此生，常似今日，得年至七十，便是百四十岁。人世间何药，能有此效？既无反恶，又省药钱，此方人人收得，但苦无好汤使，多咽不下。'坡《题息轩诗》云：'无事此静坐，一日如两日，若活七十年，便是百四十。'正此意也。苕溪渔隐曰：余连蹇选调四十年，在官之日少，投闲之日多，固能知静坐之味矣；第向平婚嫁之志未毕，退之啼号之患方剧，正所谓'无好汤使，多咽不下'也。"试问，非是东坡，谁又能够如此？东坡说"处置此生，常似今日"，正所谓活在当下也！而东坡的当下，一切处置，总是那样清丽生动、澹然有味、韵味无穷。

然而，看似超凡脱俗，看似游心物外，看似乐活其生，其实，这一切的一切，都不过是表象而已！东坡心苦，其谁能知？这就是：欢愉其表，沉郁其里。于是，东坡穷其一生，都在试图寻求超越，更渴望解脱，却始终困于实相，归去无门。尽管其间多豪迈，而其潇洒飘逸、从容闲适也总是为世人所津津乐道，但终究不过是表象而已。其中，流传甚广的一则故事，就足以洞穿东坡之心性。理论上，他可以说且得意于："稽首天中天，毫光照大千。八风吹不动，端坐紫金莲。"而这，也确是他为之努力修炼的最高境界。东坡为自己这首诗偈，不仅颇感得意，还派人过江送达金山寺好友佛印禅师分享。不想佛印看后，不仅没有赞赏，还批上二字：放屁！东坡愠怒，亲自过江来讨说法。不曾想，佛印哈哈大笑：八风吹不动，一屁过江来。东坡顿悟！是啊，凡事话都好说，实在难为。那么，何谓八风？《释氏要览·躁静·八风》："八风，利、衰、毁、誉、称、讥、苦、乐，又云世八法。《佛地论》云：'得可意事名利，失可意事名衰；不现前诽拨名毁，不现前赞美名誉；现前赞美名称，现前诽拨名讥；逼恼身心名苦，适悦身心名乐。'"八风当前，鼓动物情，虽大德难静心，虽圣贤难无视。东坡一生，顺逆交织，超然而为。世俗眼光，足够脱凡，却从未能免俗情，更未能免于俗心俗患俗境之困扰——《宋稗类钞》有记："东坡书俚语有可取者：处贫贱易，耐富贵难；安劳苦易，安闲散难；忍痛易，忍痒难。人能安闲散、耐富贵、忍痒，真有道之士也。"至少可见，此等处颇能真正触动东坡。

而可与此相映照和补证的是宋钱世昭《钱氏私志》所记：东坡在惠州，佛印居江浙，以地远无人致书为忧。有道人卓契顺者，慨然叹曰："惠州不在天上，行即矣。"因请书以行。印即致书云："尝读退之《送李愿归盘谷序》，愿不遇知于主上者，犹能坐茂树以终日。子瞻中大科，登金门，上玉堂，远于寂寞之滨。权臣忌子瞻为宰相耳。人生一世间，如白驹之过隙。二三十年功名富贵，转盼成空。何不一笔勾断，寻取自家本来面目。万劫常住，永无堕落。纵未得到如来地，亦可以骖驾鸾鹤，翱翔三岛，为不死人。何乃胶柱守株，待入恶趣？昔有问师：佛法在甚么处？师云：在行、住、坐、卧处，着衣吃饭处，屙屎撒撒处，没理没会处，死活不得处。子瞻胸中有万卷书，笔下无一点尘。到这地位，不知性命所在。一生聪明，要作甚么？三世诸佛则是一个有血性的汉子。子瞻若能脚下承当，把一二十年富贵功名贱如泥土，努力向前。珍重，珍重！"

其实，佛印之劝，佛印之叹，佛印之惜，佛印之盼，虽其为东坡方外好友，却也是：其实不懂东坡心！东坡聪明大智，佛缘甚深，当然知道佛法在于何处。问题在于佛印之佛非东坡之佛。关于这个问题，东坡另一方外挚友，与佛印同为佛门中人的惟琳长老（1036—1117年，浙江径山寺第七代主持，自号无畏大士，）同样不懂。宋周辉《清波杂志·坡入荆溪》曰："东坡入荆溪，有乐死之语，盖喜其风土也。继抱疾，稍革，径山老惟琳来问候，坡曰：'万里岭海不死，而归宿田里，有不起之忧。非命也邪？然死生也细故尔。'后二日，将属纩，闻根先离。琳叩耳大声曰：'端明勿忘西方！'曰：'西方不无，但个里着力不得。'语毕而终。"《四部丛刊·东坡纪年录》则曰："径山来惟琳来说偈，答曰：'与君皆丙子，各已三万日。一日一千偈，电往那能诘？大患缘有身，无身则无疾。平生笑摩什，神咒真浪出。'琳问神咒事，索笔，书：昔鸠摩罗什病亟，出西域神咒三番，令弟子诵以免难，不及事而终。并出一贴云：'某岭海万里，不死。而归宿田里，有不起之忧。非命也耶？'盖绝笔于此。后二日，殆将属纩，而闻观先离。琳叩耳大声云：'端明宜勿忘西方！''不无，但个里著不得。'世雄（注：东坡好友钱世雄）云：'故先生平时履践，至此更须著力。'曰：'著力即差。'语绝而逝。"东坡游于佛门，在佛门中交友甚广甚夥，修行感悟亦至多至深——诚如其在《与王庠书三首之二》中所言："轼少时本欲逃窜山林，父兄不许，迫以婚宦，故汩没至今。南迁以来，便自处置生事，萧然无一物，大略似行脚僧也。近日又苦痔疾，呻吟几百日，缘此断荤血盐酪，日食淡面一斤而已。非独以愈，实务自枯槁，以求寂灭之乐耳。初欲独赴贬所，儿女辈涕泣求行，故与幼子过一来，余分寓许下、浙中，散就衣食。既不在目前，便与之相忘，如本无有也。"而其以禅事、禅语、禅理、禅趣入诗，则比比皆是。人们甚至比照宋代禅师青原行思（靖居和尚）参禅三重境界：第一重境界是"看山是山，看水是水"、第二重境界是"看山不是山，看水不是水"、第三重境界是"看山还是山，看水还是水"，将东坡的三首诗也意会成参禅三境界：第一重境界是"横看成岭侧成峰，远近高低各不同。不识庐山真面目，只缘身在此山中。"（《题西林壁》），第二重境界是"溪声便是广长舌，山色岂非清净身。夜来八万四千偈，他日如何举似人。"（《赠东林总长老》），第三重境界是"庐山烟雨浙江潮，未到千般恨不消。到得还来别无事，庐山烟雨浙江潮。"（《观潮》）——最终，东坡并没有皈依佛门。

因为，偈在言说，不过事表。日诵千偈，徒有其表，终究不能直至本身，更不能指达本心。"大患缘有身，无身则无疾。"——老子《道德经》第一章曰："无，名天地之始也；有，名万物之母也……此两者，同出而异名，同谓之玄。玄之又玄，众妙之门。"具象化而言之，《道德经》第十三章则曰："吾所以有大患者，为吾有身。及吾无身，吾有何患？"——这是东坡对于自身实相的终极觉悟：实相世相，终归虚无；本皆虚无，物皆归本！这是道教的基本思想之所在。

就东坡来说，可谓终生探究，临终悟道。"（西方）不无，但个里着力不得"，"著力即差"，这是东坡临终遗言，也是其悟道之后的实行践履，更是东坡人生哲学的归结点。自然，这并非东坡一时回光返照之际的一时灵光闪现。事实上，这个道也是其念念不忘的本真意念。《宋史·苏轼传》说："比冠，博通经史，属文日数千言，好贾谊、陆贽书。既而读《庄子》，叹曰：'吾昔有见，口未能言，今见是书，得吾心矣。'"其《和陶饮酒二十首其十二》："人间本儿戏，颠倒略似兹。惟有醉时真，空洞了无疑。"当东坡贬谪于惠州之时，在《与刘宜翁书》中，他对此就有过详尽的表述，今录于此："轼……愚暗刚褊，仕不知止，白首投荒，深愧朋友。然定命要不可逃，置之勿复道也……轼龆龀好道，本不欲婚宦，为父兄所强，一落世网，不能自遣。然未尝一念忘此心也。今远窜荒服，负罪至重，无复归望。杜门屏居，寝饭之外，更无一事，胸中廓然，实无荆棘。窃谓可以受先生之道。故托里人任德公亲致此恳。古之至人，本不吝惜道术，但以人无受道之质，故不敢轻付之。轼虽不肖，窃自谓有受道之质三，谨令德公口陈其详。伏料先生知之有素，今尤哀之，想见闻此，欣然拊掌，尽发其秘也。幸不惜辞费，详作一书付德公，以授程德孺表弟，令专遣人至惠州。路远，难于往返咨问，幸与轼尽载首尾，勿留后段以俟愦悱也。或有外丹已成，可助成梨枣者，亦望不惜分惠。迫切之诚，真可悯笑矣。夫心之精微，口不能尽，而况书乎？然先生笔端有口，足以形容难言之妙，而轼亦眼中无障，必能洞视不传之意也。但恨身在谪籍，不能千里踵门，北面抠衣耳。昔葛稚川以丹砂之故求句嵝令，先生倘有意乎？峤南山水奇绝，多异人神药，先生不畏岚瘴，可复谈笑一游，则小人当奉杖屦以从矣。昨夜梦人为作易卦，得《大有》上九，及觉而占之，乃郭景纯为许迈筮，有'元吉自天佑之'之语，遽作此书，庶几似之。"

可见，东坡一生，处于儒，游于佛，归于道：身为入世而求解脱，游走佛门却不出世，终于悟道顺其自然。意志随心总无门，自由阻遏苦难多；百计千方究无涯，着力即差终证果。终极觉悟，根植于一生的探究和对自我的突破与超越。苏轼以诗酒为伴，酬酢于友朋，躬耕于东坡，悠游于佛门，徜徉于自然，沉思于月夜，抒怀于文辞。社会风情，自然风物，人生风味，梦境风致，情思风韵，无不包容入心，无不外化成文。视角不同，况味各异，万流归一，汇聚哲思，如长江之恣睢，浩荡千里；似长空之邈远，光被千年。

作 者

2019 年 11 月 12 日